KB171190

성공하는 9 가지
교사들의 습관

Jacquie Turnbull 저 | 정종진·주현준·정성수 공역

9 Habits
of Highly Effective Teachers

학지사

역자 서문
9 Habits of Highly Effective Teachers

『성공하는 교사들의 9가지 습관』이란 제목의 이 책은 영국에서 교육 분야 종사자들의 개인적 및 직업적 자질 향상을 위한 코칭 활동을 하고 있는 제키 턴불Jacquie Turnbull의 「9 Habits of Highly Effective Teachers: A Practical Guide to Personal Development」(2nd ed., 2013)를 우리말로 옮긴 것이다. 세계적인 베스트셀러인 스티븐 코비Stephen R. Covey의 『성공하는 사람들의 7가지 습관The Seven Habits of Highly Effective People』을 연상케 하는 책이다.

저자는 교사란 단지 교과에 대한 지식과 수업기술만을 습득해서는 안 되고 자기인식의 개발과 자기관리의 기술 및 태도가 전문성 신장에 매우 중요하다는 신념과 철학을 갖고 있으며, '지식 전문가'가 아닌 '선도적 학습자'로서 교사의 역할 수행을 강조하고 있다. 따라서 이 책에서 강조하는 교사가 가져야 할 9가지 습관은 교사 자신의 전문적인 역할을 성공적으로 수행할 수 있도록 해 주는 자기계발의 요소라 할 수 있다. 9가지 습관은 학습 전문성의 기본 구성요소가 되는 개인적 인식과 기술 개발에 관한 것이다. 9가지 습관은 자기관리와 관련된 ① 자기성찰, ② 삶에 대한 학습, ③ 스트레스에 대한 대처, ④ 여유 갖기, 타인과의 교류와 관련된 ⑤ 친화감 형성, ⑥ 주의 깊은 경청, ⑦ 영향력 있는 행동, 그리고 영향력의 확산과 관련된 ⑧ 영향력 있는 리더십 행동, ⑨ 영향력의 확대 등이다.

습관 1의 '자기성찰'은 교사에게 교직이 무슨 의미를 가지는지 생각해 보고, 교사로서의 자기 자신에 대해 어떻게 생각하고 있는가를 성찰해 보도록 격려한다. 습관 2의 '삶에 대한 학습'은 교사인 자기 자신에 대해 알기 위해서 열린 자세로 세상과 다른 사람에 대해 학습할 것을 격려한다. 습관 3의 '스트레스에 대한 대처'는 교직 업무의 수행 과정에서 해소되지 못하고 누적된 정신적·신체적 긴장을 건설적으로 다룰 수 있도록 격려한다. 습관 4의 '여유 갖기'는 스트레스 관리에 도움이 될 뿐만 아니라, 시간에 대한 개인적 이해가 과다한 교직 업무를 효과적으로 관리하기 위한 능력에 어떻게 영향을 미치는가를 인식하도록 하는 데 도움이 된다. 습관 5의 '친화감 형성'은 좋은 대인관계를 유지하고 창의적이고 생산적인 대인관계를 형성하고 발달시키는 데 도움이 된다. 습관 6의 '주의 깊은 경청' 또한 다른 사람들과 관계를 맺고 효과적인 대인관계를 발전시키는 데 도움이 된다. 습관 7의 '영향력 있는 행동'은 행동에 영향을 미치는 기술과 전략을 안내하며, 진실한 태도와 격려적인 행동으로 이끌어 줄 것이다. 습관 8의 '영향력 있는 리더십 행동'은 집단역동에 대한 지식과 효과적인 팀을 만드는 기술을 향상시켜 줄 것이다. 끝으로 습관 9의 '영향력의 확대'는 교사로서 자기 자신과 직업에 대한 비전을 높게 갖도록 이끌어 줄 것이다. 이러한 9가지 습관은 교사가

성공하는 교사들의 9가지 습관

개인적·직업적 학습 도전에 만전을 기하고 꽤 보상적이며 충족적인 교사로서의 삶을 즐길 수 있도록 기반을 제공해 줄 것이다.

저자도 언급하고 있듯이 이 책의 근간을 이루는 기본적 가치는 새로운 전문성의 출발점이 되는 개인적(인성적) 발달과 대인관계 기술과 관련이 있다. 이 책은 이론 혹은 철학에 관한 것이라기보다는 오히려 직업 전문적 삶을 원하는 교사들을 위한 매우 실제적인 지침서이고, 교육 전문성을 신장하기 위한 수단으로서 자기계발을 강조하는 반성적 실천서다. 따라서 이 책은 급속하게 변화하는 21세기에서 자기계발과 대인관계 기술의 향상을 통해 교사의 전문성을 발휘하고자 하는 현직교사 및 예비교사들을 대상으로 한다. 이 책으로 복잡하고 혹독한 환경에서 스트레스를 받지 않고 일할 수 있는 능력을 키우고, 다른 사람들의 발전을 도와줄 수 있는 개인적·직업적 발달을 도모할 수 있을 것이다. 또한 교육 이해당사자와 다른 여러 분야의 전문가와 생산적으로 상호작용하는 법을 배우는 데 크게 도움이 될 것이다.

이 책은 교사들을 위한 것이므로 본문에서 '여러분' 혹은 '우리'는 교사를 가리킨다는 것을 미리 일러둔다. 끝으로 이 책이 세상의 빛을 보도록 기꺼이 번역 출간에 도움을 주신 학지사 김진환 사장님과 편집과 교정 업무를 맡아 수고해 준 강대건 님을 비롯한 관계 직원들에게 깊은 감사를 드린다.

2018년 3월
역자 일동

제2판 서문

9 Habits of Highly Effective Teachers

『성공하는 교사들의 9가지 습관』 제2판은 제1판의 내용과 똑같은 부분도 있지만 많은 부분에서 수정 보완이 이루어졌다.

기본적인 나의 철학, 즉 교사는 단지 교과에 대한 지식과 수업기술만을 습득해서는 안 되고 자기인식의 개발과 자기관리의 기술 및 태도가 전문성 신장에 매우 중요하다는 나의 신념에는 변함이 없다. 따라서 9가지 습관은 교사가 자신의 전문적인 역할을 성공적으로 수행할 수 있도록 해 주는 자기계발의 요소라 할 수 있다.

그렇다면 제2판에서 왜 변화를 시도했는가? 9가지 자기계발의 요소가 중요하다는 나의 신념을 유지하는 것과는 별개로, 나는 내 사고의 방식이 다르게 바뀌었다는 점을 인정한다. 심리학자 로버트 스턴버그Robert Sternberg는 우리가 10년 전 혹은 심지어 5년 전에 사고했던 방식과 지금 사고하는 방식이 같지 않으며, 또한 앞으로 10년 혹은 5년간 똑같은 방식으로 사고하지는 않을 것이라는 점을 인식하는 것이 중요하다고 말했다. 사고방식이 바뀌는 것은 불기피한 것이기 때문에 나는 제1판을 검토하면서 현재의 내 사고에 맞게 내용을 일부 수정 보완하였다.

우리는 모두가 기술혁명을 통해서 삶을 영위하고 있다. 산업혁명에서와 마찬가지로 우리가 사고하고 학습하며 행동하는 방식이 변하고 있다. 켄 로빈슨 경Sir Ken Robinson은 과학, 기술 및 사회적 사고에 있어서 혁신이 힘차게 들이닥치고 있다고 표현하고 있다. 이처럼 복잡하고 빨리 움직이는 시대에서는 새롭게 대두되는 도전에 부응할 수 있도록 우리의 사고와 행동을 검토하는 것이 매우 중요하다.

그러므로 제2판에서 초점의 이동은 불가피한 것이었다. 또한 이처럼 변화하는 시대에 맞추어 교사가 해야 할 일에 대한 인식에 있어서도 이동이 있었다. 교사는 이제 더 이상 유일한 '지식 전문가'가 아니다. 왜냐하면 기술의 발전은 우리 모두가 지식 사회에서 살고 있다는 것을 의미하기 때문이다. 그리고 교육에 대한 요구는 교과 지식의 전달과 기술 습득에 의존하는 것에서부터 자주적으로 학습할 수 있는 능력을 성취하도록 하는 쪽으로 이동하고 있다. '학습 민첩성learning agility'과 '창의성creativity' 같은 적성은 이제 젊은이들이 21세기를 살아가고 일하기 위해 갖추어야 할 필수적인 자질로 인식되고 있다.

만일 이러한 적성이 젊은이들에게 요구되는 것이라면 당연히 교사는 변화하는 시대에 발맞추기 위해서뿐만 아니라 학생들을 고취시키기 위해서 학습과 창의성의 본보기가 되어야 할 것이다. 그리하여 제2판에서는 학생들을 위해서뿐만 아니라 다른 전문 직업인들과의 관계에 있어서 '지식 전문가'가 아닌 '선도적 학습자'로서의 역할을 수행할 수 있도록 하는 데 보다 많은 초점을 두고 있다.

성공하는 교사들의 9가지 습관

학습은 모든 습관에 걸쳐 다루어지는 주제이지만, 제2판에서 수정 보완이 가장 많이 이루어진 부분은 습관 2인 '삶에 대한 학습'이다. 성공적인 교사로서 여러분은 학생들에게 그들의 삶에 필요한 학습태도를 준비시켜야 할 뿐만 아니라 여러분 자신의 개인적·직업적 학습 도전에 만선을 기해야 할 것이다. 9가지 습관은 여러분이 이러한 도전에 만전을 기하고 꽤 보상적이고 충족적인 교사로서의 삶을 즐길 수 있도록 기반을 제공해 줄 것이다.

▨ C/O/N/T/E/N/T/S

이 책의 내용과 활용법
9 Habits of Highly Effective Teachers

"확실한 것 중 하나는 많은 불확실성이 존재한다는 것이다."[1]

21세기의 교육

2000년 9월 영국 웨일스교육위원회The General Teaching Council for Wales, (역주: 교사의 자격, 등록, 품성과 행실을 감독하는 단체)가 처음 개최되었을 때 한 동료 위원이 "오늘날 우리는 하나의 전문인이 되었다."라고 논평했다. 사실 그날 위원회에 참석했던 사람들은 그 논평을 의미심장하게 느꼈다. 처음으로 영국에서 교직은 그 전문성을 보장하고 보다 넓은 사회에서 지위를 적극적으로 높이기 위해 그 나름의 단체를 갖게 되었다.

하나의 직업으로서 교직에 몸담고 있는 교사들은 법조계나 의학계와 같은 전문 분야에서 활동하는 사람들보다 각광을 받지 못하고 영향력도 적었다. 간호와 사회복지 같은 분야와 마찬가지로 교직은 특수한 지적 혹은 과학적 지식을 소유하고 있고 사회에 영향을 미치는 지위에 있는 그룹으로 인식되기보다는 준 전문가semi profession로 분류되어 왔다.[2] 그리고 20세기 후반 중에는 확실히 교직이 그 이전보다 훨씬 더 많은 비판과 방해를 받아 왔다. 영국에서는 지난 25년 동안 국가교육과정을 비롯한 20개의 서로 다른 교육법령이 마련되어 왔다. 국가교육과정에 관한 법령은 계속해서 교직에 처방적인 요구를 해 왔다.

주디스 삭스Judyth Sachs는 교육기준청Ofsted 감사에서 학교들이 기준에 통과하지 못하고 학교평가 결과 성적표가 신문에 보도되자 영국에서 학교를 공개적으로 망신을 주고 있다고 말했다. 그렇지만 삭스는 또한 영국의 교사들이 이 점을 특별하게 느낄 필요는 없다고 말했다. 유사한 형태의 학교평가가 호주, 미국 및 뉴질랜드에서도 이루어지고 있다.[3] 사실 교직이 여론의 관심과 조사의 압박을 받고 있는 유일한 직업은 아니다. 21세기 초에 모든 전문 직업들이 기준, 책무성, 서비스의 질에 걸쳐 조사를 받으며 비판적인 시선을 받고 있다.[4] 그럼에도 불구하고 또한 수업과 관련하여 '좋은' 교육에 포함되어야 할 것이 무엇인가에 대한 인식이 널리 계속 남아 있다. 좋은 교육이란 고분고분하게 선생님의 말에 주의를 기울이는 반 아이들 앞에서 전문적인 지식을 전달하는 교사를 떠올리는 경우가 많다.

우리는 또한 21세기에 급증하는 지식에 대처하지 않으면 안 된다. 이것은 물론 모든 사람들에게 영향을 미치지만, 공공 서비스 분야에서 일하는 사람들에게 부가적인 압력이 되고 있다. 첫째, 더 열심히 일해야 한다는 요구 외에도 정보 혁명으로 말미암아 새로운 정보를 숙달할 수 있어야 하고, 또한 더 똑똑하고 영리하게 일해야 한다는 기대를 불러일으킨다. 둘째, 미디어와 인터넷을 통한 정보에 대한 자유롭고 개방적인 접근은 대중의 일반적인 인식을 높였고, 이는 다시 공공 서비스와 그 분야에 종사하는 사람들에 대한 기대를 크게 만들었다. 이러한 기대가 충족되지 않을 때 이의제기와 의견 충돌 혹은 환멸이 종종 야기될 수 있다.

'전문성'의 의미 변화

웨일스교육위원회의 제1차 모임에서 나의 동료 위원의 자신감 넘치는 주장에도 불구하고, 교사의 '전문적' 지위는 여전히 확실하지 않다. '전문적'이란 단어 그 자체에 대한 해석도 확실하지 않다. 단어의 의미는 시대에 따라 변화하며 '전문적'이라는 단어는 특히 그러하다. 100년 전에는 전문가란 사회에서 지위를 가진 사람, 즉 특정 분야의 지식을 소유하고 있을 뿐만 아니라 존경 때문에 인정되고 주어지는 도덕적 권위를 행사하는 사람을 의미했다. 현재는 주디스 삭스가 지적한 바와 같이 부동산 중개인들이 그들 자신을 전문가로 일컫기도 하고, 창문 청소원들이 전문적 서비스를 제공하고 있다고 주장하며, 중고차 판매원들도 현장에서 전문성을 발휘하고 있다고 선전하는 것을 보면,[5] 전문성의 의미에 대한 공통된 의견 일치를 거부하는 것은 놀라운 일이 아니다.[6]

전문성을 정의한 '오래된' 준거는 이제 더 이상 적절하지 못하다. 왜냐하면 우리가 살고 있는 사회는 과거와 다르기 때문이다. '지식

사회'의 확장과 함께 어떤 직업도 독특성을 주장할 수 없고 고유한 지식 영역을 보호받을 수 없다. 고도의 자율성을 갖고 운영될 수 있다는 점도 이제 더 이상 전문성의 준거로 적절하지 않은 것 같다. 왜냐하면 보다 개방된 사회에서 우리는 더 많은 책무성을 요구받고 있기 때문이다. 그리고 과거에는 적용되지 않았던 새로운 영역의 준거로 계속적인 전문성 개발, 즉 현직연수에 대한 요구가 거세다. 1세기 전에 의사, 변호사, 목사는 처음에 전문교육을 받으면 되었지 더 이상의 현직연수를 계속해야 한다는 기대를 받지 않았다. 그렇지만 오늘날에는 그러한 직업 생활을 하는 동안 전문성 신장을 위해서뿐만 아니라 급속히 변화하는 사회와 지식 폭발에 따라가기 위해서 계속해서 학습과 개인적 발달을 꾀하지 않으면 안 된다. 추정컨대, 지식의 양은 지금부터 매 7년마다 두 배로 늘어날 것이다.[7]

변화하는 사회

21세기 삶의 복잡성과 지속적인 사회 변화가 교사의 전문적 역할에 영향을 미쳐 왔음은 의심의 여지가 없다. 사회학자들은 지식 폭발이 일상의 삶에 미치는 영향과 가정과 직장에서의 역할 변화가 어떻게 새롭고 질적으로 다른 형태의 사회를 출현시켜 왔는가를 연구하였다. 사람들이 그러한 빠르게 변화하는 세상에 장차 적응할 수 있으려면, 새로운 상황에 유연하게 반응할 수 있는 능력이 있어야 하고, 어려운 문제에 대한 혁신적인 해결책을 찾아야만 하며, 또 그러기 위해서는 창조적이어야 할 필요가 있다. 사람들은 다른 사람들과 상호작용을 할 때 유연하게 적응해야 하고, 인지적 차원은 물론 정서적 차원에서 의사소통을 할 필요가 있다. 제럴드 헤이지Jerald Hage와 찰스 파워스Charles Powers가 예측한 바와 같이 21세기 사회의 도전에 대처하기 위해서는 사람들에게 '창조적 마음과 복합적 자아'가 요구된다.[8]

만약 교사로서 우리기 이리한 도진을 위해 미래 사회를 준비하고자 한다면, 우리는 자기 자신을 도전에 대처하도록 준비시킬 필요가 있다. 그러기 위해서 우리는 복잡하고 혹독한 환경에서 스트레스를 받지 않고 일할 수 있는 능력을 개발할 필요가 있으며, 다른 사람들의 발전을 도모해 줄 수 있도록 자신의 개인적 및 직업적 발달을 극대화시킬 필요가 있을 것이다. 또한 우리는 우리의 전문적 능력에 의지하는 사람들의 잠재력을 극대화하기 위해서 교육 이해당사자 및 다른 여러 분야의 전문가들과 생산적으로 상호작용하는 것을 배워야만 할 것이다.

9가지 습관과 전문성 개발

이 책에서 기술한 9가지 습관들은 21세기에 적합한 전문성을 구축하는 데에 꼭 필요하다고 내가 믿는 것들이다. 9가지 습관들은 전문성을 신장하는 견고한 기초를 형성하는 개인적 발달의 영역들이다. 앤디 하그리브스Andy Hargreaves는 우리 앞에 놓여 있는 도전에 맞서려면 여러 분야의 파트너들과 함께 '효과적으로, 개방적으로, 그리고 위엄을 가지고' 일하는 것을 배울 필요가 있다고 말했다.[9] 이를 위해 우리는 사회의 선도적 학습자가 될 수 있도록 다양한 기술과 능력을 배양할 필요가 있다.

여러분의 교직 경력이 얼마가 되었든 간에 교사로서 여러분은 자신의 교직생활을 위한 지침을 제공하기 위해서 행동강령과 전문적 기준을 갖고 있어야 할 것이다. 이 책은 이러한 행동강령과 전문적 기준을 되풀이하거나 어떤 방식으로든 다루려고 하는 것이 아니다. 오히려 이 책은 '방법'에 관한 것, 즉 여러분에게 요구되는 전문적 기준을 성취할 수 있도록 사고와 행동을 개발하기 위한 방법을 일러주기 위한 것이다.

이 책은 또한 비록 예시와 설명이 모두 교사와 그 역할수행에 관한 것이지만 수업실제에 관한 것은 아니다. 교수방법에 관한 책은 많이 있으며, 이 책은 그러한 교수방법에 관한 책이 아니다. 그렇지만 여러분은 자신의 개인적 발달을 수업실제와 완전히 분리할 수는 없는 노릇이다. [그림 1]에서 보듯이 여러분의 개인적 및 직업적 영향은 여러분의 직업적 정체성에서 합쳐진다. 그러므로 여러분이 이 책을 통해 습득한 '개인적' 학습은 불가피하게 여러분의 수업에 영향을 미칠 것이다. 교육의 패러다임이 수업에서 촉진적 학습으로 이동하고 있는 것처럼 여러분도 대인관계 기술의 향상을 꾀하고 교육자로서 여러분의 역할에 대한 초점이 무대 위의 박식한 사람에서 옆에서 안내해 주는 사람으로 이동하게 될 것이다.

이 책의 개인적 초점과 교사의 직업적 전문성 간의 관계를 생각해 보는 또 다른 방법은 콜린 모건Colin Morgan과 스티븐 머가트로이드Stephen Murgatroyd의 연구[10]에서 찾아볼 수 있다. 공공부문 사업의 질에 대한 그들의 연구에서 서비스의 질은 세 가지 요소, 즉 ① 기술적/전문적 요소와 ② 절차/환경/과정 요소 및 ③ 대인관계 요소에 의해 결정될 수 있다는 점을 제안하고 있다. 이 요소들을 수업과 관련지어 보면, 첫 번째 요소는 여러분의 교과에 대한 지식과 수업기술이

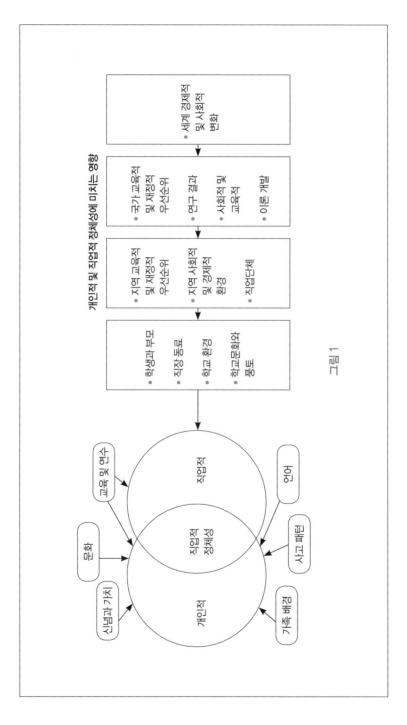

그림 1

이 책의 내용과 활용법

될 것이고, 두 번째 요소는 여러분이 일하는 환경에서의 절차와 실제를 가리키는 것이며, 세 번째 요소는 이 책의 주제에 해당한다.

서비스의 질을 결정하는 세 가지 영역은 교사의 전문성에 대한 서로 다른 지각과 관련이 있으며, 이는 콜린 모건과 스티븐 머가트로이드가 학교에 다니는 아이들에게 면담을 실시했을 때 드러났다. 다른 교사들에 비해 어떤 교사들로부터 가르침을 받을 때 더 많은 것을 배우게 되는 이유가 무엇인가를 아이들에게 물었을 때 '개인적으로 잘 도와주려고 하기 때문에'(대인관계)라고 응답한 아이들도 있었고, '교과에 대한 지식이 풍부하기 때문에'(기술적/전문적)라고 말한 아이들도 있었으며, 또한 '무엇을 해야 되는가를 알려주고 잘 통제하기 때문에'(절차/환경/과정)라고 생각하는 아이들도 있었다. 그렇지만 중요한 것은 세 가지 요소들이 정삼각형의 꼭짓점을 형성한다는 점이며, 양질의 전문적 서비스를 제공하기 위해서는 세 가지 유형의 요소들 간의 균형이 필요하다는 점이다.[11]

가치의 표현

불가피하게도 이 책에서 제안하고 있는 실제적 조언을 뒷받침하는 나의 가치가 있다. 여러 해 동안 사람들의 자기계발과 대인관계 기술을 가르친 경험을 통해 일의 개인적 요소는 전체적인 일에 대한 만족도와 성취에 중요하다는 결론을 얻었다. 나는 인간은 두 가지 종류의 대인관계, 즉 기능적(일과 같이 어떤 목적을 지닌) 대인관계와 개인적(자기를 자기답게 하는 것 외에는 다른 목적이 전혀 없는) 대인관계 속으로 들어간다는 것을 제안한 철학자 존 맥머레이John Macmurray

의 견해에 동의한다. 둘 다 필요하긴 하지만 기능적 대인관계보다 개인적 대인관계가 더 중요하다.

> "개인적 삶을 희생해 가면서 성취한 경제적 효능성은 자기책망이며, 결국은 좌절감을 초래한다. …… 경제는 개인을 위한 것이다."[12]

　물론 우리의 개인적 관계가 가장 중요한 것이긴 하지만, 개인이 실현되기 위해서는 기능적 관계(직업적 삶)가 필요하다. 그렇다고 직업적 삶을 영위하는 조직이 개인적 관계보다 더 중요하게 될 필요가 있다는 것을 말하는 것은 아니다. 교육기관을 효과적으로 만드는 것이 무엇이고 교육기관을 어떻게 개선시킬 것인가에 초점을 두기보다는 오히려 학교를 인간중심 공동체person-centered community로 생각할 필요가 있다. 콜린 모건과 글린 모리스Glyn Morris의 연구에서 분명히 밝혀진 점은 좋은 교수와 학습을 위해서는 교실에서 긍정적인 사회적 관계와 목적의식을 가진 통제와 질서, 그리고 발표와 설명 및 전달의 학습활동을 위한 다양한 수업기술이 서로 균형을 이루어야 한다는 것이다.[13] 이러한 균형은 교사의 개인적 발달과 대인관계 기술에 의해 좌우된다는 점을 주목해야 한다. 따라서 수행이 뛰어난 조직을 만드는 데 목적을 두기보다는 수업을 기술적 활동이 아닌 개인적 활동으로 이해하고 실천해야만 한다.[14]

　조직의 수행을 개선하는 데 강조점을 두어서는 안 된다는 것은 교육에서만이 아니다. '전문성'이란 낡은 생각이 더 이상 적용되지 않는 것처럼 조직이 구조화되고 효율성을 추구할 필요가 있다는 생각도 더 이상 적절한 것이 아니다. 조직행동에 관한 글을 쓴 가레스 모건Gareth Morgan은 잘 조직된 관료조직organized organization의 시대를 떠나 자율경영조직self-organization의 과정을 이해하고 촉진하며 격려하는 능력이 주요 역량이 되고 있는 시대로 나아가고 있다고 주장한다.[15]

비록 내가 직업세계의 개인적 요소를 강조하고 있지만, 이것이 1970년대 진보주의 교육자들의 '자유방임' 측면으로 돌아가야 한다는 것을 옹호한다는 의미는 아니다.[16] 이와는 반대로 나는 내가 옹호하고 있는 접근방법이 도전적이고 시간과 노력의 투자가 요구될 것이라고 믿는다. 우리가 살고 있는 복잡하고 급속도로 변화하고 있는 시대에 적합한 '전문성'을 갖기 위해서는 개인적 발달에 대한 투자가 필요하다. 개인적 발달에 대한 투자는 교사의 전문성을 유연하고 광범위하며 포괄적인 성질을 띤 긍정적이고 원칙에 근거한 방식으로 상세하게 검토하기 위한 시도다.[17] 그리고 개인적 발달에 대한 투자는 교사를 기술자로 보는 것을 매우 반대한다. 교사를 기술자로 보게 되면 학생들을 기계적으로 가르치게 되며, 누군가에 의해 미리 고안되고 각본이 짜여 있고 시간계획이 되어 있는 프로그램과 지침 및 평가에 의해 수업이 이루어진다.[18] 또한 교사를 기술자로 보게 되면 앤디 하그리브스가 간결하게 표현했듯이 교사를 주어진 악보에 따라 단지 학습하는 노래방 가수와 같은 존재로 여기게 된다.[19]

따라서 이 책의 근간을 이루는 기본적 가치는 새로운 전문성의 출발점이 되는 개인적 발달과 대인관계 기술과 관련이 있다. 이 책은 이론 혹은 철학에 관한 것이 아니다. 오히려 이 책은 정책에 따라 움직이는 것 이상의 직업 전문적 삶을 원하는 교사들을 위한 매우 실제적인 지침이 되고자 의도하고 쓴 것이다. 이 책은 교육 전문성을 신장하기 위한 수단으로서 자기계발을 강조하는 반성적 실천서다. 그러므로 이 책은 양자를 모두 고려하는[20] 이른바 두 마리의

성공하는 교사들의 9가지 습관

토끼를 잡는 방식, 즉 개인적으로뿐만 아니라 다른 사람들과의 관계에서 자기 자신을 발전시킬 수 있으며 또한 교육의 목적과 목표를 성취할 수 있다는 접근방식을 취한다.

또한 교사들이 도전에 직면해 있는 것은 교과목과 기본적 교육원리를 초월해야 한다는 것이다. 뇌가 어떻게 작용하며 사람들이 어떻게 학습하고 사고하는가에 대한 연구로부터 흥미진진한 통찰을 얻을 수 있다. 정서지능, 신경언어 프로그래밍, 뇌기반 학습, 다중지능과 같은 이론과 모델에 입각하여 많은 것을 학습할 수 있다. 앤디 하그브리스와 아이버 굿선Ivor Goodson이 주장하는 바와 같이 만약 수업이 전문성의 핵심이라고 한다면 교사는 오늘날의 지식 사회에서 변화의 주요 동인으로서의 역할을 이행하기 위해 지식을 더욱 쌓고 기술을 발전시킬 필요가 있다.[21] 이 책의 핵심 가치는 교사가 학생들에게 다른 사람의 학습을 촉진할 수 있도록 본보기가 될 필요가 있다는 점이다.

이 책의 활용법

9가지 습관들은 학습 전문성의 기본 구성요소가 되는 개인적 인식과 기술 개발에 관한 것이다. 비록 세 개 파트의 주제로 묶여 있지만, 각각의 습관은 이전 혹은 이후 습관의 토대와 지지 역할을 한다.

자기관리

• 습관 1: 자기성찰

첫 번째 습관은 교직이란 여러분에게 무슨 의미를 가지는지 생각해 보고, 교사로서 여러분 자신에 대해 어떻게 생각하고 있는가를 성찰해 보도록 격려한다. 인간 뇌의 놀라운 잠재력과 여러분의 잠재력을 극대화하기 위해 여러분의 독특한 사고유형을 활용하는 방법에 대해 소개한다.

• 습관 2: 삶에 대한 학습

두 번째 습관은 여러분 자신에 대해 알기 위해서 열린 자세로 세상과 다른 사람에 대해 학습할 것을 격려한다. 학습에 대한 개방적 태도는 빠르게 변화해 가는 세상에 보조를 맞추기 위해서만 중요한 것이 아니다. 여러분 자신이 학습자가 된다는 것은 학생들의 학습을 촉진하기 위한 여러분의 능력에도 중요한 것이다.

• 습관 3: 스트레스에 대한 대처

교직은 스트레스를 야기하는 직업들 중에서도 높은 순위를 차지하고 있기 때문에 해소되지 못하고 누적된 정신적 및 신체적 긴장을 건설적으로 다룰 수 있는 습관은 부정적 스트레스가 장기적으로 미치는 손상을 대비하기 위해 반드시 들어야 할 보험과도 같은 것이다.

• 습관 4: 여유 갖기

네 번째 습관 또한 스트레스 관리에 도움이 된다. 습관 4는 시간에 대한 여러분의 개인적 이해가 과다한 업무를 효과적으로 관리하기 위한 여러분의 능력에 어떻게 영향을 미치는가를 인식하도록 하는 데 도움이 된다. 그뿐만 아니라 습관 4는 더 나아가 좋은 건강과 행복에 필수적인 일과 삶의 균형을 유지하기 위해서 가져야 할 중요한 습관이다.

타인과의 교류

• 습관 5: 친화감 형성

다른 사람들과 친화감rapport을 형성하는 것은 좋은 대인관계의 토대가 되며, 습관 5는 바로 친화감 형성에 관한 것이다. 여러분은 앞의 네 가지 습관의 개발을 통해 획득한 지식과 자신감을 활용하여 습관 5를 창의적으로 형성하고 생산적인 대인관계의 토대를 마련할 수 있게 될 것이다.

• 습관 6: 주의 깊은 경청

경청은 다른 사람들과 관계를 맺기 위한 중요한 기술이다. 주의 깊은 경청을 장려하는 습관 6은 효과적인 대인관계를 발전시키기 위한 두 번째 요소를 제공한다. 주의 깊은 경청은 수동적인 기술이라기보다는 오히려 적극적 기술일 뿐만 아니라 다른 사람들과의 보다 나은 상호 이해를 도모하기 위해서 질 높은 질문을 하는 것을 포함한다. 또한 주의 깊은 경청은 여러분에게 저항을 떠받칠 수 있는 한계 신념에 도전할 수 있게 한다.

• 습관 7: 영향력 있는 행동

친화감이 얼마나 영향을 미칠 수 있고 사고와 행동의 유연성이 여러분이 일하는 복잡한 환경을 다루어 나가는 데 얼마나 중요한가를 알게 되었다면, 이제 여러분은 습관 7의 영향력 있는 행동을 발달시킬 준비를 해야 할 것이다. 비록 이 습관은 행동에 영향을 미치는 기술과 전략을 안내하지만, 그 강조점은 진실성에 있다. 격려적인 행동은 개인적 일치성의 상태(감정이나 태도를 솔직하게 표현함)와 다른 사람을 존중하고 따뜻하게 받아들이는 태도에서 나오는 것이다.

영향력의 확산

● 습관 8: 영향력 있는 리더십 행동

습관 8은 교사의 전문적 역할은 선도적 학습자로서 리더십 행동에 있다는 것을 먼저 인식함으로써 영향력의 확대에 대한 비전을 발달시킬 수 있다. 영향력 있는 리더십 행동은 사람들이 집단 내에서 어떻게 행동하는가에 대한 집단역동에 대한 지식과 효과적인 팀을 만드는 기술에 달려 있다.

● 습관 9: 영향력의 확대

끝으로 습관 9는 교사로서 여러분 자신과 여러분의 직업에 대한 비전을 높게 갖도록 이끈다. 그것은 여러분의 지역 및 국가 정책을 입안하는 커뮤니티와 여러분이 속해 있는 교원단체의 맥락에서 여러분의 직업적 역할에 대한 이해를 요구하며, 또한 여러분 자신이 지역 및 글로벌 커뮤니티의 부분으로서 경험할 것을 요구한다. 습관 1에서 자기성찰로 시작하였다면 습관 9는 이제 여러분 자신이 세상의 나머지 사람들과 관련하여 경험할 것을 격려한다.

여러분은 이 책을 처음부터 읽을 수도 있고 관심 있는 부분, 특히 여러분과 관련 있는 부분을 골라 읽을 수도 있다. 그렇지만 여러분이 알 수 있듯이 이 책은 기술과 태도가 상호 의존해 있도록 구성되어 있다. 자기인식self-awareness이 제일 먼저 이루어져야 하며, 자기인식은 효과적인 직업적 역할을 수행하는 데 기본이 되는 기술의 집합인 자기관리self-management로 이끌 수 있다. 학습과 성찰에 대한 개방성은 전문성 개발에 중요하며, 학습과 성찰은 습관들을 통해 통합된다.

학습 전문성을 지향하며

교직의 최근 역사에 비추어 볼 때, 교사와 교사교육자들은 새로운 솔선성과 검열의 확고한 흐름에 직면하여 단기적으로 살아남기 위한 문제에 사로잡혀 있다.[22] 사실상 주디스 삭스는 그의 저서에서 개별적 및 집단적으로 교사들의 공적 책무성의 증가에 목표를 둔 경영자들의 정책을 적용하는 바람에 교사들의 업무가 비전문화되어 가고 있다고 기술하였다.[23]

반면, 다른 사람들은 교직이 더욱 전문화되어 가고 있으며 이에 대한 근거는 세계 도처에서 찾아볼 수 있다고 주장한다. 예를 들어, 게리 맥클로흐Gary McCulloch 등은 다음과 같이 주장하였다.

"교직과 같은 직업은 더욱 전문화되어 가고 있다. 새로운 기술을 습득해야 하고, 학생 및 다른 이해당사자들과 좋은 관계를 형성해야 하고, 보다 광범위한 지식에 정통해야 하며, 보다 복잡한 의사결정을 해야만 한다. 교직이 비전문화되어 간다기보다는 새로운 전문성이 40년 전의 신화적 전문성과는 다르긴 하지만 재전문화되어 가고 있다고 보아야 할 것이다."[24]

그리고 모든 일에는 선택의 요소가 있음은 물론이다. 일에 쫓기며 바쁜 삶을 살아갈 것인가 아니면 개인적 발달에 투자하며 살 것인가는 본인의 선택에 달려 있다. 만약 지식이 힘이라면 자기지식self-knowledge이 큰 힘이 된다. 만약 우리가 자신의 개인적 발달에 투자한다면 우리 자신에게 개인적으로나 직업적으로나 큰 힘을 갖게 할 것이다. 만약 우리가 자신에게 직업적으로 큰 힘을 불어넣는다면 다른 사람들에게 힘을 불어넣어 주는 능력을 획득하게 될 것이다. 우리는 미래의 시민들을 교육하기 위한 광범위한 사회적 의제agenda에 기여하기 위해서 우리 자신의 역할과 직업적 역할을 인식할 필요가 있으며, 또한 다양한 이해당사자들이 교육 프로젝트에 참여하도록 영향력의 기술과 촉진적 학습을 사용할 필요가 있다.

만약 여러분이 미래에 영향을 미치길 원한다면, 그 출발은 여러분 자신이어야 한다. 성공하는 교사들의 9가지 습관을 개발하는 것이 다른 사람들의 학습과 성취에 영향을 미치게 될 경력의 토대가 될 것이다. 교직은 요구를 많이 받는 직업이고 끊임없는 변화와 정치적 압력의 대상이 되기도 하지만, 학습에 개방적인 성찰적 접근을 취한다면 만족스럽고 보상적인 삶의 경험이 되는 직업이기도 하다.

[
교사가 변해야 학생이 변하고 학교가 바뀌며
세상이 달라진다(역자).
]

| 미주 |

1 Midgeley, S. (2002). Complex climate of human change. *Guardian Education* 10 Stember.

2 Etzioni, A. (Ed.) (1969). *The semi-profession and their organization: Teachers, nurses and social workers*. New York: Free Press.

3 Sachs, J. (2003). *The activist teaching profession*. Buckingham: Open University Press. p. 12.

4 ibid., p. 1.

5 ibid., p.1.

6 Hoyle, E. & John, P. D. (1995). *Professional knowledge and professional practice*. London: Cassell. p. 1.

7 McGettrick, B. (2002). Citizenship in the four nations. Paper presented at *Differences in Educating for UK Citizenship* - a conference jointly organized by Academy of Learned Societies for the Social Sciences and University of Glamorgan. Glamorgan Business Centre, 25, October.

8 Hage, J. & Powers, C. H. (1992). *Post-industrial lives, roles and relationships in the 21st century*. Newbury Park, Cal.: Sage Publications Ltd.

9 Hargreaves, A. (2000). Four ages of professionalism and professional learning. *Teachers and Teaching: History and Practice*, 6(2), 151-182.

10 Morgan, C. & Murgatroyd, S. (1994). *Total quality management in the public sector*. Buckingham: Open University Press.

11 ibid.

12 Macmurray, J. (1961). *Persons in relation*. London: Faber. p. 187.

13 Morgan, C. & Morris, G. (1999). *Good teaching and learning: Pupils and teachers speak*. Buckingham: Open University Press. p. 136.

14 Fielding, M. (2001). Target setting, policy pathology and student perspectives: Learning to labour in new times. In M. Fielding (Ed.), *Taking education really seriously: Four years' hard labour*. London: RoutledgeFalmer. p. 12.

15 Morgan, G. (1997). *Imaginization: New mindsets for seeing, organizing and*

managing. Thousand Oaks, Cal.: Sage Publications Ltd.

16 Turnbull, J. (2004). Educating for citizenship in Wales: Challenges and opportunities. *The Welsh Journal of Education, 12*(2), 65-82.

17 Hargreaves, A. (2000). Four ages of professionalism and professional learning. *Teachers and Teaching: History and Practice, 6*(2), p. 153.

18 Goodson, I. (2003). *Professional knowledgem professional lives: Studies in education and change*. Maidenhead: Open University Press.

19 Hargreaves, A. (2003). *Teaching in the knowledge society: Education in the age of insecurity*. Maidenhead: Open University Press. p. 58.

20 *Narrowing the Gap in the Performance of Schools Project: Phase II Primary Schools* (2005). DfTE Information Document No. 048-05 Welsh Assembly Government.

21 Hargreaves, A. & Goodson, I. (2003). Series editor's preface. In J. Sachs, *The activist teaching profession*. Buckingham: Open University Press. p. ix.

22 Whitty, G. (2000). Teacher professionalism in new times. *Journal of In-Service Education, 26*(2), 281-293.

23 Sachs, J. (2003). *The activist teaching profession*. Buckingham: Open University Press. p. 7.

24 Midgeley, S. (2002). Complex climate of human change. *Guardian Education* 10 Stember.

성공하는 교사들의 9가지 습관

성공하는 교사들의
9 가 지 습 관

자기관리

9 Habits of

Highly Effective

Teachers

당연한 것일지 모르지만 첫 번째 습관은 행동이 아닌 성찰에 관한 것이다. 성찰은 다른 모든 습관을 발전시키기 위한 토대가 된다. 행동보다 성찰이 먼저인 이유는 성찰하지 않은 행동은 단지 어떤 일들에 대해 무의식적으로 반응한 것에 불과하기 때문이다. 낸시 클라인Nancy Kline이 말한 것처럼 인간의 모든 행동은 그 사람이 하는 성찰의 질에 달려 있다.[1]

첫 번째 습관을 채택하는 것은 여러분 자신의 정체성과 직업인으로서의 역할, 그리고 이 둘 간에 어떠한 차이가 있는지에 대해 생각할 준비가 되어 있음을 뜻한다. 또한 첫 번째 습관은 여러분의 직업인 교사에 대한 자신의 가치관을 분명히 하는 것이기도 하다. 왜냐하면 우리는 평소에 가치관에 대해서 자주 얘기하지는 않지만, 우리의 가치관은 우리의 행동을 결정짓는 강력한 방향 역할을 하기 때문이다.

자기성찰은 자신이 '어떻게how' 생각하는지, 그리고 '무엇what'을 생각하는지를 이해하는 것이다. 로버트 피셔Robert Fisher가 말했듯이, 우리 인간은 생각하는 동물일 뿐만 아니라 더 나아가 우리 자신의 사고에 대해서도 생각하고 그것을 통제할 수 있다.[2] '자기 생각에 대해 생각하기[자기성찰]'는 여러분 스스로를 더 잘 이해할 수 있게 도와줄 뿐만 아니라, 직업세계가 여러분에게 요구하는 복잡한 요구사항들을 효과적으로 관리할 수 있도록 도와준다.

자기성찰
9 Habits of Highly Effective Teachers

직업 '정체성'

여러분의 정체성identity은 교수자(가르치는 전문가)로서 여러분 자신을 생각할 때 좋은 출발점이다. 이 점에서 나에게 가르치는 직업은 종종 사랑/증오 관계를 가지고 있는 것처럼 보인다. 한편, 교사 지망생들은 아이들이 잠재력을 실현하고 사회에서 가치 있는 역할을 수행할 수 있도록 교육할 자세가 되어 있다는 성숙하고 동기가 부여된 개인의 이미지를 전달하고자 애쓴다. 그러나 한 젊은 교사가 교직에 들어가면 그들은 '하느님 금요일임을 감사드립니다!'란 교사의 기도에 금방 익숙해지게 된다.

또한 우리가 전반적으로 일을 바라보는 방법에 대한 역설이 실제로 있다. 일은 일반적으로 우리의 삶의 3분의 1을 차지한다. 일은 가장 강렬하고 만족스러운 순간을 제공하고 자부심과 정체성을 줄 수 있다는 점에서 묘한 경험이다. 그러나 일은 우리 중 많은 사람이 피하고 싶어 하는 것이다. 그 이유는 일이란 걸리는 시간의 양과 우리의 의식적 인식에서 생산하는 효과의 강도라는 점에서 볼 때 매우 중요하므로 삶의 질을 향상시키고자 한다면 모호성에 직면하는 것이 필수적이기 때문이다.[3]

우리가 일에 대해 아주 깊이 생각해 본 적이 없거나 매우 바쁘게 시간을 보낸다면 가끔 예기치 않게 우리는 상처를 받을 수 있다. 그리고 그 순간, 아마도 우리가 이전에는 생각조차 하지 못했던 우리 자신에 대한 믿음에 의문을 갖게 될 것이다.

한편, 우리가 까다로운 업무를 수행할 때 우리의 대처 능력에 대한 의문이 생길 수도 있다. 다음 사람의 말처럼 말이다.

"나는 무엇보다도 구멍난 소쿠리가 된 것 같았습니다. 당신은 소쿠리 속 물건의 절반 정도가 바닥으로 떨어질 것이라고 알고 있었고, 구멍이 그렇게 크지 않았기 때문에 나머지 절반은 구할 수 있었습니다. ……나는 처음에 어마어마한 학습의 양을 갖고 있었지만 점차 빠져나가기 시작했고, 매일매일 불어나는 엄청난 정보의 양 때문에 산산조각이 났습니다. ……이것은 매우 불안을 야기하고 있습니다. 왜냐하면 당신이 한 말이 옳은지 알지 못하기 때문에 당신은 옳은 것을 하고 있는지 여부를 모릅니다. 당신이 그 사람을 바른 길로 인도했는지도 알지 못합니다. ……그래서 가끔 당신은 무엇인가를 요구하고, 그것은 두려운 것처럼 보입니다. ……하지만 그것이 바로 직업에 대해 배워 나가는 것입니다."[4]

여러분은 이게 무슨 말인지 공감할 수 있을 것이다. 또한 그것을 자신의 경험과 관련시킬 수 있으며, 이 사람이 가르치는 것을 처음

접하는 사람이라는 것을 느낄 수 있을 것이다. 실제로 그녀는 숙달되고 자격이 있고 경험이 풍부한 정신과 간호사였다. 그녀는 자신의 새로운 직업에 대해서 그동안 편안하게 일하던 병원에서 벗어나 매우 다른 환경에서 일하도록 요구한다고 생각하였다.

법정에서 일하는 정신건강 간호사의 경험에 대해 연구할 때, 이 간호사와의 인터뷰를 기록했다. 당시 영국 정부는 정신건강 문제가 있는 사람들을 확인하고 적절한 보건 서비스를 제공하도록 지시하는 새로운 시도를 하였다. 간호사들의 경우 자신이 근무하는 병원에서 다른 환경으로 이동하여 변호사, 보호 관찰관, 경찰 및 치안판사와 함께 일하는 유일한 건강 전문가였다. 전반적으로 이것은 간호사의 정상적인 근무 경험을 벗어난 상황이었는데, 의료 전문가와 다른 견해를 가질 수 있는 사람들과 함께 일하는 것을 의미했다.

내가 인터뷰를 한 모든 간호사들에게 이것은 매우 당황스러운 경험이었다. 한 수준에서 그들은 그들의 전문 지식에 도전을 받았을 때 불편함을 경험했다. 그러나 개인으로서의 정체성에 대한 자신감의 위기를 가져오는 더 깊은 불편함이 있었다. 이러한 경험으로 인해 그들 중 한 사람은 다음과 같이 자문하였다.

> "너는 평소의 너처럼 잘하고 있니? ……너는 네가 하는 일을 잘 아는 것
> 같지만, 정말로 그러니?
> 나는 간호사가 아닌 다른 뭔가가 되어 버린 것 같아."[5]

이 간호사들은 모두 자신의 직업에서 매우 자격이 있고 경험이 풍부한 사람들이었다. 그럼에도 불구하고 자신이 하는 일이 극적으로 변화되는 것은 자신과 자신의 전문적 능력에 대해 너무나도 불안

하게 했다. 어떻게 이렇게 될 수 있는지 궁금할 수 있다. 다른 사람들과 함께 다른 환경에서 일하게 된다면, 실제로 여러분이 누구인지 궁금해질 것이다.

그것은 우리의 일이 우리가 자신을 어떻게 생각하는지에 대한 큰 부분을 차지하고, 우리가 그것을 자신의 정체성의 일부로 보기 때문이다. 예를 들어, 다음의 두 문장을 한번 보자.

> 나는 교사로 일한다(I work as a teacher).
>
> 나는 교사다(I am a teacher).

첫 번째 문장은 인생에서 역할을 하는 사람, 즉 배우자, 형제자매, 아들/딸, 친구, 스포츠 코치 등 다른 많은 역할들 중 하나로서 가르치는 경험이 있는 사람을 말하는 것인 반면, 두 번째 문장은 훨씬 더 많은 것을 암시한다. 그것은 '한 개인'으로서의 정체성의 일부로 교사가 되는 경험을 하는 사람을 말한다. 인터뷰를 한 간호사들은 간호사의 역할에 상당한 개인적 투자를 했기 때문에 자신의 전문성이 고립되고 도전에 직면했을 때 자신감이 없어지는 느낌을 받았을 것이다.

실제로 가르침(또는 간호)과 같은 일을 할 때 우리가 그 직업에 많은 투자를 한다는 것은 놀라운 일이 아니다. 그렇다면 도전적인 상황이나 문제에 대처할 때 감정적인 개입이 있기 때문에 한발 물러서서 논리적으로 생각하기가 어려울 수 있다. 마치 그 직업에 모든 정서적 에너지와 정체성을 투자한 사람이 그 직업과의 관계가 끝났을 때 심각한 정신적 고통을 겪는 것과 같다.

파커 파머Parker Palmer는 교사가 된다는 것은 우리 정체성의 일부라는 것을 인식하는 것과 같은 도전을 받아들여야 한다고 주장한다. "훌륭한 가르침은 기술로 축소될 수 없다. 훌륭한 가르침은 교사의 정체성과 온전함에서 비롯되는 것이다."[6]

따라서 '자기성찰'은 자신의 '정체성'이 어떻게 직업과 밀접하게 연관되어 있는지를 깨닫는 것이다. 습관 1(자기성찰)은 신원, 역할, 신념과 가치 사이의 복잡한 상호작용을 풀어 교사로서의 작업 방식에 미치는 영향에 대한 생각을 이해하는 데 도움이 된다.

직업 '역할'

습관 1의 자기성찰은 자신의 직업적 정체성에 대해 분명히 하고, 새롭게 자격을 갖춘 교사이든 담임교사 또는 교과담당 교사이든 여러분의 직업을 '역할'로 생각하는 것이다. 또한 습관 3인 스트레스에 대한 대처와의 차이점은 스트레스를 방지하는 태도를 구축하는 데 중요한 요소라는 것이다. 나는 의도적으로 '역할을 맡는다'라는 말을 사용하지 않았다. 왜냐하면 교직은 진지한 직업이기 때문에 어떤 식으로든 이 전략이 교직의 역할을 평범하게 한다는 인상을 전달하고 싶지 않기 때문이다. 실제로 여러분이 '역할을 할 때' 활동에 최대한의 관심과 힘을 부여하고 자신의 능력을 최대한 발휘할 수 있다.

정체성과 역할의 차이를 정의하는 간단한 방법이 있다. 정체성은 의미를 구성하는 반면, 역할은 기능을 구성한다.[7] 그래서 여러분의 '직업적 정체성'은 여러분 자신과 다른 사람들 그리고 여러분이 살고 일하는 전체 사회 환경에 대해 갖는 포괄적인 신념과 가치를 포함하게 될 것이다.

'전문직'에 대한 설명조차도 지위와 통합성과 관련된 특정 의미를 전달한다. 일련의 과업을 수행하는 직업은 분명히 '전문직'이 경험하는 것과 동일한 정서적인 연결 또는 의미를 갖지 않는다. 여러분의 개인적 가치와 정체성은 여러분의 역할에 의미를 부여한다. 그리고 그것은 또한 여러분이 성공하는 교사가 되어 역할 만족을 얻기 위해서는 개인의 의미 체계와 역할이 딱 들어맞을 필요가 있음을 의미한다.

따라서 '역할'이 여러분의 전체 정체성은 아니지만, 그럼에도 불구하고 여러분 자신의 전문적 역할에서 자신이 어떻게 수행하는지가 자신을 경험하는 방식과 다른 사람들이 여러분을 인지하는 방식에 중요한 부분을 차지한다. 리처드 리브스Richard Reeves가 말했듯이, 우리의 일은 세상에 대한 우리의 명함이다. 즉, 우리의 일은 우리가 일하는 방식, 함께 일하는 사람, 그리고 우리가 누구인지, 우리가 무엇을 의미하는지에 대해 말해 준다.[8]

잠시 멈추어 생각해 보기 01 // 여러분의 관심은 어디에 있는가?

젬마는 다른 사람들이 그녀에 대해 생각하고 있는 것을 잘 알고 있다. 그녀가 학교 복도를 걷고 있을 때, 누군가 심각한 표정으로 다가온다면 그녀는 자신이 어떤 방식으로든 그를 화나게 했다고 생각할 수 있다. 그녀는 다른 사람으로부터 피드백을 받지 않으면 그녀의 일이 얼마나 만족스러웠는지 평가하기 어렵다는 것을 안다. 이것은 다른 선생님이 그녀보다 잘하고 있는지 계속 걱정하고 있다는 것을 의미한다. 그녀는 자신에게 주어진 조언을 진지하게 받아들이며 더 나아가 지시 사항으로 간주한다.

제이미는 자신의 판단과 견해를 매우 확신한다. 그는 자신이 옳을 때를 스스로 잘 알고 있으며 자신의 견해를 확신하는 정보를 수집하는 경향이 있다. 그는 다른 사람들의 피드백이나 지시를 그가 따를지 말지를 결정하는 정보로 받아들이는 경향이 있다. 그는 건설적인 피드백일지라도 다른 사람의 비판이나 의견을 경청하고 존중하는 것이 어렵다는 것을 안다.

여러분은 어느 쪽인가?

- 여러분은 자기 자신의 가치를 아는 다른 사람들의 견해에 의존하는 편인가?
- 여러분은 다른 사람들의 견해를 무시할 수 있고 자신의 견해에 확신하는 편인가?
- 여러분은 다른 사람의 피드백을 개인적인 비판으로 해석하지 않고 받아들일 수 있는가?

성공하는 교사는 자신의 전문적 능력을 현실적으로 평가할 수 있다. 그들은 자신감을 가질 수 있는 분야를 알고 있으며, 그들이 개발해야 하는 분야에 대해 경험 많은 동료로부터 조언을 받아들일 수 있다. 자신의 정체성과 직업 역할의 차이를 분명히 잘 알고 있기 때문에 사적인 비판으로 받아들이기보다는 도움이 되는 것으로 받아들인다.

개인적 의미 체계: 신념

우리가 스스로 인식하지 못할 수도 있지만 우리의 신념과 가치는 우리가 하는 모든 일에서 분명하게 드러날 것이다. 우리가 교사 또는 '전문가'로서 자신에 대해 갖고 있는 신념은 우리가 스스로 행동하는 방식에서 분명하다. 우리가 다른 사람들에 대해 가지고 있는 신념은 우리의 관계에서 인정될 수 있다. 신념은 긍정적 또는 부정적 행동의 강력한 동기가 된다.

자기 자신에 대한 신념 또는 자기 자신에 대해 헌신하게 만드는 이유들 때문에 삶에서의 어려움을 극복한 사례가 많이 있다. 넬슨 만델라Nelson Mandela가 25년의 감옥 생활에서 조국의 지도자가 되고 세계적인 영감을 얻는 데 도움이 준 자기신념self-belief을 생각해 보라. 품질에 대한 스티브 잡스Steve Jobs의 강력한 신념은 애플이 소비자에게 원하는 것을 제공하는 정상적인 비즈니스 트렌드를 바꾸어 1,000억 달러 규모의 회사로 발전할 수 있었던 원동력이었다.

여러분의 신념은 무의식적인 사고 패턴이기 때문에 생각해 볼만한 가치가 있다. 따라서 우리가 의식적으로 생각하지 않는다면, 우리가 그 행동에 어떻게 영향을 미치는지 알지 못할 수도 있다. 그리고 중요하게도 신념은 논리와 관계가 없으므로 도전을 받아야 할 수도 있다!

신념의 비합리성 때문에 여러분의 행동을 비생산적인 방향으로 제한할 수 있다. 제한적인 신념은 여러분에게 자신이 해야 하는 일과 하지 말아야 하는 일, 할 수 없는 일 또는 해야 할 일을 말할 때 인식될 수 있다. 나는 때때로 학생들이 "선생님, 저는 그것을 할 수 없어요. 그건 제 일이 아닙니다."라고 말할 때, 신념을 제한하는 것을 감각적으로 사용했다. 캐롤 드웩Carol Dweck은 젊은이들이 자신의 지능과 그들이 성취해야 하는 것에 대한 신념 때문에 '실패 정체성'을 획득할 수도 있음을 잘 보여 주고 있다.[9]

우리 모두는 우리 자신과 주변 세계에 대한 신념을 갖고 있다. 그것들은 우리의 초기 삶의 경험으로부터 형성되며, 특히 어린 시절에 사람들이 우리를 향해 행동하는 방식에 크게 영향을 받는다. 아이들에게 끊임없이 멍청하다고 말하는 것처럼 하지 않아도 된다. 이 책의 뒷부분에서 살펴보겠지만 신체언어 채널은 단어보다 더 강력한 메시지를 전달할 수 있다. 아이들은 신체언어 채널을 통한 '누수'에 특히 민감하다. 신체언어 채널을 통해 어떤 식으로든(제한된 신념으로 내재화될 메시지를 주는 식) 열등하다는 메시지를 줄 수 있다.

그것은 성공하는 교사들이 자신의 전문적 행동에 대해 확신하는 자신의 신념에 대해 의식적으로 생각을 했기 때문이다. 그들은 교육과 교육에 관한 자신의 신념을 바탕으로 일했기 때문에 자신의 행동이 함께 일하는 젊은이들의 자기 자신감에 어떻게 영향을 줄 수 있는지 알 수 있다.

잠시 멈추어 생각해 보기 02 // **성공하는 교사의 신념**

다음은 성공하는 교사들이 가지는 교육 및 학습에 대한 몇 가지 신념이다.

여러분이 그 신념들을 읽는 동안, 다음과 같은 질문을 해 보라.

여러분이 스스로 주장할 수 있는 신념인가?

여러분의 확신은 얼마나 강한가?(솔직하게)

이러한 신념에 충실한다면 교사로서의 실행이 어떻게 바뀔까?

- 교육은 직업을 가지기 위해 훈련을 시킬 뿐만 아니라 높은 도덕적, 사회적 목적을 가지고 있다.

- 지능은 모든 사람이 가지고 있는 일정한 양의 고정된 특성이 아니라 학습을 통해 길러질 수 있다.
- 개개인 모두는 생각과 학습에 있어서 나름의 스타일을 가진 독특한 존재다.
- 아이가 배움에 충실하지 않는 이유는 교사가 그 아이의 학습을 가능하게 하는 열쇠를 아직 찾지 못해서다.
- 교사가 학생을 위해 할 수 있는 가장 훌륭한 것들 중 하나는 좋은 자존감을 북돋아 주는 것이다.

이 목록에 교육 및 학습에 대한 자신의 개인적인 신념으로 무엇을 추가할 수 있는가?

개인적 의미 체계: 가치

가치는 우리 자신, 우리 주변의 세상, 그리고 사물이 어떻게 되어야 하는지에 대한 우리의 신념으로부터 생겨난다. 가치는 우리의 신념을 위한 기본 틀을 제공한다. 조직은 사람들에게 일을 하도록 지시하는 가치의 힘을 이해한다. 성공적인 조직의 리더는 모든 것을 함께 묶는 끈끈한 결합이 "무엇이 중요합니까?"라는 질문에 대한 해답이라는 것을 알고 있다. 따라서 대부분의 조직은 업무를 수행하는 가치를 정의하는 데 시간을 할애한다.

그렇다고 하더라도 가치는 우리가 자주 말하지 않는 것이기 때문에 말로 표현하는 것이 어려울 수 있다. 이는 조직뿐만 아니라 개인 차원에서 시도할 때도 마찬가지다.

영국 교육당국에 의해 공표된 가치의 예를 보면 다음과 같다.

학교의 물리적 환경 및 사회적 환경은 교실 수업을 지원한다.

이것은 실제 가치가 아니다. 그것은 목표 이상의 무엇이다. 한 가지 사실은 다른 사람의 일에 영감을 주는 핵심 가치가 되기에는 너무 장황하다는 것이다. 그리고 가치관이 작동하는 정서적 수준에서 본다면 누군가를 끌어들일 가능성은 거의 없다. 이것을 다음의 직업교육대학further education college(역주: 16세 이상의 청소년과 성인을 위한 준학교 형태의 사회교육기관으로서 주로 직업과 기술 훈련을 하며 비교적 장기간의 교육을 실시함)의 가치와 비교해 보라.

영감(inspirational) - 포괄적(inclusive) - 영향력(influential)

이 단어들은 조직이 달성하기를 원하는 목표일 수도 있다. 그러나 그들은 틀림없이 중요성에 대한 의미를 전달하고 단지 실용적인 수준보다 더 감정적이고 의미 있게 조직 활동에 참여하게 한다.

성공적인 학교 지도자들은 높은 질과 산출을 얻기 위해서는 사람들이 가치에 근거해 행동해야 하므로 단순히 행동을 지시하는 것만으로는 충분하지 않다는 것을 안다. 행위에 가치를 부여할 때 단순히 직업이 아닌 기회가 되는 것이다.

조직의 경우, 많은 사람에게 매력적이기 위해서는 가치가 매력적이고 기억에 남을 필요가 있다. 그러나 동시에 조직의 가치는 모든 사람이 옳다고 믿는 근본적인 확신을 나타낼 필요가 있다. 조직의 가치는 우리의 행동에 대한 설명이 아니다. 오히려 그것들은 가능하고 달성 가능하며 바람직한 것에 대한 우리의 믿음과 우리의 행동과 우리의 의사결정에 대한 지침으로서의 역할을 하는 것이다.[10]

학교나 대학 같은 조직에서는 일련의 가치 있는 일을 하는 것이 중요하지만 여러분의 일에 영향을 미치는 개인의 가치에 대해 생각하는 것도 중요하다. 지금까지 가치에 대해 많이 생각해 보지 않았을지도 모르지만, 가치는 우리가 말하고 행동하는 모든 것에 영향을 미친다. 그들은 우리의 배경과 문화, 우리가 상호작용하는 사람들, TV로 읽고 본 것, 실천 강령 및 직업에 관한 표준을 통해 많은 영향을 받아 형성될 것이다. 이 모든 것들은 우리가 일과 삶을 통해 지침으로 사용하는 일련의 가치를 형성하는 데 기여한다.

자신의 가치관을 분명히 알면 업무에 의미와 방향이 추가된다. 그리고 여러분의 일이 의미와 방향을 가질 때, 여러분은 자신이 하는 일에서 보다 효과적일 것이며, 개인적으로 더 성취감을 느낄 것이다. 내 마지막 책을 위해 인터뷰를 한 교육 지도자들은 예외 없이 자신의 업무를 이끌어 낸 가치를 분명히 하는 데 아무런 문제가 없었다. 그들은 자신의 가치를 확신하고 자신의 가치가 자신의 업무를 뒷받침하는 원칙이라고 확신하였다.[11]

여러분의 가치관을 명확하게 하는 것은 또한 여러분이 하는 일의 질을 테스트하기 위한 일정한 기준을 가지고 있다는 것을 의미하기도 한다. 즉, 도전적인 문제에 직면했을 때 자신이 해야 할 일에 부합하는지의 여부, 혹은 그 문제가 근본적으로 잘못된 일인지, 원칙을 고수해야 할 정도로 용감해야 하는지 등의 여부를 결정할 수 있도록 해 준다. 다시 말하면, 스스로에게 다음과 같은 질문을 할 수 있다.

이 문제는 교사로서의 나의 가치에 부합하지 않는 행동을 했기 때문에 발생한 것인가? 만약 내가 나의 가치관에 따라 일을 했다면 이 상황을 피할 수 있었을까?

또는 대안적으로 다음과 같은 질문을 할 수 있다.

이것은 교사로서의 나의 가치에 완전히 위배되는 것인가?
이것은 내가 원칙의 문제를 고민해야 할 필요가 있는 상황인가?

성공하는 교사는 언제 자신의 행동(실천)을 조정해야 하는지, 그리고 자신이 불공정하거나 불공평하다고 생각하는 것을 바꾸기 위해 언제 자신의 신념과 가치에 따라 행동하는 용기를 가져야 하는지를 안다.

잠시 멈추어 생각해 보기 03 // 가치 단어

다음은 우리의 직업에 대해 가질 수 있는 가치와 관련된 단어다. 교사로서 여러분에게 중요한 가치들을 체크해 보라.

책무성	도전	야망
다른 사람들을 돕기	일치성	용기
적응성	창의력	차이 만들기
영감	결정적	평생학습
접근 가능성	의존성	동기
최고가 되기	성취	비순응성
돌봄	권위	순종
고려	애정	열린 마음

참을성	공감	자원
완전	인내	존경
개성	열정	책임
이타심	윤리적	안전
성실	수월성	자기통제
자기신뢰	공정성	절제
친절	신앙	철저
자기존중	유연성	절약
충성	정직	깔끔함
민감성	독립성	신용
침착	고집성	신용 가치
영성	지속성	진실
안정	쾌락	이해
지위	권력	고유성
강점	전문성	온정
결정성	시간 엄수	지혜
훈육	신뢰성	관용
의무	평판	균등
효율성	회복탄력성	진실성

만약 이들 중 세 가지만 가질 수 있다면, 무엇을 고르겠는가?

분석 수준

이 책의 초반부에서, 여러분은 제가 실제적인 전략으로 시작하지 않고 아주 심각한 성찰하기를 요구한다고 생각했을지도 모른다. 이에 대해서 사과하지는 않겠다. 자신이 하는 일에서 최선을 다하는 것이 중요하다면, 시작 단계에서는 다른 행동을 취하는 것이 반드시 필요한 것은 아니다. 여러분의 행동이 자신의 정체성, 신념 및 가치에 부합한다면 여러분은 진정한 전문가가 될 수 있다. 그렇기 때문에 이 부분에 대해 생각하고 먼저 자신에 대해 연구해야 한다.

내가 무슨 말을 하는지를 보여 주기 위해서 한 학교를 예로 들고자 한다. 여러분 학교의 학생들의 행동에 문제가 있고 모든 교직원이 이러한 문제행동이 해결되어야 할 부분임을 인식했다고 가정해 보자.

우선, 학교의 환경에 대한 성찰로 시작해 볼 수 있다. 일하고 배울 수 있는 매력적인 곳이었는가? 잘 꾸미고 좋은 행동을 하도록 유도했는가? 이곳에서 일어나는 변화가 차이를 만들 수는 있겠지만 장기적인 효과가 있을 것인가? 새 카펫을 깔거나 더 나은 화면을 갖추는 것이 학생의 행동에 근본적인 영향을 미치는가? 아니면 이러한 변화는 임시적인 것인가?

그런 다음 교사의 행동에 대해 생각해 볼 수 있다. 학생들의 행동을 관리하기 위한 좋은 전략을 사용했는가? 어쩌면 여러분은 교사의 능력이 훈련으로 길러질 수 있는 영역이라고 생각할 수도 있다. 어쩌면 학생들의 문제행동에 대한 이유를 더 잘 이해하는 것이 도움이 될 수도 있다. 하지만 여러분은 학생들이 행동 전략을 장기적으로도 유지할 수 있을 것이라고 확신할 수 있는가?

또한 학생의 행동에 영향을 미치는 학교 전반에 걸친 가치와 신념이 있는지 생각해 볼 수도 있다. 교직원들이 최고 수준의 행동이 성취될 수 있다고 정말로 믿었는가? 아니면 학생들의 기대가 낮았는가? 학교 전반에 걸친 학교 가치가 있었는가? 사용된 전략이 가치에 부합되고 일관되게 적용되었는가?

마지막으로, 전반적인 학교의 정체성을 어떻게 설명할 수 있을지를 스스로에게 물어보라. 여러분이 처음으로 학교에 방문하는 낯선 사람이라면 어떤 인상을 받을 것 같은가? 나는 약 300개의 학교를 방문했으며, 학교가 어떤 곳인지 알게 되는 데 그리 오래 걸리지 않았다. 단서는 사방에 있다. 환경, 직원이 여러분에게 인사하는 방법, 학생의 행동 등이 단서가 될 수 있다. 이 모든 것들이 학교가 어떤 것인지에 대한 메시지를 전한다.

여러분은 이 과정을 통해 개인 수준에서도 변화가 어떻게 이루어질 수 있는지 분석할 수 있다. 다이어트를 예로 들어 보자. 많은 사람들이 체중 감량을 위해 많은 시간과 돈을 소비한다. 대부분의 슈퍼마켓은 다이어트에 도움이 되는 제품을 진열하기 위해 마트의 한 구역을 통째로 사용한다. 어떤 사람들은 다이어트와 체중 증가를 반복하면서 수년간 보내기도 한다. 그 이유는 특수 제품을 사는 것과 같이 그들이 사용하고 있는 방법이 행동의 수준에서만 문제를 해결하고 있기 때문이다. 그러나 정체성이나 신념과 가치의 수준에서 진정한 변화가 있는 경우에만 행동의 변화를 가져올 것이다. 즉, 자신에 대해 긍정적인 자기 이미지를 가지고 있거나, 자신이 건강한 삶에 합당한 사람이라는 자신감을 가지고 있을 때 행동의 변화가 성취 될 수 있다.

이것은 정말 간단한 절차다.

여러분이 어떻게 생각하느냐가……

여러분이 어떻게 느끼는가에 영향을 미치고……

행동으로 이어진다.

이것은 성공하는 교사로 발전하기 위해 우리가 하는 모든 영역에 적용될 수 있는 과정이다!

여러분이 자신의 정체성에 대하여 긍정적으로 생각할 수 있다면, 그것은 여러분 자신에 대해 다르게 느끼게 할 것이다. 자신에 대한 긍정적인 이미지가 없다면 세상의 다른 일들에 대해 여러분은 거짓 얼굴을 쓰게 될 것이고, 이것을 계속 유지하는 데는 상당한 부담이 뒤따를 것이다. 자신에 대해 부정적인 이미지를 가지고 있으면 건강에도 영향을 미칠 수 있다. 예를 들어, 면역 체계에 영향을 줄 수 있으므로 더 쉽게 감기나 다른 감염에 걸릴 수도 있다.

신념은 행동의 정서적 동인이 되는 감정의 수준에서 여러분을 끌어당긴다. 헨리 포드Henry Ford는 여러분이 무언가를 할 수 있다고 믿거나 혹은 할 수 없다고 믿으면 반드시 그렇게 된다는 유명한 말을 했다. 여러분이 무언가를 할 수 없다고 믿는 신념은 자기충족적 예언이 되어 부정적인 감정을 불러일으킬 수 있다. 다른 한편, 여러분의 삶에서 일어나는 사건들을 통제할 수 있는 자신의 능력에 대한 믿음은 스트레스를 자동으로 줄이며, 앨버트 밴듀라Albert Bandura가 '자기효능감self-efficacy'이라고 부르는 삶의 접근 방식을 자극할 것이다. [12]

여러분이 가지고 있는 가치는 여러분의 일에 의미를 부여하고 학생들과 동료들에게 반응하는 방식에 영향을 줄 것이다. 가치는 여러분의 직업이 목적을 가지고 있다는 느낌과 '단지 직업'이라는 느낌 사이에 차이를 만들어 내는 차이가 있다.

이와 같은 이유로 '자기성찰'이 이 책의 초반부에 사용되었다. 행동 전략이 뒤따라 나오겠지만, 여러분의 행동을 위한 유용한 참고 사항으로 여러분 자신에 대한 정체성, 신념 및 가치가 필요하다.

사고의 습관

습관 1(자기성찰)은 일반적으로 의식과는 크게 상관없는 사고의 측면이 포함되어 있다. 물론 우리의 두뇌는 우리가 의식적 사고에서 인식할 수 있는 것보다 훨씬 더 많은 능력을 가지고 있다. 우리의 뇌는 상상할 수 없을 정도의 능력을 가지고 있으며, 10억 개의 시냅스(전기 충격이 세포 사이를 통과하는 간격)로 연결된 1억 개의 뉴런(뇌 세포)과 같이 통계적으로 이해하기 어려울 정도로 복잡하다.[13] 그럼에도 불구하고 우리는 우리의 사고가 어떻게 우리의 생리에 영향을 미치는지를 잘 알고 있고, 우리의 삶의 방식을 극적으로 변화시키기 위해 우리의 생각을 바꿀 수 있다는 것을 잘 알고 있다.

우리가 생각하는 방식은(습관 2에서 특징이 잘 드러날) 우리가 배우는 방식과 아주 밀접한 관련이 있다. 둘 다 1950년대의 지배적이었던 개념으로 인지(우리가 인식하는 방식, 우리가 배우는 방식, 우리가 생각하는 방식)와 관련이 있다.[14]

습관 2(삶에 대한 학습)에서 다시 나오겠지만, 스타일에 대해 이야기하는 것보다 약간의 건강 경고health warning가 필요하다. 로버트 스턴버그Robert Sternberg는 스타일은 사고방식이라고 말한다. 즉, 스타일은 능력이라기보다는 어떤 사람이 능력을 사용하는 데 있어서 선호하는 방식이라는 것이다.

"능력이란 누군가가 무언가를 얼마나 잘 수행할 수 있는지를 말하고, 스타일은 누군가가 무언가를 어떤 방식으로 하고 싶어 하는지를 말한다."[15]

자신이 좋아하는 사고의 스타일은 그러한 스타일로 습관화되고 그것을 다른 사람보다 더 의존하게 된다. 따라서 여러분이 다른 사고의 습관에 대해서 좀 더 알고, 그것이 고정적이거나 영구적이지 않다는 것을 명심한다면 — 앞에서 언급한 뇌 용량을 감안할 때 — 확실히 여러분은 다른 방식으로 사고를 발전시킬 수 있는 능력이 있으며, 이것은 여러분이 하는 일에 더 효과적일 수 있음을 의미한다.

따라서 우리가 서로서로 얼마나 유사한가보다는 우리가 얼마나 서로 다른가에서 시작한다. 우선, 우리 주변의 세상을 이해하는 방법은 우리 각자가 다를 것이다. 우리 모두는 우리가 살고 있는 세상을 이해하고 안내하는 자신만의 내부 지도를 가지고 있다.

철학자들에 의하면 그 지도는 영역을 표시한 지도가 아니다.[16] 내가 결코 방문하지 않았던 나라로 차를 몰고 싶다면, 출발하기 전에 그 길의 지도에 대해 공부하고 싶을 것이다. 그 지도는 나에게 가야 할 길과 그 길의 여러 특징들을 보여 줄 것이다. 그것은 지형 그 자체라기보다는 실제 영역(도로)을 재해석하는 것이 될 것이다.

그것은 세상에 대한 여러분의 심상 지도와 같다. 삶의 여정에 대한 여러분의 가이드로서, 그것은 여러분의 실재를 재현하는 것이다. 우리는 우리 주변에서 보는 것, 듣는 것, 느끼는 것 등 우리의 감각에서 정보를 취하고 똑같은 과정을 사용하여 우리 자신의 현실 지도를 심상 지도로 구축한다. 그러나 심상 지도와 도로 지도에는 큰 차이가 있다. 여러분의 심상 지도는 여러분만의 독특한 것이다. 왜냐하면 여러분이 주위의 세계를 보는 방식은 다른 사람들과 다를 것이기 때문이다. 여러분은 자신만의 지도에 따라 현실을 해석할 것이다. 여러분은 상대방과 상황을 완전히 다르게 파악해서 오해가 생긴 경우를 몇 번이나 경험했는가?

어떤 사람이 세상을 인식하는 방식은 그 사람의 개인적인 성장배경, 교육, 문화, 언어 및 과거 경험의 영향을 받기 때문에 그 사람만의 독특한 것이다. 이 모든 것은 우리에게 매우 개인적인 것으로서 우리가 삶의 경험을 판단하는 방식에 영향을 미칠 것이다. 우리의 사고는 우리의 유전적 산물에 생물학적 영향을 수반할 수 있는 뇌의 생리적 구조에 의해 이루어진다. 신경과학자들은 서로 다른 사람들이 어떻게 다르게 생각하는지 이해하기 위해서 사고의 다른 영역과 관련된 피질 영역을 연관시키기 위한 시도를 했다. 이것을 모두 종합하면, 우리가 자신의 사고를 조직하는 방식은 내면의 현실을 구성하는 방식으로서 자신만의 독특한 것이다.

우리 모두가 서로 다르게 생각한다는 것을 알았으므로, 사고의 '습관'으로 되돌아가 한 가지 상황을 예로 들어 생각해 보자. 여러분이 이 세상을 어떻게 바라보고 해석하는지 한번 생각해 보자.

바닷가

모래 해변, 조약돌 해변, 몇 마일이나 뻗어 있는 해변, 작은 협곡 해변 등 내가 해변이라는 단어를 궁금하게 생각할 때 이 모든 것이 내용이 될 것이다. 당신은 자신의 과거 기억에서 특정 해변의 그림을 보았을 것이다. 파도치는 소리가 들릴 수도 있고 휴일과 관련된 특별한 따뜻한 느낌을 경험했을 수도 있다. 아니면 당신이 '해변'이라는 단어를 읽고, 당신의 얼굴에 바람을 느끼고, 소금을 맛보았거나, 해초 냄새를 맡았을 수도 있다. 당신은 '해변'을 해석했지만 세 가지의 중요한 재해석 시스템을 사용했을 것이다. 정신적으로 당신은 그림(시각적), 들리는 소리(청각), 감정(운동감각),[17] 혹은 이들의 독특한 조합으로 그것을 해석했을 것이다.

우리는 우리의 감각(우리가 보고, 듣고, 운동감각적으로 느끼는)으로부터 주위 세계에 대한 정보를 얻기 때문에 이러한 과정을 사용하여 자신의 현실을 정신적으로 다시 표현하는 것은 놀라운 일이 아니며, 이것이 바로 우리가 의식적 사고를 하는 방법이다. 게다가, '청각 디지털'이라는 용어가 있는데, 이것은 우리 스스로에게 이야기하는 과정을 말하는 것이다. 게다가 우리는 우리가 가진 모든 사고방식을 사용하는 동안, 우리 중 일부는 다른 사람보다 더 의존하는 자신이 선호하는 사고방식을 사용하는 경향이 있다.

여기서 기억해야 할 중요한 세 가지 측면이 있다. 첫 번째는 지금 생각하는 방식이 고정되어 있고 변경 불가능한 것이 아니라는 것이다. 그것은 단지 여러분의 현재 습관이다. 심리학자 로버트 스턴버그는 우리가 지금 생각하는 방식이 우리가 10년 또는 5년 후에 생각하는 방식이 아닐 수도 있고, 아마도 우리가 10년 또는 5년 전에 생각한 방식이 아닐 수 있다는 사실을 인식하는 것이 중요하다고 말한다. 이것은 어떤 사람들은 우리가 이해할 수 없는 방식으로 생각한다는 것을 받아들여야 함을 의미한다.[18]

두 번째 요점은 여러분은 자신의 사고 스타일을 반영하는 식으로 다른 사람들과 대화하고 상호작용한다는 것을 인식하는 것이다. 우리 자신의 사고와 학습 스타일이 자신만의 독특한 스타일이라는 것을 알게 되었을 때만 다른 사람들이 다른 스타일을 가지고 있음을 더 잘 인식할 수 있다. 다음의 '잠시 멈추어 생각해 보기 4'는 이에 대한 예를 제공하고, 습관 5(친화감 형성)는 말과 행동의 융통성을 높이는 것이 다른 사람들과의 관계를 어떻게 향상시킬 수 있는지에 대해 자세히 설명하고 있다.

　세 번째 측면은 여러분이 교사이기 때문에 여러분의 사고 스타일을 학생들에게 가르치는 경향이 있을 것이라는 점이다. 왜냐하면 여러분이 가장 잘 배운 스타일이 그것이기 때문이다. 좀 더 융통성을 가진다면, 자신의 정신 상자 밖에서 생각하고, 다른 사고나 학습 스타일을 가진 학생들의 요구를 충족시킬 수 있도록 가르칠 수 있을 것이다. 즉, 로버트 스턴버그의 주장처럼 스타일은 가르칠 수 있는 것이기 때문에, 여러분이 학생들을 좀 더 다양한 학습활동에 참여시킬 수 있음을 의미한다.[19] 학생들에게 특정한 유형의 사고자/학습자로 꼬리표를 붙이기보다는 오히려 다양한 범위의 활동에 그들을 노출시키는 것이 그들의 사고 경험을 넓혀 주고 자신에게 가장 적합한 것이 무엇인지 이해하도록 도와줄 것이다.

잠시 멈추어 생각해 보기 04　　**여러분은 어떤 종류의 사고가인가?**

다음 예를 보고 어느 것이 자신에게 더 익숙한지 판단해 보라.

　초기 교육 동안 내가 참석한 강연 중 하나는 집단 리더십 행동에 관한 것이었다. 강의 중 첫 단계에서 강사는 하나의 특정 이론을 설명했다. 나는 그녀가 무엇을 말하고 있는지 파악할 수 없었기 때문에 이해가 어려웠다. 수업에 참여한 다른 사람들을 둘러보았을 때 다른 모든 연수생들은 천천히 고개를 끄덕이고 토론에 참여하고 있었다. 나는 정신적으로 혼란스러워 자리에 앉아 있었고, 이해하기 위해 애쓰고 있는 유일한 사람이라고 생각했다. 그런 다음 강사가 오버헤드 프로젝터를 켰고(이것은 파워포인트 이전 일이었다), 화면에 비쳐진 것은 몇 가지 원과 선으로 아이디어를 설명하는 매우 간단한 다이어그램이었다. 화면이 밝아지는 것처럼 내 머릿 속의 전구가 켜지는 것 같았다. 오버헤드 프로젝터로 보는 것이 나에게는 정말 이해하기가 쉬웠다.

　나이젤은 집에서 일을 하다가 정신적으로 혼란스러운 문제에 직면할 때면 그가 살고 있는 시골 곳곳을 자전거를 타고 돌아다녔다. 심지어 그는 대학 캠퍼스에 있을 때도 한 강의실에서 다른 강의실로 가야 할 때, 최단 경로로 다니지 않는다. 그는 신선한 공기를 마시기 위해 건물 바깥으로 나가서 다리를 쭉 뻗고 휴식을 취할 수 있는 경로를 찾을 것이다. 그는 이 짧은 육체적 휴식이 스스로 생각을 더 명확하게 할 수 있도록 하는 데 도움이 된다는 것을 안다.

　리사는 대학 수업에 정말 어려움을 겪고 있다. 그녀는 강의를 듣는 동안은 꽤 잘 이해했다고 생각했지만 강의 노트를 되돌아보면 도통 아무것도 모르겠고 의미를 파악하기가 힘들었다. 그녀는 아무리 노력해도 강의에서는 그 어떤 가치 있는 것들을 얻을 수가 없었다. 그녀는 개인 가정교사에게 이 문제에 대해 얘기를 했고 가정교사는 이런 제안을 했다. 강의를 녹음하는 것은 어떻습니까? 리사가 강의를 녹음하기 시작하면서 모든 것이 달라졌다. 이것은 그녀가 강의 내용을 확실히 알 수 있을 때까지 필요한 만큼 여러 번 강의를 들을 수 있게 되었음을 의미한다.

　앤은 회의할 때 항상 갖가지 색상의 컬러펜을 가지고 회의에 참여한다. 그녀는 자신이 좋아하는 특정 유형의 A4 노트의 깨끗한 페이지를 펴는 것으로 회의를 시작하고, 노트는 페이지 전체에 걸쳐서 선과 원으로 도식화된다. 그녀는 처음 강사가 되었을 때와 비교하면 지금은 훨씬 다른 방식으로 교육을 준비한다는 것을 안다. 그녀는 사무실 벽면에 시트를 고정시킬 수 있을 만한 플립 차트 크기의 용지와 컬러펜 그리고 필요한 경우 시트별로 이동할 수 있는 다양한 색상의 포스트잇 스티커를 사용할 것이다. 벽에 붙은 시트 주변을 서성이면서 그녀의 아이디어에 대해 생각해 보기도 한다.

같이 일하는 다른 사람들은 너무나 쉽게 이해하는데 자신은 그것을 이해하지 못한 채 자신만의 사고에 갇혀 있을 때, 사람들은 그 근본 원인이 자신의 지능 때문이라는 생각을 하기가 쉽다. 따라서 무엇이 근본적인 원인인지 이해하는 것이 필요한데, 그것은 정보 또는 작업 방식이 여러분이 선호하는 사고에 적합한 형태가 아니라는 사실이다. 성공하는 교사는 자신의 사고 '안락 지대'를 인지하고, 그들이 좀 더 효과적으로 사고하고 계획하고 일을 할 수 있게 도움을 주는 전략을 사용한다.

앞의 예에서 보듯이 다음과 같은 전략을 쓸 수 있어야 한다.
- 여러분의 이해를 도울 수 있는 다이어그램, 그림 또는 마인드맵 사용하기
- 여러분의 집중력을 회복하기 위한 육체적 휴식이 언제 필요한지 알기
- 여러분의 일에 녹음 테이프를 어떻게 사용할지 생각해 보기
- 컬러펜, 종이, 포스트잇, 노트 등 여러분의 생각을 잘 구조화할 수 있는 다양한 재료 활용하기

초인지

습관 1(자기성찰)은 우리가 어떻게 인식하고 어떻게 사고하는지와 관련된 인지cognition의 측면과 관련이 있다. 접두사 'meta'는 '위' 또는 '범위를 넘어선' 등과 같은 의미이므로 초인지metacognition는 인지를 넘어서서 우리가 생각하고 인식하는 방식에 대해 생각할 수 있다는 것을 의미한다(역주: 메타인지 혹은 상위인지라 일컫기도 함). 뿐만 아니라 습관 2(삶에 대한 학습)에서 배울 우리가 학습하는 방식에 대해서도 생각할 수 있음을 의미한다. 데이비드 하그리브스David Hargreaves가 다음과 같이 말하였다.

057

습
관
1
•
자
기
성
찰

> "사람들은 사고를 하지만 자신의 사고에 대해서도 생각할 수 있다. 심리학자들은 이것을 인지와 인지에 대한 인지로 구분한다. 초인지란 우리가 어떻게 생각하고 배우는지를 점검하고, 평가하고, 통제하고, 변화시키는 역량을 의미한다."[20]

초인지는 어린 학생들을 독립적인 학습자로 발전시키는 데 초점을 두고 있기 때문에 교육 부문에서 더 많은 관심을 받고 있다. 현대사회의 복잡성은 이제 교사가 평생학습을 위해 청소년을 준비시키는 데 집중해야 함을 의미한다. 실제로 제니퍼 케이스Jennifer Case와 리처드 건스톤Richard Gunstone은 향상된 초인지가 학습 결과 그 자체뿐 아니라 콘텐츠 기반 성과의 달성에도 중요한 영향을 미쳐야 한다고 주장한다.[21]

학습 결과로서 초인지는 학생들로 하여금 사고와 학습에 대한 현재의 선호도를 이해하게 할 뿐만 아니라 다른 가능성까지 열어 줄 것이다. 로버트 스턴버그가 사고 스타일을 가르칠 수 있다고 썼을 때, 그는 다음과 같은 더 광범위한 혜택에 주목하였다.

> "학생들이 스타일에 대해 올바로 배우면, 자신들이 생각했던 것보다 더 많은 선택권이 있다는 것을 깨닫게 된다. 또한 누군가는 자신이 생각하는 방식과 다른 방식으로 생각하기 때문에 그것이 더 좋거나 나쁘다는 것을 의미하지 않는다. 다양한 스타일에 대해 알게 될 때 학생들은 자기효능감을 얻게 된다. 왜냐하면 다른 사람들이 생각하는 방식이 잘못된 것이 아니라는 것을 알게 되기 때문이다. 중요한 것은 그것을 최대한 활용하는 것이다."[22]

분명한 것은 교사들이 초인지를 발전시키는 데 두 가지 인센티브가 있다. 첫째, 학생들로 하여금 자신의 사고와 학습을 이해하도록 조장하려면 교사 자신의 습관과도 같은 정신 과정을 인지할 수 있어야 하고, 사람들마다 사고하고 학습하는 방식이 어떻게 다른지에 대해서까지도 이해를 해야 한다는 것이다. 둘째, 자신이 어떻게 사고하는지를 이해하고, 자신의 정신 습관이 가장 생산적인 것인지 아닌지를 점검해 보는 것은 여러분을 전문직 종사자로 그리고 평생학습자로 발전시키기 위한 좋은 출발점이다. 이것이 파커 파머가 말했듯이 '자기성찰'이 제일 첫 번째 습관인 이유다.

> "무엇보다 중요한 것은 방법이 무엇이든 간에 우리가 할 수 있는 가장 실질적인 일은 우리 내부에서 일어나는 일을 잘 알 수 있는 통찰력이다. 우리가 내면의 지형에 익숙해질수록 우리의 가르침이 더 확실하게 되는 삶이 도래한다."[23]

결론

습관 1(자기성찰)은 여러분 자신과 여러분의 사고에 대해 성찰하는 것이다. 여러분의 정체성과 역할 간의 차이를 확실히 하고, 명확하고 확실한 직업적 정체성을 설정해야 한다. 성공하는 교사들은 가치와 신념을 고수하지 않고 자신의 전문적 행동에서 그리고 학생들과 동료들과의 상호작용 방식에서 어떤 식으로 나타나는지를 지속적으로 확인한다. 성공하는 교사들의 신념과 가치는 자신에게 불일치와 불평등이 발생했을 때 그것을 직면할 수 있는 확고한 기반을 제공한다. 성공하는 교사들의 전문적 행동은 그들의 행동과 신념 및 가치가 일치하기 때문에 진정성이 있다.

성공하는 교사들은 신경과학과 심리학의 진보가 어떻게 자신들의 전문성을 실천하는 데 도움이 될 수 있을지를 아는 것에 매료되어 있다. 성공하는 교사들은 인간 두뇌의 엄청난 능력과 유연성을 알기 때문에 평생학습이 보편적인 기대가 될 수 있음을 안다. 그들은 끊임없이 자신과 타인의 학습을 촉진하기 위한 열쇠를 찾고 있다.

성공하는 교사들은 지식이 힘이고 자기지식self-knowledge이 능력을 키워 준다는 것을 인식한다. 우리가 어떻게 생각하는지에 대한 성찰은 우리의 행동방식에의 변화를 가져온다. 습관 1(자기성찰)은 자신과 다른 사람들의 이익을 위한 여러분의 전문성을 향상시키기 위해 변화할 수 있도록 여러분을 준비시켜 준다.

　자신만의 독특한 사고 안락지대를 찾으려면 다음의 세 가지 진술로 구성된 각 그룹마다 여러분에게 가장 호소력 있는 것을 선택하라. 여러분의 첫 반응을 보면서 신속하게 대답하라. 단순히 여러분이 선호하는 답변을 선택하는 것이지, 옳고 그른 것은 없다.

A 음악 듣기는 내가 좋아하는 일 중 하나다.
B 교실의 컬러와 배열이 나에게 매우 중요하다.
C 나는 같은 장소에 오래 앉아 있으면 가만히 있지를 못한다.

A 편지 쓰기보다는 누군가와 이야기 나누기를 좋아한다.
B 나는 철자가 틀린 것을 잘 찾아낸다.
C 나는 내 직감에 의존하여 판단을 내린다.

A 교사의 목소리는 가르치는 데 매우 중요하다.
B 나는 외형적으로 좋게 보일 때 자신감이 생긴다.
C 나는 내가 일하는 사람들과 연락하는 것을 좋아한다.

A 나는 큰소리로 말하면 무언가를 생각하는 데 도움이 된다.
B 말로 설명하는 것이 아니라 다이어그램이 있으면 더 잘 이해할 수 있다.
C 나는 내 스스로 할 수 있게 될 때 비로소 완벽히 이해한다.

A 나는 다른 사람의 목소리로 그 사람의 진심을 판단할 수 있다.
B 나는 외모로 다른 사람을 평가한다.

C 나는 다른 사람이 나와 악수하는 방식으로 그 사람을 판단할 수 있다.

A 나는 책을 읽는 것보다 CD를 듣는 것을 좋아한다.

B 나는 텔레비전을 보고 극장 가는 것을 좋아한다.

C 나는 야외 활동을 선호한다.

A 나는 내 차가 원활하게 달릴 때 어떻게 소리를 낼지 정확하게 안다.

B 나는 내 차가 깨끗하게 안과 밖이 보이는 것을 좋아한다.

C 나는 운전할 때 기분이 좋은 차를 좋아한다.

A 나는 남의 말을 잘 듣는 사람을 좋아한다.

B 나는 다른 사람들을 보는 것을 즐긴다.

C 나는 그 사람과 그 일이 맞지 않다는 것을 알 수 있다.

A 나는 아이디어를 읽는 것보다 설명해 주는 것을 선호한다.

B 나는 뭔가를 설명할 때 시각적인 보조기구를 사용하는 강사를 좋아한다.

C 나는 지켜보는 것보다는 활동에 참여하기를 좋아한다.

A 나는 스스로에게 말을 할 때 더 쉽게 그것을 이해한다.

B 나는 지도를 사용하여 길 찾기에 능숙하다.

C 나는 운동 후에 오는 느낌 때문에 운동을 한다.

A 나는 종종 사람들이 말하는 방식을 따라하는 내 자신을 발견한다.

B 나는 매일매일 해야 할 일의 목록을 만든다.

C 나는 가능한 한 걸어서 출근하는 것을 선호한다.

A 문제가 생기면 다른 사람과 이야기하는 것을 좋아한다.

B 마인드맵핑은 아이디어를 체계화할 수 있는 좋은 방법이다.

C 결정을 내리기 전에 모든 이슈들을 비교하는 것을 선호한다.

A, B, C의 개수를 세어 다음에 기록하라.

A: _____

B: _____

C: _____

이제 부록 1로 이동하여 자신만의 편안한 사고 안락지대를 확인하라.

| 권장도서 |

- 가치의 관점에 대해 보다 많은 것을 알기 위해서는 마크 할스테드(Mark Halstead)와 모니카 타일러(Monica Taylor)의 다음 문헌을 참조하라.
  Halstead, J. M., & Taylor, M. J. (Eds.) (1996). *Values in education and education in values*. Abingdon, Oxon: Routledge.

- 리처드 리브스(Richard Reeves)는 우리의 직업에 대한 접근방식에 대해 유쾌하고 유머러스한 글을 썼으니 참조하라.
  Reeves, R. (2001). *Happy mondays: Putting the pleasure back into work*. London: Pearson Education Ltd.

- 수 나이트(Sue Knight)는 신경언어학적 프로그래밍의 관점에서 사고 패턴을 기술하고 있다.
  Knight, S. (2009). *NLP at work: The essence of excellence* (3rd ed.). London: Nicolas Brealey.

- 로버트 스턴버그(Robert Sternberg)는 사고방식에 대한 학문적 접근을 위해 접근 가능한 글쓰기 스타일을 가지고 있다.
  Sternberg, R. J. (1997). *Thinking styles*. Cambridge: Cambridge University Press.

- 로버트 피셔(Robert Fisher)는 교수법 사고에 대한 포괄적인 가이드를 제공하고 있다.
  Fisher, R. (2005). *Teaching children to think* (2nd ed.). Cheltenham: Nelson Thornes Ltd.

습관 1 ● 자기성찰

| 미주 |

1 Kline, N. (1999). *Time to think: Listening to ignite the human mind*. London: Cassell Illustrated. p. 15.

2 Fisher, R. (2005). *Teaching children to think* (2nd ed). Cheltenham: Nelson Thornes Ltd. p. 2.

3 Csikszentimihalyi, M. (1997). *Finding flow: The psychology of engagement with everyday life*. New York: Basic Books. pp. 49-50.

4 Turnbull, J. & Beese, J. (2000). Negotiating the boundaries: the experience of the mental health nurse at the interface with the criminal justice system. *Journal of Psychiatric and Mental Health Nursing, 7*, 289-296.

5 ibid.

6 Palmer, P. J. (1998). *The courage to teach: Exploring the inner landscape of a teacher's life*. San Francisco CA: Jossey-Bass. p. 10.

7 Castells, M. (1997). *The power of identity*. Oxford: Blackwell Publishers. p. 7.

8 Reeves, R. (2001). *Happy mondays: Putting the pleasure back into work*. London: Pearson Education Ltd. p. 38.

9 Dweck, C. (2000). *Self-theories: Their role in motivation, personality and development*. Philadelphia, PA: Psychology Press.

10 Halstead, J. M. & Taylor, M. J. (Eds). (1996). *Values in education and education in values*. Abingdon, Oxon.: Routledge를 참조하라.

11 Turnbull, J. (2012). *Creative educational leadership: A practical guide to leadership as creativity*. London and New York: Continuum International Publishing Group. pp. 138-139.

12 Bandura, A. (1995). *Self-efficacy in changing societies*. Cambridge: Cambridge University Press.

13 Pinker, S. (2002). *The blank slate: The modern denial of human nature*. London: Penguin Books Ltd. p. 42.

14 Sternberg, R. J. (1997). *Thinking style*. Cambridge: Cambridge University Press. p. 134.

15 ibid., p. 8.

16 Korzybski A. (1933). *Science and sanity* (4th ed.). Lakeville, Connecticut: The International Non-Aristotelian Library Publishing Co.

17 O'Connor, J. & McDermott, I. (1996). *Principles of NLP*. London: HarperCollins Publishers.

18 Sternberg, R. J. (1997). *Thinking style*. Cambridge: Cambridge University Press. p. 89.

19 ibid., p. 90.

20 Hargreaves, D. (2005). *About learning: Report of the learning working group*. London: Demos. p. 7.

21 Case, J. & Gunstone, R. (2002). Metacognitive development as a shift in approach to learning: an in-depth study. *Studies in Higher Education*, *27*(4), 459-470.

22 Sternberg, R. J. (1997). *Thinking style*. Cambridge: Cambridge University Press. p. 90.

23 Palmer, P. J. (1998). *The courage to teach: Exploring the inner landscape of a teacher's Life*. San Francisco CA: Jossey-Bass. p. 5.

빠른 속도로 변화하는 현대사회에서 우리가 끊임없이 학습해야 한다는 것은 부인할 수 없는 사실이며, 교육자로서 우리는 이 사실을 아마 의심 없이 받아들일 것이다. 그러나 교육자들이 어린아이들이나 학생들을 가르친다 하더라도 이러한 사실이 그들 스스로 학습의 필요성을 느끼도록 만들지는 않는다. 많은 사람에게 학습은 단지 과거에 학교에서 겪었던 일이었을 것이다. 하지만 리처드 리브스Richard Reeves의 표현처럼, 과거에는 학업을 마치고 직업을 가지고 일상생활을 했듯이 학습과 일상이 분리되어 있었지만, 과거와 달리 현재에는 학습과 일상이 분리되지 않을 뿐 아니라 삶에서 이 두 가지가 동시에 일어나고 있다.[1] 학습에 대한 개방적인 태도는 빠르게 변화하는 세상에 보조를 맞추기 위해 중요하며, 여러분 스스로가 학습자가 된다는 사실은 학생들의 학습을 촉진하는 결정적인 역할을 한다. 습관 2에서는 세상과 다른 사람들에 대해 학습하는 개방적 태도를 발전시키는 방법에 대해 다룰 것이며, 이를 통해 여러분은 스스로를 더 잘 이해하게 될 것이다. 21세기에 성장하고 발전하기 위해서는 '방법을 아는 것know-how'만으로는 충분하지 않으며, 적어도 '방법을 배우는 것learn-how'이 더 중요한 영향을 미칠 것이다.[2]

삶에 대한 학습
9 Habits of Highly Effective Teachers

학습능력

우리가 학습하는 삶에 준비되어 있다는 사실에는 의심의 여지가 없으며, 지구상에서 가장 영리한 존재로 진화한 우리는 고유한 학습능력을 가지고 있다. 존 아보트John Abboott와 테리 라이언Terry Ryan은 "인간은 학습하기 위해 태어났으며 학습은 우리가 다른 종보다 더 잘 하는 것"이라 표현하기도 했다.[3]

하지만 불행하게도 우리의 이성적이고 과학적인 서구 철학은 분석적이고 학문적인 학습을 다른 형태의 학습보다 중요시하는 경향을 가지고 있었다. 그러나 학습에 대한 보다 전체적인 관점에 따르면 우리는 인간이 각자 다른 방법으로 학습할 수 있다는 사실을 알고 있으며, 그러한 개인으로서 우리는 학습하는 방법이 다른 사람과 다를 수 있다. 특히 여러분이 다른 장을 통해서 알게 되겠지만,

여러분의 뇌를 신체와 구분시킬 수 있는 구분점은 존재하지는 않는다. 여러분의 몸과 뇌는 서로 영향을 주고받는 피드백 고리를 형성한다. 그러나 뇌의 능력에 대해 생각해 보는 것은 우리의 학습능력을 이해하는 데 도움이 될 수 있는 출발점이 된다.

습관 1(자기성찰)에서 우리는 평균적인 뇌의 크기와 능력에 대해 살펴보았다. 뇌와 관련한 정보를 제공하는 신경과학자들과 그들의 진보된 기술을 신뢰해야겠지만, 나와 마찬가지로 여러분들도 아마 1,000억 개의 뉴런(뇌세포)들로 인해 나타나는 뇌의 능력을 이해하는 것은 무척 어려울 것이다. 학습을 생물학적인 관점에서 살펴보면, 학습이란 뉴런 사이의 새로운 전기적이고 화학적인 연결이 생성되거나 기존의 존재하던 뉴런이 강화되는 것이며, 뉴런 사이의 연결이 많아질수록 더 안정적이고 더 많은 학습이 일어나게 된다. 새로운 학습 경험의 의미가 생성되기 위해서는 기존의 것들과 연결되어야 하는데, 여러분의 이해를 돕기 위해 뉴런 사이의 연결을 은유적으로 표현하자면 뉴런 사이의 잠재적인 연결은 전 세계 모든 해변에 있는 모래알만큼 많다고 할 수 있다. 다만 확실한 사실은 뉴런 사이의 전기 신호와 화학적인 교환이 놀랍고도 복잡한 일들을 해낼수 있다는 것이다.[4]

신경과학의 진보는 뇌 구조를 더 잘 이해할 수 있도록 해주었지만, 정신에 대한 본질은 여전히 과학적으로 이해하기가 어렵다. 의식이나 뉴런에 의해 발생되는 메커니즘을 알아내는 것은 사실 상당히 중요한 문제다. 정신과 뇌에 관한 문제는 나보다 더 박식한 사람들에게도 어려운 문제이므로[5] 나는 여기서 더 언급하지는 않을 것이다. 하지만 다음과 같이 정신과 뇌에 관한 일반적인 쟁점들은 존재한다.

첫째, 신경과학자들은 평균적인 뇌의 능력에 관하여 우리가 사용할 수 있는 모든 잠재력을 충분히 활용하지 못하고 있다고 말한다. 추정치에 따르면 우리가 사용하는 뇌의 최대 능력은 최소 2%에서 최대 25%일 뿐이다.[6]

둘째, 신경과학은 학습과 관련될 때 발생하는 뇌의 변화를 이해하는 데 심리학을 따라잡기 시작했다. 그들은 이제 몸의 각기 다른 부위나 능력 발현을 위한 대뇌피질과 신체감각 사이의 경계가 어떻게 학습과 연습에 의해 조절될 수 있는지 설명할 수 있게 되었다. 다시 표현하자면, 학습은 뇌의 변화를 의미한다고 할 수 있을 것이다.[7]

셋째, 우리는 다감각자극과 인지적인 어려움, 그리고 뉴런 간의 연결이 자극되거나 강화될 수 있다는 사실을 알고 있다. 따라서 뇌를 컴퓨터와 같이 기계적으로 생각하기보다는, 사용하지 않으면 쇠퇴하고 변화에 따라 성장하고 변화할 수 있는 '유연하고, 자기 조정적이며, 끊임없이 변화하는 유기체'로 보아야 한다.[8]

따라서 여러분이 뇌를 사용하지 않을수록 그 능력을 잃어버리게 될 것이다. 이러한 사실은 우리가 현재 어떤 상태에 있든 학습할 수 있는 잠재력과 변화할 수 있는 능력을 가지고 있으며, 사고방식이나 행동을 조절함으로써 우리가 더 발전할 수 있다는 것을 의미한다. 우리는 우리가 사용할 수 있는 무한한 무의식적 잠재력을 가지고 있는데, 일단 그것을 인지할 수 있다면 그 잠재력에 다가갈 수 있을 것이다. 또한 한 종으로서 가지고 있는 우리의 독특한 능력은 우리가 지구상에서 가장 영리한 생물체로 진화하는 데 결정적인 역할을 했다.

우선, 우리는 우리의 의식을 지각하고 있다. 습관 1(자기성찰)에서 언급된 '초인지'는 전문가들이 복잡하고 현대적인 근무여건에서 효과적으로 대처하고 문제를 처리하기 위해 필요한 일종의 통제 과정을 뜻한다.

그리고 한 종으로서 생존하고 번성하기 위해 우리는 새로운 환경과 사회환경에 적응하고 어려움을 대처할 수 있는 능력을 발달시켜 왔다. 뇌의 가소성은 우리가 학습, 창의력 그리고 변화에 대처할 수 있는 능력을 가지고 있다는 것을 의미하는데, 우리는 정신과 뇌의 자원을 다 소진해 버릴지라도 걱정할 필요가 없을 만큼 충분한 학습 능력을 가지고 있다.

직관 개발

여러 면에서 교육은 우리가 21세기 사회의 전문적 복잡성을 대처할 수 있도록 준비시켜 주지는 못했다. 대학은 학문적 지식에 대한 이성적 접근에는 관심이 있었지만 전문적 행동의 과정에는 관심이 없었다. 학문적 지식을 습득하는 것은 중요하지만, 단지 '알 수 있는' 것이 충분하지 않을 때도 있으며 추측이나 맹목적 믿음이 바람직하지 않은 상황도 존재한다.

> "우리는 즉흥적으로 대처할 수 있어야 하고, 가능한 것을 예측할 수 있어야 하며, 합리적인 방향으로 나갈 수 있는 감각이 필요하다. 우리는 우리의 인상이나 예감, 느낌을 활용하는 방법을 배워야 한다."[9]

성공하는 교사들은 직관을 바탕으로 정확한 판단을 내릴 수 있는 능력을 발달시켜 왔다. 다른 전문직들도 비슷한 능력을 가지고 있는데, 간호사들은 환자의 체온, 혈압과 같은 과학적 수치가 안정적이라 하더라도 그들이 환자에 대해 '알고 있던' 사실들이 틀렸다는 것을 경험해 본적이 있다고 나에게 말해 왔으며, 그러한 순간은 보통 그들의 '직감'이 옳았던 사건들이었다. 뿐만 아니라, 30여 명의 활기 넘치는 아이들을 가르치는 교사들은 교실 구석구석에서 일어나는 일은 물론 그들의 뒤에서 어떤 일이 벌어지고 있는지도 알 수 있는데, 이 또한 직관을 바탕으로 한 사례가 될 수 있을 것이다. 또한 나와 함께 일을 했던 트레이너들은 사람들 사이에 나타나는 분위기를 느낄 수 있는 '감각'을 가지게 되고, 이를 토대로 그들의 교육 전략을 수정하고 적용할 수 있을 것이다.

확실히 이러한 사례들은 전문성 개발에서 직관과 심사숙고를 거친 실천을 바탕으로 하고 있다.[10] 성공하는 교사들은 자신의 능력에 자신감을 가지고 직관적인 통찰력을 사용하는 것이 그들의 전문성을 넓히는 방법이라는 것을 알고 있다. 하지만 교사들이 앞의 사례와 같이 직관적으로 행동한다 하더라도, 이러한 사실은 그들이 비이성적으로 행동한다는 것을 뜻하지는 않는다. 이에 대해 애그네스 맥마흔Agnes McMahon은 다음과 같이 말한 적이 있다.

> "학생들에게 적용할 적절한 전략을 선택하고, 언제 설명하며, 언제 질문으로 옮겨 갈지를 판단하라. 이러한 전략은 교사들의 섬세한 판단을 요구하며 때로는 직관적으로 이루어질 것이다."[11]

이러한 전문적인 판단은 교사들의 암묵적인 지식에 달려 있지만 교사들이 이러한 판단을 합리적으로 설명하기는 어려울 것이다. 사실 교사들은 '알고 있는 것'에 의존하기보다는 그들의 능력을 '실용적 지식'에 의존한다. '실용적 지식'은 학문적 지식이나 교수학습 기법처럼 학습의 산물이기도 하지만, 학습에 대한 개방적 태도나 수용성에 의존하는 보다 넓은 과정이기도 하다. 이에 대해 존 홀트John holt는 이렇게 설명한다.

> "삶이란 배운다는 것이다. 무엇인가를 끊임없이 배우지 않으며 살아가는 것은(누군가는 무의식적이라고 말할지도 모른다) 불가능한 일이다. 우리가 살아 있다면 우리는 항상 주위 환경으로부터 다양한 메시지를 받게 되는데, 이것들을 하나 혹은 몇 가지 형태로 받아들여 사용하게 된다. 우리는 끊임없이 현실세계를 경험하고 있으며 이것을 어떤 식으로든 조직화된 정신세계에 통합시키고 있다."[12]

대니얼 데넷Daniel Dennett은 높은 수준의 피아노 조율사를 예로 들며 우리가 어떻게 우리의 감각기관을 '훈련'시키고 있는지 흥미로운 예시를 보여 준다. 피아노 조율사 견습생이 건반을 치며 처음으로 '리듬'을 들도록 훈련받을 때, 사실 그들은 '리듬'을 구분할 수 없다. 하지만 그들의 교육이 성공적으로 진행되었다면 리듬을 서로 구분할 수 있게 되며, 피아노를 조율함에 따라 리듬 패턴이 어떻게 변화하는지를 알 수 있게 된다. "그들은 의식적인 경험이 변하였다고 대체적으로 이야기한다, 더 자세히 말하자면, 경험이 쌓여 이전에는 의식하지 못하던 것들을 지금은 알 수 있게 되었다는 것이다"[13]

성공하는 교사들은 암묵적 지식을 이와 같이 비슷한 방법으로 습득하지만 예외적인 수준까지 인식하기 위해 의식적으로 그들의 감각기관을 훈련하지는 않았을 것이다. 그러나 우리의 신경계는 너무나 복잡해서 무의식적으로 주변의 세부사항까지 인식하는 능력을 가지고 있다. 앞의 예에서 언급된 간호사들은 피부색이 변화하는 순간이나 근육 상태, 혹은 눈동자의 움직임처럼 상황을 '파악할 수 있는' 단서들을 경험해 왔다. 교사들의 경우 교실 전체의 세부사항 등을 고려해 본다면, 주변을 살피는 능력이 쌓이면서 환경에 대한 '넓은 시야'를 가질 수 있게 된다. 다른 예를 들어 보자면, 자신이 교육하는 그룹의 '분위기'에 민감한 트레이너들은 사람들이 자리를 찾아 앉을 때 서로를 의식하는 모습이나, 몸짓, 표정, 목소리 톤 등 가능한 모든 단서들을 적절한 교육 전략을 판단하기 위해 사용할 것이다. 그들의 능력은 경험을 바탕으로 증가하는데, 대체로 무의식적으로 사용할 때까지 이러한 능력은 발달하며, 이러한 점으로 인해 전문가들은 자신의 행동을 설명하기 어려워하거나 또는 어떻게 하고 있는지 설명하기 어려워하기도 한다. 만약 자신들이 하고 있는 행동을 분석하기 위해 그 행동을 멈춘다면, 이로 인해 직관적인 판단을 내리기는 어려울 것이다.

잠시 멈추어 생각해 보기 05 // **입스**

메이오 클리닉의 연구자들은 골퍼들에게서 나타나는 입스Yips에 대해 연구하고 있다. 입스는 골퍼들이 퍼팅을 성공시키지 못할 것이라 판단할 때 보이는 불안 증세를 말하는데 연구자들은 신경학적인 과정을 연구한 결과가 이러한 증상을 완화시키는 데 도움이 될 것이라고 생각했다. 연구결과에 따르면, 골퍼들이 입스 증상을 보일 때는 그들의 좌뇌가 더 활발해 지고 있었다.

미국의 유명한 골프 선수인 바비 존스는 항상 이렇게 말하곤 했다. "공을 향해 걸어간 뒤 홀을 보고 일직선으로 퍼팅하세요. 여러분의 뇌는 걷는 동안 거리를 계산할 거예요." 다시 말하자면, 뇌가 분석적으로 계산하기 전에 직관적으로 행동하라는 것이다. 또 다른 미국의 골프 선수인 헨리 롱허스트가 입스를 경험한 적이 있냐는 질문을 받았을 때, 그는 잠시 생각한 뒤 이렇게 말했다. "아니요. 나는 공을 그냥 칠 뿐이지요."

[출처: Alistair Cooke's Letter from America BBC Radio 4, Sunday 27 July 2003]

우리는 골프공을 퍼팅한다는 것이 얼마나 분석적인지 이해하겠지만, 가르친다는 것은 골프보다 훨씬 더 복잡한 활동이다(비록 골프에 열성적인 나의 동료들은 이에 반대할 것이다.). 그래서 전문직들의 업무에 직관이 중요하다는 사실이 점점 인정받고 있으며, 직관을 사용하는 방법을 익히고 이를 더 강화시켜야 한다는 요구가 있기도 하다.[14] 만약 교육 현장에서 나타나는 복잡한 상황을 다루기 위해 유연하게 행동하고 싶다면, 우리는 다양한 '교육적 직관성'을 발전시켜야 할 것이다.[15]

다음의 나의 이야기에서 내가 학생들의 과제물을 채점하는 동안, 판단력을 유지하면서도 어떻게 직관력을 기를 수 있었는지를 알 수 있을 것이다. 내가 처음 교수가 되었을 때, 나는 학생들의 과제를 채점하는 것이 꽤 어렵다고 생각했다. 나는 과제를 객관적으로 평가하기 위해 과제물이 논리적인지, 핵심적인 사항들을 포함했는지, 그리고 올바른 해답을 구했는지 등을 살펴보았다. 나는 꽤 엄밀하고도 정교한 절차를 거쳐 채점하려고 했다. 이러한 경험들을 바탕으로 나는 다양한 방법들을 발전시켰고 요즘은 과제물을 바로 읽고 채점할 수 있는 '감각'이 생겼다. 그런 뒤 나는 객관적인 기준을 고려해 과제물을 다시 읽어 가며, 나의 직관적인 평가방법을 다시 점검해 본다. 대부분은 내 직관적인 판단이 틀리지는 않았지만, 객관적인 분석을 통해서 나의 직관적인 판단이 적절하면서도 전문적이었는지를 다시 분석해야 할 때도 있다.

직관적으로 행동하는 법을 배우기 위해 학습할 때처럼 의식적인 노력을 기울일 필요는 없다. 다만, 우리의 학습 원천이 되는 주변 사람과 환경을 더 민감하게 느껴야 할 것이다.

학습과 감각

내가 어렸을 적에는 골무 찾기Hunt the Thimble 게임이 인기가 있었다. 게임이 시작되면 우선 우리는 방 밖에서 두근대며 기다렸고, 이때 어른들은 방 안에서 우리가 위치를 알지 못하도록 골무를 숨겼다. 게임의 중요한 규칙 중 하나는 골무가 분명히 보이는 위치에 숨겨져야 한다는 것이었다. 골무가 다 숨겨지고 나면 우리는 방 안으로 쿵쾅거리며 뛰어 들어갔고, 본격적으로 골무를 찾기 시작했다. 이 게임은 보통 많은 시간이 필요했는데, 우리 중 누군가가 골무를 찾으면 나머지는 조용히 앉아서 다른 사람에게 그 사실을 말하지 말아야 했기 때문이다. 어른들은 골무에 가깝게 다가가면 '뜨거워진다'라고 말하거나, 멀어지면 '차가워진다'라고 말하며 힌트를 주기도 했다. 하지만 이런 힌트에도 불구하고 보통은 골무를 찾지 못하는 마지막 한 명이 남게 되었다.

이 간단한 게임은 우리가 주위 환경을 어떻게 인지하고 있는지를 보여 준다. 우리 주변에는 많은 양의 정보가 있지만, 우리는 우리가 집중하는 것에만 관심을 기울인다(하나의 가설에 따르면, 우리의 감각 기관이 인지할 수 있는 200만 개의 정보가 주변에 있다 하더라도 우리는 의식적으로 일부분에만 관심을 가진다.). 이처럼 우리는 주변의 많은 정보 중 일부에만 집중하는 것처럼 의식적으로 무언가에 집중할 수 있으며, 골무 찾기 게임에서처럼 다른 사람은 모두 알 수 있지만 나만 모르는 '맹점'을 경험하게 될 수도 있다.

맹점

어렸을 적 나는 종종 삼촌, 고모, 사촌들과 시골을 산책했었는데, 어느 날 집으로 돌아갈 때 사촌형제 중 한 명이 우리에게 걸음을 멈추라고 말한 적이 있었다. 그는 작은 틈을 통해서 울타리 위에 앉아 쉬던 개똥지빠귀를 발견했다. 우리는 조용히 멈춰 서서, 그 겨울손님을 감탄하며 바라봤다. 모두가 한곳을 쳐다볼 때 나는 모두가 어디를 보고 있는지 알지 못했다. 삼촌이 "저길 봐."라고 귓속말을 했고, 허리를 숙이며 모두가 바라보던 울타리를 가리켰다. "새가 날아가기 전에 저기를 봐."라고 말했지만 나는 어디를 봐야 하는지 알 수 없었다. 삼촌은 내 반응에 당황하며 "저기!"라고 다시 말했다. 내가 바보같이 느껴지던 한참의 시간 동안에도 내가 계속 찾지 못하자 삼촌은 당황해하며 새의 위치를 가리켰고, 갑자기 나는 모두가 오랫동안 지켜보던 그 새를 볼 수 있게 되었다. 그 새는 나에게서 멀지 않은 곳에 앉아 있었다.

우리는 이런 '맹점'을 무시하고 더 많이 관찰하고, 듣고, 느낄 수 있을까? 존 홀트는 대부분의 교사들이 그들 주변의 사람과 환경을 세밀하게 관찰하지 못한다고 주장한다. [16]

이러한 종류의 학습은 우리의 감각적 민감성sensory acuity을 증가시키는데, 이를 바탕으로 우리는 주변의 더 많은 정보들을 정확하게 인식할 수 있게 된다. 만약 여러분이 '민감성'의 뜻을 사전에서 찾아 본다면 '통찰력이나 지각이 날카롭다'라거나 혹은 '세심하거나 예리하다'라는 뜻을 찾게 될 것이다. 이러한 의미를 우리가 보고 듣고 느끼는 것에 적용해 보면, 우리가 주변의 정보들을 더 잘 인지할 수 있고 우리의 지각이 타당한지 알 수 있으며 이를 통해 우리는 더 직관적인 판단을 내릴 수 있게 될 것이다.

이러한 과정을 더 잘 표현한 사람도 있었다. 내가 읽고 나서 흠뻑 빠져 버린 한 책의 저자는 개인적인 세계에서 더 많은 것을 느낄 수 있는 외부세계로 변화하는 과정을 다음과 같이 표현했다.

> "비록 어떤 문제에 수년간 몰두하다가 그 관심을 바깥쪽으로 돌리는 것보다는 어렵겠지만, 여러분은 고정관념에서 벗어나 주변을 의식할 수 있을 것이다. 여러분의 가정, 가족, 친구, 학교와 직장을 다른 시선을 가지고 보도록 노력해 보자. 여러분의 귀에 익숙한 나머지 들리지 않았던 각각의 소리가 독특한 음색으로 들릴 것이고, 여러분의 가장 진한 친구들이 어떤 말을 자주 사용하는지도 알게 될 것이다. 여러분이 단지 무관심하지 않고 익숙함에 빠지지만 않는다면, 주변에 존재하는 삶의 모든 면을 받아들일 수 있게 될 것이다."[17]

우리는 고정관념 때문에 주위를 제대로 지각하지 못하곤 한다. 감각기관으로부터 전해지는 정보를 통해서 세계를 바라보기 때문에, 우리는 마음속의 '지도'가 최신정보로 채워질 수 있도록 주변에서 받아들이는 정보를 끊임없이 확인해야 한다. 또한 과거의 경험 때문에 어떤 일을 예단하거나 혹은 고정관념으로 어떤 사람이나 상황을 바라보는 위험성을 항상 조심해야 한다. 직관을 바탕으로 한 전문적인 판단이 제대로 이루어질 수 있기 위해서는 과거의 경험을 확실히 알고 있을 때 그 경험을 신뢰할 수 있을 것이다.

우리가 인지하고 있는 의식 수준을 높이는 방법 중 하나는 우리의 관찰이 '감각에 바탕'을 두고 있는지 확인해 보는 것이다. 습관 2(삶에 대한 학습)는 우리가 좀 더 신중하게 관찰하고, 관찰한 것을 추측하지 말 것을 요구한다. 우리가 누군가의 얼굴이 빨개진 것을 보고 그 사람이 당황했거나 화가 났을 것이라고 판단하고 행동한다면 이는 그릇된 판단을 하는 것이 된다. 왜냐하면 그 사람은 단지 온도에 예민하게 반응하는 사람일 수도 있기 때문이다. 내가 알던 십대들은 그들의 친구 중 한 명이 화난 표정을 지었다고 오해했을 때 화를 내거나 언짢은 기분을 나타냈다. 이처럼 잘못된 판단은 간단히 해결될 수 있는 상황도 갈등 상황으로 만들어 버리곤 했다.

잠시 멈추어 생각해 보기 07 　　 감각에 근거한 관찰

다음에 기술된 목록 중 일부는 정확한 관찰에 바탕을 두고 있지만, 또 다른 일부는 비유적인 표현이며 심지어 잘못 본 것처럼 표현이 지나치기도 한다. 다음의 표현은 다른 사람이 어떻게 생각하거나 느끼고 있는지 판단할 수 있는 간단한 방법이기도 하다. '여러분들은 다른 사람의 생각과 느낌을 어떻게 알 수 있는가?'

다음 문장 중 감각에 근거하여 기술된 문장 옆에 X 표시를 해 보라.

1. 그녀의 입술이 얇아지고, 얼굴 근육은 팽팽해졌다. (　　)

2. 그는 온화한 표정을 지었다. (　　)

3. 그녀가 안도했다는 것은 분명하다. (　　)

4. 나는 그의 마음이 빠르게 변했었다고 말할 수 있다. [   ]

5. 그녀는 직업에 대한 책임감에 압박감을 느낀다. [   ]

6. 그의 연설 속도가 빨라졌고, 목소리 톤이 올라갔다. [   ]

7. 내가 그 사람을 만졌을 때 그의 얼굴에서 호기심을 볼 수 있었다. [   ]

8. 갑자기 그녀의 호흡이 얕아지면서 가슴이 거의 움직이지 않았다. [   ]

9. 그의 동공이 커지면서 그는 불신에 가득차서 쳐다보았다. [   ]

10. 그녀가 아래를 보며 고개를 돌렸을 때 그녀의 얼굴이 붉어졌다. [   ]

11. 말하는 동안 그녀의 목소리에서 즐거움을 찾을 수 없었다. [   ]

12. 그가 앞으로 기대는 동안 그의 호흡이 빨라졌다. [   ]

13. 그녀가 미소 지을 때 그녀가 기뻐한다는 것을 알았다. [   ]

14. 그는 깊은 숨을 들이쉬고 눈을 깜빡였다. [   ]

15. 그가 흥분되어 보였기 때문에 그의 목소리는 크게 들렸다. [   ]

(출처: Stenhouse Consulting)

예민한 감각은 우리가 다른 사람들의 비언어적 표현의 의미를 조금 더 미세하게 받아들일 수 있도록 해 준다. 우리는 다른 사람의 뜻을 말뿐만 아니라 목소리 톤을 통해서도 판단한다. 말투와 억양을 민감하게 받아들이면 대화 속에 어떤 의미가 담겨 있는지 더 민감하게 판단할 수 있다. 다른 사람과 만날 때 어떻게 서 있거나 앉을지 판단하는 것은 그 사람과의 관계에 영향을 미칠 수 있으며, 신체적 접촉이 적절할 것인지도 판단할 수 있다(이것에 관해서는 습관 5에서 더 자세히 다룰 것이다). 다른 사람이 여러분과 자신 사이의 적절한 거리를 잘못 판단하고 여러분의 '개인적 영역'을 침범한다면, 여러분은 이것이 얼마나 불편한지를 알게 될 것이다. 여러분이 다른 사람의 태도에 대해 예민한 감각을 가진다면, 이러한 감각은 여러분이 사람과 사람 사이의 잘못된 판단을 하지 않도록 도와줄 것이다.

모든 다른 학습과 마찬가지로 전문가가 되기 위한 방법은 연습하는 것이다. 습관 2(삶에 대한 학습)는 여러분이 살고 일하는 환경에 더 주목하여 민감하게 인지할 수 있도록 도와줄 것인데, 여러분은 주위 환경을 마치 처음 보는 것처럼 상상함으로써 이러한 능력을 얻을 수 있을 것이다. 여러분은 골무 찾기 게임에서와 같이 여러분 주위에 늘 있었지만 눈치 채지 못한 것들을 본다는 것에 놀랄 수도 있으며, 여러분이 한번에 들리는 소리를 각각의 다른 소리로 구분하여 들을 수 있다는 사실에도 놀라게 될 것이다. 그리고 여러분은 강한 냄새가 어떻게 여러분의 잃어버린 기억을 되살릴 수 있는지 알게 될 것이다(비강 속의 후각신경은 기억과 감정과 관련된 뇌의 부분과 관련되어 있다).

습관 2(삶에 대한 학습)는 여러분 곁에 있던 사람들에게 더 긴밀하게 관심을 기울이는 것에 대해 이야기하고 있다. 다시 처음으로 돌아가서 살펴볼 필요 없이, 여러분은 하루 동안 연락하고 지내던 사람들의 특징을 찾아볼 수도 있고, 이전에 알아채지 못한 부분들을 얼마나 더 인지할 수 있는지를 시도해 볼 수도 있다(잠시 멈추어 생각해 보기 8 참조). 일단 여러분이 다른 사람들의 심리상태나 태도에 대해 주목해 왔었다면, 여러분은 점점 다른 사람들이 시시각각 변하고 있는지도 알아챌 수 있게 될 것이며, 이러한 내용들은 습관 5의 '친화감 형성'을 이해하는 데 도움이 될 것이다.

감각적 민감성 – 살펴봐야 할 몇 가지 사항들

	주목해야 할 점
목소리	어조/높낮이/빠르기/억양/강세
피부	색깔/광채/근육 긴장도
눈	움직임: 위/아래/왼쪽/오른쪽/복합적 움직임 동공확장/팽창/마주침 정도
입술	두께
머리	기울어짐/올리기/내리기
자세	구부림/꼿꼿한
몸짓	팔의 움직임/다리의 움직임/손의 움직임/발의 움직임/안절부절

학습과 지능

학습이 지능에 미치는 영향은 항상 논란의 대상이었다. 지능은 평생 동안 변하지 않는 고정되고 안정된 상태라는 의견을 가진 사람들이 있는 반면, 지능이 환경과 학습 기회로 인해 변화될 수 있다고 믿는 사람들도 있다. 하지만 일반적으로 '고정된 지능'이라는 의견에서 유전과 외부 요인에 의해서 영향을 받는다는 쪽으로 바뀌어 가는 것으로 보인다. 플린 효과Flynn effect는 지난 100년간 IQ가 얼마나 극적으로 증가했는지를 보여 주는데, 이러한 증거는 지능이 평생 동안 고정된 것이라는 생각을 유지하기 어렵게 만든다.[18] 우리는 이제 IQ 테스트가 언어나 논리, 수리적인 부분처럼 우리의 교육체제에서 선호하는 전통적인 지능의 형태를 측정하는 것이라는 것을 알 수 있다.

우리는 학습과 지능 사이의 복잡한 상호관계를 더 잘 이해할 수 있게 되었는데, 하버드대학의 하워드 가드너Howard Gardner의 다중지능이론이 하나의 예시가 될 것이다. 다중지능이론에 따르면, 지능은 각각 다르게 개발되고 성장할 수 있으며 다른 성질을 가진 것으로 이해되며, 이에 따라 우리는 좀 더 유연한 시각으로 지능을 바라볼 수 있게 되었다. 또한 전 세계적으로 많은 학교들이 아이들은 '모두가 각자 다른 특징을 가지고 있다'는 사실을 받아들이고,[19] 이러한 차이점을 받아들이기 위해 노력하고 있다.

고정된 관념에서 벗어나서 바라본 지능의 다른 측면은 사람들이 각자 다른 학습 스타일learning style을 가지고 있다는 것이다. 이런 점을 고려해 보면 어떤 학습방법은 학교교육의 측면에서 다른 학습방법보다 더 좋을 수도 있다. 다소 일반화된 생각일지는 모르겠지만, 교사들은 학교교육의 체제 내에서는 아마 훌륭한 학생이었을 것이다. 하지만 성공하는 교사들은 능력과 방법이 같지 않다는 것을 알고 있을 것이다. 방법이란 무엇을 어떻게 할 것인지 혹은 자신의 능력을 어떻게 사용할지 결정하는 것과 관련되어 있는데, 사람들의 능력은 아마 거의 비슷할지 모르겠지만 각자가 사용하는 방법은 매우 다를 것이다.[20]

다중지능이론과 학습방법의 개념을 모두 받아들인다 해도, 이러한 개념들이 비평에서 자유로울 수는 없다.[21] 비록 학생들의 학습에 도움을 주기 위해 많은 학교와 교사들이 앞에서 언급된 개념을 이해했겠지만 위험한 부분 또한 존재한다. 나는 교사들이 자신의 학생들을 '시각형 학습자'나 '촉각형 학습자'라고 구분하는 행동에 주의를 주기 어렵다는 것을 깨달았다. 우리가 습관 1(자기성찰)에서 살펴본 것처럼 개별적인 사고 및 학습방법은 고정된 것이 아니다. 교사들이 학생들의 학습을 도와주고자 한다면 다른 접근법을 선택하기도 해야 하는데, 교사들이 학생들을 특정 사고방식 및 학습자로 구분 짓는다면 이러한 행동은 그들의 학습경험을 넓히기보다는 그들의 학습을 제한하게 될 것이다. 사람들을 하나로 규정하는 것은 각 개개인의 특별함을 없애 버리는 것이며, 이러한 점에서 심리학자들이 사람들을 몇 가지로 분류하는 이론을 도출하는 경향은 사실 도움이 되지는 않는다. 로버트 스턴버그는 심리학자들이 바라는 대로 사람들을 쉽게 분류하는 것은 현실적으로 불가능하다고 주장한다. 이처럼 대부분의 사람들은 저명한 심리학 이론대로 구분되지는 않는다.[22]

사람들마다 생각하고 학습하는 방법이 다르다는 사실과는 별개로 우리는 학습과 지능 사이의 관계를 고려해 볼 수 있다. 학습은 '내용을 아는 것(명제적 지식)'과 '방법을 아는 것(절차적 지식)'을 포함한다. '내용을 아는 것'은 분석적 지능의 한 종류로, 사람들이 학문적인 학습을 잘 하도록 만드는 것이다. 하지만 이러한 능력을 가진 사람이 '방법을 아는 것'에 뛰어나다는 것은 아니다. 예를 들어, '학문'을 바라보는 정형화된 생각 중 하나는 누군가 상당한 정도의 학문적 지능을 가지고 있다 하더라도 이러한 사실이 실용적 지능도 가지고 있는 것은 아니라는 것이다. 안타깝게도 어떻게 하는지를 배우는 실용적 지식과 관련된 지능은 우리의 학교체제에서 그다지 인정받지 못했다. 심지어 일반직업자격증General National Vocaional Qualifications: GNVQs이 영국의 학생들에게 실용적인 기술 교육의 기회를 제공하기 위해 도입되었을 때에도 여전히 이것은 쓰기 과제로 평가되고 있었다. 하지만 실용적 지식이라는 것은 실제로 무엇을 행함으로써 얻어지는 것이지 무언가를 써 본다고 얻어지는 것은 아니다.[23] 시험은 아마 여러분의 분석적 지능을 평가할 수는 있겠지만, 실용적 지식이라는 것은 여러분이 무언가를 직접 해 볼 때 보여 지는 것이다. 성공하는 교사들은 자신들이 학교교육의 체제에서 얻었던 성취를 바탕으로 높은 수준의 분석적 지능을 가지고 있을지는 모르겠지만, 그들 또한 실제로 전문적 기술을 사용해 보면서 실용적 기술을 발달시켜야 한다.

비록 우리는 학문적 지식인 '내용을 아는 것'과 실용적 지식인 '방법을 아는 것'을 구분할 수 있겠지만, 다음 부분에서 다루었듯이, 우리가 지능과 학습을 연계시키기에 앞서 지능과 학습의 관계에 영향을 미치는 다른 요인들이 존재하고 있다.

정서지능

학습능력은 우리 삶의 전체적인 성공에 큰 역할을 한다. 대니얼 골먼Daniel Goleman은 지능 자체가 성공의 지표가 된다는 생각에는 부정적이었으며, 지능 이외에 성공에 영향을 미치는 예외적인 사례가 있다고 주장했다. IQ는 기껏해야 성공에 20% 정도만 영향을 미치며 다른 특성들이 80%의 영향을 미치고 있다.[24]

가이 클랙스턴Guy Claxton은 똑똑한 사람들이 실용적 지능을 항상 보여 주지 못하는 다른 이유들이 있음을 보여 주고 있다.

> "감성과 직관이 없으면 이성은 실용적 지능에서 쉽게 분리될 수 있으며, 지적으로 영리한 사람을 어리석게 행동하도록 만들 수 있다. 어떤 종류의 정서적인 개입 없이는 학습은 느려지게 되고 그 원동력을 잃게 된다."[25]

우리는 이미 직관이 어떻게 전문성 개발에 영향을 미치는지 살펴봤다. 대니얼 골먼에 따르면 정서지능과 관련된 요소는 세가지가 있는데, 이는 각각 자기인식, 자기관리 그리고 공감능력으로[26] 각각의 요소는 개인적 발달에 중요한 역할을 한다. 공감능력은 자기관리에서 중요한데, 이는 관계관리 능력과 관련된 습관에서 중요한 부분을 담당한다. 사실, 모든 습관은 자기인식 능력을 끌어올리는 것과 관련되어 있지만 자기인식만이 중요한 것은 아니다. 이러한 점이 자기관리 능력이 필요한 부분인데, 개인적 발달은 스트레스를 다루는 법을 배우는 것과(습관 3) 시간을 관리하는 것(습관 4), 다른 사람과 관계 맺는 것(습관 5, 6, 7), 그리고 리더십 계발(습관 8, 9)을 포함하며, 모든 것은 여러분이 능숙한 전문가가 되어 가는 과정에서 여러분의 생각과 행동을 관리하는 데 도움을 줄 것이다.

학습과 정서 사이에는 당연히 서로 다른 측면도 있겠지만, 안타깝게도 학교교육 안에서는 학습의 정서적 요소가 무시되는 경우가 많으며, 존 홀트의 경험이 이러한 사실을 잘 보여 준다.

> "내가 아이들이나 학습에 대해서 선생님들과 모임을 가질 때, 몇몇 사람들은 이렇게 격하게 말하곤 해요 "공부하는 것이 재미있을 순 없지."(그들이 보통 의미하는 것은 아마 "공부가 절대 재미있을 순 없고, 재미있으면 그건 공부하는 것이 아니지."라는 말일 것이다.) 그들은 보통 학습에 대해 잘못생각하고 있어요. 어떤 문제를 해결하거나 알아보는 건 우리 인간이 할 수 있는 재미있는 것들 중 한 가지예요. 즐겁고 신나는 일이지요."[27]

폴 맥린Paul Maclean의 이론에 따르면(잠시 멈추어 생각해 보기 8 참조), 비록 뇌의 다른 부위는 각각 다른 역할을 하지만 정서적인 요소가 모두 존재한다. 이 이론은 알리스테어 스미스Alistair Smith의 관점을 더 신뢰할 수 있게 하는데, 그는 정서와 정서 사이의 관계가 인지적 기능보다 더 중요하다고 말한다.[28] 성공하는 교사들은 학생들의 학습 경험을 더 생동감 있고 활기차게 만들며, 그들이 더 잘 지도할 수 있도록 그들의 지도방법에 정서적인 요소가 들어 있도록 해야 한다.

잠시 멈추어 생각해 보기 09 // 삼위일체의 뇌

폴 맥린에 의하면, 인간의 뇌는 진화를 통해 발달해 왔으며 진화란 한 종으로서 우리가 새로운 능력을 발달시켰다는 것을 의미한다. 그의 이론에 따르면, 인간의 뇌는 세 부분으로 구분되어 있고 각각의 부분은 각기 다른 기본적 기능을 하고 있다.[29]

파충류 뇌

파충류 뇌는 뇌에서 가장 오래된 부분이다. 뇌의 가장 안쪽에 위치하며, 심장 박동, 호흡, 온도 조절 등과 같이 인간의 생존과 관련된 기능을 담당한다. 위협적인 상황에서 파충류 뇌는 활발해지는데, 이것은 학습자가 '투쟁-도피 반응' 혹은 몸으로 학습된 반응을 보인다는 것을 말한다. 파충류 뇌는 새로운 정보에는 거부감을 나타내는데, 그 핵심적 요소는 생존과 위험을 피하는 것이다.

대뇌변연계(포유류 뇌)

대뇌변연계는 중뇌(中腦)로서 파충류 뇌의 윗부분에 위치하며 필요한 곳으로 정보를 내보내는 역할을 한다. 대뇌변연계는 감정과 면역체계를 담당하며 장기기억에서 중요한 역할을 담당한다. 감정과 강렬하게 연관된 정보나 느낌들은 장기기억에 저장되고 이러한 경험들은 기억하기 더 쉬워진다. 대뇌변연계의 핵심적인 요인은 즐거움과 관련된다.

대뇌신피질

대뇌신피질은 중뇌의 위에 위치하여 사고를 담당하며 좌우 두 쪽으로 나뉘어져 있다. 신피질(新皮質)이라는 말처럼 최근에서야 발달된 뇌의 일부분이며, 문제해결 능력 및 추상적 사고와 관련되어 있다. 대뇌신피질의 중요한 기능은 의미의 패턴을 찾는 것인데, 학습자들은 개인적인 정신모델을 만들기 전까지는 의식적으로 무엇인가를 이해하거나 학습하지 못한다. 대뇌신피질의 핵심요인은 새로운 것을 탐구하는 것이다.[30]

그렇다면 뇌의 세 영역들은 어떻게 함께 기능할 수 있을까?

망상활성계

망상활성계reticular activation system: RAS는 뇌의 각 부분을 통합하고 조절하는 역할을 한다. 만약 학습자의 욕구가 충족되지 못하였거나, '투쟁-도피 반응'이 활성화되면 망상활성계는 대뇌신피질의 활동을 중단시키고, 본능적이면서도 즉각적인 반응이 일어나도록 한다. 학습자가 편안한 상태가 되면 망상활성계는 대뇌신피질이 다시 활동하도록 하고 학습을 촉진시킨다.

따라서 학습과 관련된 요점은 다음과 같다.

- 파충류 뇌를 즐겁고 만족스럽게 유지하라! 신체적으로 편안한 상태를 취하고 부정적인 스트레스를 줄여라(습관 3을 참조)
- 강한 정서적 애착을 가진 정보와 경험이 장기기억 속에 저장된다.
- 학습은 이전에 만들어진 정신적 '지도' 위에 이루어져야 한다.
- 학습하기 가장 좋은 상태는 '편안하게 각성된 상태'다.

회복탄력성

긴장에서 벗어나 있을 때가 학습하기에 가장 좋은 상태다. 하지만 이해하기 어렵거나 성취하기 어려운 일들이 나타난다면 이처럼 편안한 상태를 유지하기가 어려워진다. 어려움에 유연하게 대처하는 것이 학습자의 발전에 도움이 된다. 가이 클랙스턴 박사는 학생들을 위해 '학습하는 힘'을 기르는 방법에 대한 책을 쓰면서 운동코치의 비유를 들어 성인들이 학습에 '더 능숙해지는' 방법에 관한 이야기를 책 내용에 포함시켰다.

> "우수한 코치들은 자신의 체력적 향상을 위해 자신의 기술과 노력을 모델링한다. 그들은 교육생을 가르치는 순간에도 자신의 얼굴이 붉어지거나 숨이 가빠지는 것을 걱정하지는 않는다. 비슷한 방식으로 '학습하는 힘'을 가르치는 교육자들도 이런 모델링을 중요하게 인지하고 긍정적인 습관을 보여 준다. 그들은 "잘 모르겠어요.", "그것은 좋은 질문이에요. 우리가 그것을 어떻게 알아볼 수 있을까요?"라고 기꺼이 말하며, 열성적인 학습자로서 무언가를 배우고 알아가는 과정에서 느끼는 즐거움을 놓치지 않는다."[31]

학습을 쉽게 포기하는 사람과 '인내력'을 가지고 학습에 참여하는 사람들의 차이점은 무엇일까? '자기효능감', '개인적 숙련' 그리고 '작인(역주: 행위자의 의도나 욕구로 일어나는 행위의 발현)'은 한 사람이 삶을 조절할 수 있는 능력을 일컫는 말이며, 이러한 능력들은 가치 있는 목표를 달성하게 하거나 원치 않는 결과를 피할 수 있도록 해 준다. 놀랄 것도 없이 자기효능감의 강력한 결정요인은 '신념'이 될 것이다. 앨버트 밴듀라의 연구(1992)에 따르면 이러한 신념이 동기화와 성취 달성에 중요한 영향을 미친다.[32]

심리학자 캐롤 드웩은 미취학 아동 수천 명을 연구한 뒤 많은 학생들이 학습의 기회를 거부하고 있다는 사실에 놀랐다고 말했다.[33] 학습을 거부하는 학생들과 어려움이 따르더라도 인내심을 가지고 학습하는 학생들의 차이점은 그들의 지적 능력에 대한 믿음의 차이인 것으로 나타났으며, 이러한 신념이 바로 학생들 간의 '차이를 만드는 다른 점'이었다. 캐롤 드웩은 학습을 대하는 태도를 두 가지로 분류하여 설명했다. 무기력한 반응을 보이는 학생들은 어려움을 자신의 능력 부족으로 인식하고 낙심하며 더 이상 노력하지 않고 빨리 포기해 버린다. 반면, 숙달지향적 반응을 보이는 학생들은 어려움에 직면하는 것을 즐기고, 그것을 극복할 수 있다는 긍적적인 신념을 가지고 있었다.[34]

당연한 사실이지만 신념은 때로는 비이성적이다. 신념은 때때로 우리가 '해야 하는' 행동의 가정에 바탕을 두거나, 달성하기 위해 '해야만' 하는 것들을 기반으로 한다. 하지만 앨버트 밴듀라는 자기효능감이 학습될 수 있다고 믿었으며, 사회적 설득social persuasion의 역할도 존재한다고 말한다. 성공하는 교사들은 어린 학생들이 자신에 대한 의심을 극복하고 성공적인 경험을 위해 자신감을 회복하는 것을 돕기 위해 언어적 격려를 한다. 그리고 이를 통해 학생들은 학습에 열린 태도를 갖게 될 것이며, 유연한 접근방법으로 어려움을 극복할 수 있다는 것을 알게 될 것이다.

전문가 학습

복잡하고 빠르게 변화하는 사회에서 자신을 '전문가'로 여기고 싶은 사람은 누구든지 지속적으로 학습해야 한다는 것을 알게 될 것이다. 특히, 교사로서 시간이 흘러도 나아지지 않았다면 여러분은 제자리에 머물러 있었거나 혹은 더 나빠졌다는 것을 의미한다.[35]

10년 전에 앤디 하그리브스와 마이클 풀런Michael Fullan은 전문가 학습은 더 이상 선택사항이 될 수 없다고 지적하였다. 교사들은 정부의 최우선 시책을 실행하기 위해서 강좌를 듣거나 추가 연수회에 참석하였지만 이제는 아니다.

> "전문가 학습은 학생들을 가르치는 데 필수적이어야 한다. 교사들의 기초적인 의무로 받아들여질 수 있도록 체계적으로 계속 진행되어야 한다."[36]

변화의 속도가 빨라지면서 학습의 필요성도 증가했다. 기업 분야의 연구는 이와 관련하여 두 가지 측면을 강조한다. 우선, 그들의 유전적인 재능이나 배경, 교육수준이 어떠하든 간에 경영진들은 업무를 수행하기 위해 출근하는 것이 아니다. 오히려 업무를 수행하다 발생하는 문제를 처리하기 위해 출근하는 것이다.[37] 여러분들은 아마 이것을 당연한 일로 받아들일지도 모르겠지만, 나는 교사들이 전문가 학습을 시작하기보다는 교사 초기에 받았던 교육이 평생 유용하다는 고정관념을 가진 경우를 여전히 본다.

그러나 리처드 리브스는 "숙련된 노동자들은 단순히 더 배우는 것이 아니다. 학습하는 방법을 학습하고 있으며, 더 빨리 학습하고 있다."라고 말했다. 기업 분야의 연구에서 얻을 수 있는 두 번째 요점은 모건 맥콜Morgan McCall과 그의 동료들이 내린 결론처럼, 성공하는 사람과 실패하는 사람 사이에는 자신의 경험에서 의미를 찾을 수 있는 '학습 민첩성'이 큰 차이를 나타낸다는 것이다.

습관 2(삶에 대한 학습)의 모든 부분들은 교사들의 전문가 학습을 위한 학습 민첩성과 관련 있다고 말할 수 있다. 분석적 지능은 단지 지식만을 제공하기 때문에 앞서 말한 실용적 지능 또한 필요하다. 경험을 통한 학습은 자기인식을 필요로 할 것이며, 자신의 느낌과 감정을 조절할 수 있는 능력인 정서지능 또한 필요할 것이다. 마지막으로, 감각적 민감성을 통해서 우리는 어떤 일이 일어나고 있는지 알 수 있을 것이며, 특히 학생들이나 다른 사람을 더 민감하게 관찰할 수 있는 능력을 얻을 수 있을 것이다.

성공하는 교사들은 그들의 경험을 바탕으로 자신의 능력을 발달시키기 위해 이러한 능력을 사용할 수 있을 것이다. 또한 학습적인 어려움을 극복할 수 있는 회복탄력성 또한 필요로 할 것이다. 습관 1(자기성찰)에서 알 수 있었던 개인적 의미와 전문적 가치는 교사들의 일의 의미와 신뢰성을 제공할 것이다.

결론

습관 2(삶에 대한 학습)에서 개인과 교사의 전문성 발달을 위해 학습의 중요성을 강조한 사실이 아마 이상했을지도 모른다. 또한 교사의 일이 학생들을 가르치는 것이기 때문에 교사들이 좋은 학습자가 되어야 한다는 사실이 당연한 것인지에 대해서도 의문을 품었을 것이다.

하지만 우리는 학습과 가르침에 대한 개념이 바뀌고 있는 중요한 시대에 살고 있으며, 이러한 사실을 바탕으로 습관 2(삶에 대한 학습)는 두 가지 중요한 점을 제시하였다. 첫째, 우리는 학습이 개인적이고 사회적이며 정서적인 성장과 관련되어 있다는 사실을 알고 있기 때문에 가르치는 것을 단지 지식을 전달하는 것만으로 생각해서는 안 된다는 것이다. 둘째, 학습에 관한 보다 넓은 관점을 이해하고 교사의 전문성을 발달시키기 위해 성공하는 교사들은 습관 2에서 언급된 학습능력과 민첩성 계발을 받아들일 필요성이 있다.

습관 2(삶에 대한 학습)에서는 이와 관련된 보다 더 근본적인 요점이 있다. 사실 앤드류 폴러드Andrew Pollard가 말해 왔던 것처럼, 인간은 '교육과정'이나 '학교교육' 혹은 학습에 교사가 필요하다는 필요성을 느끼기 이전부터 수천 년간 학습해 왔다는 사실이다.[39] 존 홀트는 긴 시간과 고통스러운 과정을 거쳐서야 비로소 그가 더 적게 가르칠수록 학생들은 더 많이 배운다는 사실을 알게 되었다고 말했다.

> "나는 교사로서 깨달은 점을 짧게 요약할 수 있다. 학습은 가르침의 결과가 아니라는 것이며, 가르침이 배움을 만들지도 않는다. 내가 앞에서 언급한 것처럼, 제도화된 교육은 우리가 그들을 가르치기 때문에 학생이 배울 수 있다고 생각한다. 하지만 이것은 사실이 아니며, 확실히 잘못된 생각이다."[40]

습관 2(삶에 대한 학습)가 가르치는 직업의 종말을 말하는 것은 아니다. 그보다 우리는 가르치는 것보다는 학습에 초점을 맞춰야 한다. 성공하는 교사들은 지식을 가르치는 것이 아니라 학생들을 가르친다는 것을 알고 있을 것이다. 또한 성공하는 교사들은 자신들이 잘하는 전문분야는 학습이며, 학생들을 위해서뿐만 아니라 자신들의 개인적이고 전문적인 발달을 위한 것이라는 점도 이해할 것이다. 게다가 습관 2(삶에 대한 학습)는 습관 8(영향력 있는 리더십 행동)과 습관 9(영향력의 확대)를 위한 기초가 되며, 성공하는 교사들이 '선도적 학습자'로서 지역사회와 교사들의 사회에서 영향력을 넓힐 수 있게 해줄 것이다.

성찰 표 1. 여러분의 지능–마음먹기에 달려 있다!

	매우 그렇지 않다	대체로 그렇지 않다	약간 그렇지 않다	약간 그렇다	대체로 그렇다	매우 그렇다
	1	2	3	4	5	6
1. 내가 얼마나 똑똑한지는 절대 바꿀 수 없다.						
2. 내가 누군지 상관없이 나는 나의 지능을 바꿀 수 있다.						
3. 나는 새로운 것을 배울 수 있지만 더 똑똑해질 수는 없다.						
4. 나의 지능이 어떠하든 나의 지능을 항상 바꿀 수 있다.						
5. 내가 더 열심히 할수록 더 좋은 결과를 얻을 것이다.						
6. 내가 달성할 수 있는 성과는 나의 지능에 달려 있다.						
7. 나는 내가 얼마나 똑똑한가를 충분히 변화시킬 수 있다.						
8. 모두가 고정된 지능을 가지고 있으며, 이를 변화시킬 수는 없다.						
9. 학업에서의 성과는 개인의 지능에 의해 결정된다.						
10. 내가 더 많이 배울수록 내 지능을 더 끌어올릴 수 있다.						

점수

- 1번, 3번, 6번, 8번, 9번 문항 점수의 합 ···▸ A

- 2번, 4번, 5번, 7번, 10번 문항 점수의 합 ···▸ B

부록 2에서 여러분의 점수를 확인해 보라.

자
기
관
리

- 고든 드라이든(Gordon Dryden)과 쟈넷 보스(Jeanette Vos)는 학습과 관련한 광범위한 최신정보들을 알려 주고 있다. 각각의 좌측 페이지에는 그림이 실려 있는데, 이것들은 글의 중요내용을 강조해 주며 책을 빠르게 읽어야 할 때 유용하다. 저자들은 그림을 복사할 수 있도록 했는데, 이것들을 컬러 출력하여 교실에서 사용할 수 있다.
  Dryden, G. & Vos, J. (2001). *The learning revolution: To change the way the world learns.* Stafford: Network Educational Press, Ltd.

- 에릭 젠슨(Eric Jensen)은 가르침에 대한 암시와 함께 뇌와 학습에 관한 연구 내용을 제공한다.
  Jensen, E. (2008). *Brain-based learning: The new paradigm of teaching* (2nd ed.). Thousand Oaks CA: Corwin Press.

- 학생들이 학습하는 방법을 이해하기 위해서는 존 홀트(John Holt)의 어떤 책이든 영감을 주지만, 특히 다음 책이 유용할 것이다.
  Holt, J. (1989). *Learning all the time: How small children begin to read, write, count, and investigate the world, without being taught.* New York: Da Capo Press.

- 교사들의 전문적인 세계에서 직관의 역할을 이해하기 위해서는 다음 문헌을 읽어 보면 좋을 것이다.
  Atkinson, T. & Claxton, G. (Eds.) (2000). *The Intuitive practitioner: On the values of not always knowing what one is doing.* Buckingham: Open University Press.

- 미하이 칙센트미하이(Mihaly Csikszentmihalyi)는 그의 전통적인 연구인 '몰입

(flow)'을 이해하기 쉽게 제공하고 있다. 다음 문헌은 여러분이 인생에서 하고 있는 일을 최대한으로 끌어올려 줄 것이다.

Csikszentmihalyi, M. (1997). *Finding flow: The psychology of engagement with everyday life.* New York: Basic Books.

자
기
관
리

| 미주 |

1 Reeves, R. (2001). *Happy mondays: Putting the pleasure back into work*. London: Pearson Education Ltd. p. 50.

2 Roffey Park Management School의 Linda Holbeche를 언급한 Reeves, R. (2001). *Happy mondays: Putting the pleasure back into work*. London: Pearson Education Ltd. p. 56을 참조하라.

3 Abbott, J. & Ryan, T(2000). *The unfinished revolution*. Stafford: Network Educational Press Ltd. p. 7.

4 LeDoux, J. (1998). *The emotional brain*. London: Orion Books Ltd. p. 22.

5 Dennett, D. C. (1991). *Consciousness explained*. London: Penguin Books Ltd.

6 Smith, A. (1996). *Accelerated learning in the classroom*. Stafford: Network Educational Press Ltd. p. 15.

7 Pinker, S. (2002). T*he blank slate: The modern denial of human nature*. London: Penguin Books Ltd. p. 45.

8 Abbott, J. & Ryan, T(2000). *The unfinished revolution*. Stafford: Network Educational Press Ltd. p. 21.

9 Birgerstam, P. (2002). Intuition-the way to meaningful knowledge. *Studies in Higher Education*, *27*(2), 431-444.

10 Atkinson, T. & Claxton, G. (2000). *The intuitive practitioner: On the value of not always knowing what one is doing*. Buckingham: Open University Press. p. 7.

11 McMahon, A. (2000). The development of professional intuition. In Atkinson, T. & Claxton, G. (Eds.), *The intuitive practitioner*. Buckingham: Open University Press. p. 139.

12 Holt, J. (1989). *Learning all the time: How small children being to read, wirte, count, and investigate the world, without being taught*. New York: Da Capo Press. p. 157.

13 Dennett, D. C. (1991). *Consciousness explained*. London: Penguin Books Ltd. p. 337.

14 Eraut, M. (2000). The intuitive practitioner: A critical overview. In Atkinson, T. & Claxton, G. (Eds.), *The intuitive practitioner* (pp. 255-268). Buckingham: Open University Press.

15 Brown, L. & Coles, A. (2000). Complex decision making in the classroom: The teacher as an intuitive practitioner. Atkinson, T. & Claxton, G. (Eds.), *The intuitive practitioner* (pp.

165-181). Buckingham: Open University Press. .

16 Holt, J. (1989). *Learning all the time: How small children being to read, wirte, count, and investigate the world, without being taught*. New York: Da Capo Press. p. 132.

17 Brande, D. (1934). *Becoming a writer*. London: Harcourt, Brace & Co. Ltd.

18 Flynn, J. R. (1987). Massive IQ gains in 14 nations: What IQ tests really measure. *Psychological Bulletin*, *101*,. 171-191. Flynn, J. R. (2007). *What is intelligence? Beyond the Flynn effect*. Cambridge: Cambridge University Press.

19 Gardner, H. (1993). *Frames of mind* (2nd ed). London: Fontana. p. 71.

20 Sternberg, R. J. (1997). *Thinking style*. Cambridge: Cambridge University Press. p. 12.

21 가드너(Gardner)의 다중지능에 대한 White, J. (1998). D*o Howard Gardner's multiple intelligence add up?* London: Institute of Education University of London.이라는 책과 학습양식에 대한 Coffield, F., Moseley, D., Hall, E., & Ecclestone, K. (2004). *Learning styles and pedagogy in post-16 Learning: A systematic and critical review*. London: Learning and Skills Research Centre.를 참조하라.

22 Sternberg, R. J. (1997). *Thinking style*. Cambridge: Cambridge University Press. p. 145.

23 Pring, R. et al. (2009). *Education for all: The future of education and training for 14-19 year olds*. London and New York: Routledge. p. 69.

24 Goleman, D. (1996). *Emotional intelligence: Why it can matter more than IQ*. London: Bloomsbury Publishing plc. p. 34.

25 Claxton, G. (2008). *What's the point of school? Discovering the heart of education*. Oxford and New York: Oneworld Publications. p. 98.

26 Goleman, D. (2002). *The new leaders: Emotional intelligence at work*. London: Little, Brown. p. 51.

27 Holt, J. (1989). L*earning all the time: How small children being to read, wirte, count, and investigate the world, without being taught*. New York: Da Capo Press. p. 83.

28 Smith, A. (1996). *Accelerated learning in the classroom*. Stafford: Network Educational Press Ltd. p. 18.

29 MacLean, P. D. (1990). *The triune brain in evolution*. New York: Plenum Press.

30 Norman, S. (2003). *Transforming learning: Introducing SEAL approaches*. London: Saffire Press. p. 16. 수잔 놀먼(Susan Norman)은 신경과학자들이 더 이상 '뇌의 삼위일체'에 대한 개념을

중요하지 않게 판단한다고 말한다. 하지만 이것이 정서지능과 잘 부합하기 때문에 여전히 학습적인 측면에서 관심을 받고 있다.

31 Claxton, G. (2008). *What's the point of school? Discovering the heart of education*. Oxford and New York: Oneworld Publications. p. 131.

32 자기효능감에 대한 설명을 읽고 싶다면 재키 턴불(Jacquie TurnBull)의 문헌을 읽어 보라. TurnBull, J. (2009). *Coaching for learning: A practical guide for encouraging learning*. London and New York: Continuum International Publishing Group. pp. 131-139.

33 Dweck, C. (2006). *Mindset: The new psychology of success*. New York: Random House Inc. p. 16.

34 Dweck, C. (2000). *Self-theories: Their role in motivation, personality and development*. Philadelphia, PA: Psychology Press.

35 Stoll, L. & Fink, D. (1996) *Changing our schools*. Buckingham: open university press를 인용한 Hargreaves, A. & Fullan, M. (1998). *What's worth fighting for in education?* Buckingham: open university press.

36. Hargreaves, A. & Fullan, M. (1998). *What's worth fighting in education?* Buckingham: open university press. pp. 52-53.

37 McCall, M., Lombardo, M., & Morrison, A. (1988). *The lessons of experience: How successful executive develop on the job*. Lexington, MA: Lexington. p.3

38 Reeves, R. (2001). *Happy mondays: Putting the pleasure back into work*. London: Pearson Education Ltd. p.56.

39 Pollard, A. (2008). *Reflective teaching* (3rd ed.). London: Continuum International Publishing Group. p. 172.

40 Holt, J. (1989). *Learning all the time: How small children being to read, write, count, and investigate the world, without being taught*. New York: Da Capo Press. p. 160.

| 개요 |

영국의 교원단체는 직무 관련 스트레스와 관련하여 이직하고자 하는 교사의 수가 기하급수적으로 늘어나고 있다고 주장한다. 몇몇 연구에서 역시 교사의 41.5%가 과도하게 스트레스를 받고 있는 상태라고 답하였고, 교직은 스트레스 정도가 가장 높은 직업 중 하나라고 밝히고 있다.[1] 현대사회의 복잡성이 높아지면서 직무현장에서 스트레스가 발생하는 것은 당연한 것이다. 습관 3에서 이야기하고자 하는 것은 복잡한 현대사회의 현상 속에서 스트레스에 적극적으로 대처하는 방법에 대한 것이다. 이는 직장환경은 그 자체만으로도 '스트레스의 요인'이 될 수 있으며, 만약 이를 적극적으로 다루지 못하면 부정적 스트레스의 소용돌이에 빠지게 되는 원인을 제공할 수도 있음을 포함한다. 성공하는 교사는 신체적, 정신적, 정서적으로 스트레스를 유발하는 근무 조건을 통제하고, 직업에서의 만족도를 최대화시키며, 신체적·정신적 안녕을 유지하기 위한 다양한 전략을 요구할 수 있어야 한다.

스트레스에 대한 대처

9 Habits of Highly Effective Teachers

스트레스라는 개념이 현재 너무 익숙해지다 보니, 인간의 상태와 관련하여 비교적 최근의 현상이라는 점을 잊기 쉽다. 스트레스는 신체에 주어지는 힘(기계적인 차원에서)이라는 의미로 사용된다. 그러나 이제는 '스트레스'를 단순한 물리적 힘이 아니라 인간에게 있어 신체적, 정서적, 혹은 정신적 긴장 혹은 피로라는 용어로 사용하고 받아들여진다. 확실히 우리는 우리 조상의 시대나 이전 세기보다 더 잘 먹고 더 잘 살며, 더 오랜 수명을 기대하고 살고 있다. 그러나 우리에게 전반적인 건강과 안녕을 가져다준 20세기의 발전은 우리의 삶과 직장을 또 다르게 구성함으로써 신체적·정신적으로 손상을 주기도 했다.

직장 스트레스의 발생과 영향은 조직의 발달과 현대 세계의 복잡성 향상과 함께 증가했다. 조직이 비대해지고 복잡해짐에 따라 삶의 속도는 빨라졌고, 이에 따라 현대의 생활양식이 스트레스와 관련된 질병 측면에서 더 많은 비용을 지출하도록 하고 있다는 점은 확실하다.

많은 연구자는 이러한 현상에 주목하였다. 그들은 일상생활에서의 잠재적 스트레스 유발인자stressor를 우선순위화하는 것에 대해 연구하였다. 즉, 여러분은 스트레스에 영향을 받을 위험에 처해 있을 때, 여러분의 생활양식 중 높은 스트레스를 유발하는 상황이 있었는지를 확인해 볼 수 있다. 스트레스를 가장 많이 유발하는 것들이 무엇인지 우선순위화 할 때, 가르치는 일, 즉 교직은 항상 높은 순위에서 논의된다. 심리학자들은 왜 어떤 사람들은 신체적 · 정신적 스트레스에 약하지만 또 다른 사람들은 그렇지 않은지, 이것이 성격 때문인지 혹은 스트레스를 다루는 기술 때문인지에 대해 정의하고자 노력하였다.

교직을 논할 때 우리는 스트레스의 요인으로 작용할 수 있는 중요한 업무 상황을 무시할 수 없다. 교사의 40%가 넘는 비율이 그들 직업에서 높은 수준의 스트레스를 호소하고 있으며, 이는 유사한 성격의 다른 공공 분야인 보건(간호) 및 관리 영역보다 더 월등하게 높은 수준이다. 만약 교직이 스트레스에 취약한 회복탄력성resilience이 낮은 사람들에게만 매력적으로 보여 그들만이 모여 있는 집단이 아니라면, 우리는 이렇게 높은 스트레스를 유발하게 되는 직무상황에 대한 다른 결과를 도출해야만 한다.

습관 3은 스트레스에 대처하는 방식에 대한 내용을 다루고 있다. 그런데 살펴보면 성공하는 교사는 스트레스를 다루기 위한 행동지향적 접근법과 연관된 다른 두 가지 주요 습관을 가지고 있음을 알 수 있다.

첫 번째 습관은 습관 4인 여유(자기만의 시간)를 가지는 것이다.

성공하는 교사는 가장 가치 있는 자원, 즉 시간에 대해 이해하고 일과 삶의 균형을 맞추면서 우선순위화하는 기술을 개발한다. 그들은 시간관리 기술을 향상시키는 것이 시간을 더 많이 사용할 수 있다는 것을 의미할 뿐 아니라 명백하게 높은 성과를 이끌어 낸다는 것을 알고 있다. 높은 시간관리 능력을 가지고 있다는 의미는 가끔 우리가 실제로 하고자 하는 것이 불가능한 것일 수 있고, 우리의 일과 삶의 균형에 부정적인 영향을 미칠 수도 있다는 것을 인지할 수도 있다는 것이다. 직장에서 더 많은 성취를 하는 것은 우리의 몸이 더 많은 휴식과 기분전환 혹은 운동이나 신체적 자극이 필요할 때를 인식하는 것과 같다. 습관 4(여유 갖기)를 받아들인다면 우리의 육체적 · 정신적 자원을 보존하고 활력을 불어넣을 수 있는 생활방식을 구축할 수 있다.

직장에서 스트레스를 잘 다루는 능력과 관련된 두 번째 습관은 습관 7의 영향력 있는 행동과 관련된다. 일에 압도당하는 느낌으로 많은 스트레스가 발생할 수도 있지만, 일의 부하와 관련하여 다른 사람들이 수행하는 역할 또한 스트레스의 원인이 될 수도 있다. 다른 사람들에게 단호하게 대처할 수 있다는 것은 중요한 스트레스 회피 기술일 수 있다. 성공하는 교사는 단호한 행동에 대해 두 가지 요소를 알고 있다. 첫 번째로 인간으로서 우리 모두는 동등한 권리를 가지고 있음을 이해하고 받아들인다. 두 번째로 그들은 자신의 자존감을 위협하고 일과 삶의 균형을 위협하는 관계에 대처할 수 있는 기술을 개발한다.

습관 4(여유 갖기)와 습관 7(영향력 있는 행동)은 모두 개인 통제에 관련된 내용이다. 스트레스 때문에 무기력하게 느껴질 때가 바로 통제 불가능한 상태다. 습관 3(스트레스에 대한 대처)은 스트레스에 대해 배우고, 스트레스를 조절하며, 직장에서 얻은 성취를 다시 활성화할 수 있는 전략을 학습하는 것에 대한 내용이다.

스트레스의 영향

통제 혹은 제어한다는 것은 현대의 생활양식이 이전 세대의 활동을 위해 설계된 신체에 영향을 미치는 힘, 즉 스트레스를 이해하는 것을 의미한다. 우리는 새로운 뇌를 발달시켜 왔고 고도의 기술시대에 살고 있기는 하지만, 우리의 몸은 10만 년 전의 삶의 기능적 요구 사항을 여전히 유지한다. 인간으로서 우리는 극적인 사건의 형태로 생존에 대한 위협을 인식하게 되면, 이에 대응하기 위하여 정교하게 반응한다. 만약 누군가가 갑작스럽게 손뼉을 친다면, 우리는 수풀에서 튀어나온 위협적인 호랑이에 대한 유전적으로 암호화된 기억을 불러내어 점프를 하게 될 것이다.[2] 현대의 삶에서는 위협적인 이빨을 가진 호랑이를 볼 일이 거의 없으나, 우리의 신경 시스템은 여전히 소스라치게 놀라 움직이게 하는 반응 형태를 가지고 있다. 우리의 신체 시스템은 위험의 형태가 무엇인지 인지하기도 전에 우리의 뇌가 '위험!'이라는 신호를 보내고, 그 반응에 의해 우리를 보호하도록 설계되어 있다. 현대 생활양식에서 이것은 반항적인 학생이나 화난 부모와 직면하여 인터뷰할 때의 상황으로 생각해 볼 수 있다. 이는 실제로 생명을 위협하는 것이 아니라 인식된 위협일 수 있다는 것이다.

이런 일이 발생하면 우리의 무의식적인 신경계가 작동하기 시작한다. 호르몬이 방출되고 우리 몸의 여러 부분으로 신호가 보내진다. '투쟁 혹은 도피' 모드를 준비하기 위하여 우리의 근육은 긴장한다. 혈류는 대사 시스템에서 근육이 반응에 따라 움직일 수 있도록 하기 위해 에너지를 이동시킨다. 호흡은 가빠지고, 몸이 차갑게 유지되도록 하기 위하여 땀 방출량이 늘어난다. 침은 말라 입은 건조하게 되고 심박수와 혈압은 상승한다. 간에서는 혈당을 방출하여 즉각적으로 에너지를 제공한다. 면역력은 감소하게 되는데, 이는 단기적으로는 즉각적인 위협에 동시다발적인 반응을 가능하게 함으로 유용하지만, 장기적으로는 우리의 몸을 감염에 취약하게 만들기 때문에 유해한 부분이다.[3]

덜 극단적인 형태이긴 하겠지만, 이러한 반응은 매일 여러 번 발생하기도 한다. 즉각적인 신체적 반응이 필요한 경우―예를 들어, 아이의 안전을 확보하기 위해 신체적인 조치를 취해야 하는 경우―신체는 초기 아드레날린 급증에서 곧 회복될 것이다. 그러나 신체는 종종 행동을 취하기 위해서 긴장하고 있는, 그러나 실제로는 일어나지 않는, 투쟁 혹은 도피 상태의 끊임없는 각성 상태일 것이다. 사실, 어떤 사람들은 무슨 일이 일어나고 있는지 거의 알 수 없는 시점에 도달하기도 한다. 그리고 행동 없는 긴장의 연속은 만성 스트레스로 이어질 수 있다.[4]

단기간에 축적된 긴장은 육체적인 통증과 두통, 위장 장애 또는 발진을 초래할 수 있다. 장기적으로 해결되지 않은 긴장은 더 심각한 질병의 징후로 이어질 수 있다. 각성 상태로 신체를 유지하면 혈압의 정상적인 조절이 위축되고 위궤양과 같은 문제가 생길 수 있으며, 질병을 퇴치하기 위한 건강한 면역 체계를 유지하는 신체의 능력에 심각한 영향을 미친다. 뿐만 아니라 흡연, 음주, 과식 등으로 단기적인 문제를 해결하고자 한다면, 장기적으로 건강을 해칠 수 있다.

그리고 스트레스에서 오는 정서적인 문제도 있다. 조셉 르 두 Joseph Le Doux의 연구는 우리의 '정서적 뇌'가 하는 역할을 이해하는 데 도움이 되었다. 우리 조상들은 정서를 뇌 상태와 신체 반응으로 표현했을 뿐, 이를 설명할 만한 언어는 가지고 있지 않았다. 1,000분의 1초 단위로 일어나는 신속한 반응 메커니즘인 정서적 반응은 매우 빠른 속도로 생존을 보장한다. 우리의 조상들은 무의식적이고 비언어적이었지만, '놀람' 반응이 기억되었던 것처럼 특정 정서 처리 기능은 인간의 뇌 속에 보존되었다.[5]

우리의 사고와 정서 간의 관계에 대한 파악은 20세기의 대부분 동안 심리학자들의 주요 관심거리였다. 사고와 정서 간에 어떤 관계가 있는가를 알기 위해 우리는 우리 자신과 조상들 사이의 중요한 차이점을 인식하는 것이 중요하다. 지구상에서 가장 똑똑한 생명체로서 우리의 생존을 보장할 수 있는 차이점, 그 차이는 당연히 우리의 뇌가 두 가지 중요한 기능, 즉 생각하고 추론하는 능력과 언어를 사용하는 것으로 진화했다는 점이다. 우리는 우리가 정서를 느끼고 있음을 의식적으로 인식할 수 있으며, 그 정서에 이름을 붙이고 두려움, 불안, 공포, 불안 등을 구별 할 수 있는 언어를 가지고 있다.[6]

우리의 정서에 대해 더 잘 아는 것이 우리가 항상 우리에게 미치는 영향을 물리적으로 통제할 수 있다는 것을 의미하지는 않는다. 정서적 고통과 면역체계 억제 간의 관계는 이미 잘 알려져 있다.[7] 따라서 우리의 현대 생활이 우리에게 더 많은 스트레스를 줄 가능성이 더 높을 수 있지만, 우리는 그것에 대처할 수 있는 합리적 사고와 언어라는 새로운 장비를 갖추고 있다. 시간 활용 방법에 대해 배울 수 있고, 이러한 활동이 스트레스 수준에 미치는 영향도 확인 할 수 있다(습관 4 참조). 우리는 다른 사람들과의 관계를 개선하기 위해 사용하는 언어를 변경할 수도 있다(습관 6 참조). 그리고 스트레스에 대처할 때, 우리는 일과 삶의 균형을 달성하기 위해 배우는 모든 수준(육체적, 정신적, 정서적)의 전략을 개발할 수 있다. 습관 1(자기성찰)에서 언급한 바와 같이, 어떻게 생각하느냐는 여러분의 행동 결과와 느낌에 영향을 미친다.

잠시 멈추어 생각해 보기 10에서는 일상을 방해하고 긴장감을 유발하며 장기적으로는 스트레스와 관련된 질병을 유발할 수 있는 자동화된 사고와 정서적 반응을 조절하기 위한 다양한 중재 방법을 제공하고 있다.

잠시 멈추어 생각해 보기 10 스트레스에 대한 대처	
학습 포인트	대처하기
스트레스를 유발하는 사건	상황 바꾸기
사건을 바라보는 방법	생각 바꾸기
사건에 대하여 느끼는 방법	느낌 바꾸기
신체적 반응	긴장 풀기
행동하기	기계적인 일상을 벗어나기 위해 다른 방법으로 일해 보기

출처: 'The Stressor-response Chain', Open University Handling Stress Course Pack에서 발췌 및 수정.

상황 바꾸기

때로는 스트레스의 정확한 원인을 파악하기 어려울 수도 있다. 사무실에서 나쁜 날을 보내고 집에 와서 고양이를 발로 찬다는 오래된 격언처럼 우리는 '스트레스의 원인'과 아무 관련이 없는 사람에게 정서적으로 반응할 수 있다. 우리는 압박감을 느끼고 있다는 것을 알 수 있으나, 그 근원을 파악하기 위해 더 신중하게 생각해야 한다.

그러나 습관 1(자기성찰)에서 언급한 '분석 수준levels of analysis'을 사용하면 스트레스의 축적을 방지하기 위해 조치를 취할 수 있는 다양한 중재 시점이 있는 것처럼, 스트레스의 근원인 자극이 될 만한 사고를 다르게 할 수 있는 방법이 있다는 것도 알 수 있다. 예를 들어, 다음과 같은 질문을 스스로 해 보자. 작업 환경에서 다르게 느끼고 행동하도록 변화시킬 수 있는 것이 있는가? 어떤 문제들은 책상을 정리하거나 교실을 재정비한다면 작업을 훨씬 쉽게 할 수 있는 간단한 문제인 경우도 있다. 운전하는 방식이나 컴퓨터에 앉아 있는 자세가 신체에 부담을 가하고 있지는 않은가? 휴식을 갖지 않는다거나 운동을 통해서 긴장을 풀지 않고 너무 오랫동안 한 자세로 머물러서 신체적 긴장을 만들고 있지는 않은가?

또는 다른 사람들과 더 공평한 관계를 맺기 위해 바꿀 수 있는 행동이 있지는 않을까?(습관 7 참조) 스트레스의 원인인 특정 학생 또는 동료와 문제가 있는 경우, 그들에 대한 우리의 행동을 바꿀 수는 없을까? 관계를 개선하기 위해 우리는 어떻게 다르게 행동할 수 있을까?

여러 가지 생각 끝에 우리는 우리에게 주어진 일을 완수하는 데 약간의 부담이 있다고 생각할 수도 있으며, 이를 해결하기 위하여 추가적인 연구나 특정한 연수를 선택할 수도 있다. 동료의 의견 및 조언이 도움이 될 수도 있으며, 우리의 능력을 향상시키기 위한 다양한 자원을 조사하는 것도 도움이 된다.

그리고 상당한 고심 끝에 자신과 조직 간의 신념과 가치의 불일치가 긴장의 근본 원인이라는 결론에 도달하게 될 것이다. 이와 같은 사실은 정말 큰 변화를 가져올 수 있다.

사고의 전환 1: 선택 가능성 인식하기

종종 우리는 사건을 통제할 수 없는 것처럼 생각할 수도 있다. 통제 밖의 스트레스 원인이 그 상황이기도 하다. 그러나 대부분의 사람들은 선택할 수 있다. 중요한 것은 우리가 이러한 선택을 인식하고 있는지, 혹은 선택할 준비가 되어 있는지의 여부다.

성공하는 교사인 데이비드는 훌륭한 교장으로서의 자질과 리더십을 가지고 있었다. 데이비드는 그에게 직업에서의 만족은 학생들과의 상호작용, 학생들의 성장에 기여했다는 사실, 학생들의 자존감과 자신감에 긍정적인 영향을 미칠 수 있다는 사실에 있음을 인지하였다. 데이비드는 현재 자신의 자리가 진정한 가치가 있는 곳이라는 것을 이해했으며, 관리직으로의 진출이 반드시 필수적인 것이라고 생각하지 않아 선택하지 않았다.

반면, 가이어는 교장으로의 승진이 불행을 가지고 온 경우다. 그녀는 훌륭한 교사였지만 초등학교의 경영 및 지도자의 역할을 하는데 있어 매우 어려움을 겪었다. 어쩌면 관리직에 너무 빨리 진입했을 수도 있고, 자신감을 쌓을 필요가 있었을 수도 있다. 또한 어쩌면 그녀는 아이뿐만 아니라 성인을 대하는 기술을 개발해야 했을 필요도 있었다. 이유가 무엇이든 간에, 잘못은 자신의 직업생활에서 진정 원하는 것이 무엇인지 혹은 자신의 강점이 무엇인지에 대하여 고민하지 않았다는 점이다. 그녀는 승진을 당연히 해야 할 일이라 생각하고 추구하였고, 이 때문에 교장이 된 이후에도 성취감을 거의 느끼지 못했다. 가이어는 직원들에게 동기부여를 할 수 없는 것에 힘들어했고, 의존할 사람이 없었기 때문에 항상 많을 업무에 대해 불평했으며, 그녀가 만나는 까탈스러운 부모에 대해 다른 직원들에게 불만을 토로했다. 결국 그녀는 스트레스 관련 질병으로 학교를 오랜 기간 떠나 있어야만 했다.

다행히 교직의 영역에서는 가르침의 중요성에 대해 인식하게 되었고, 따라서 교장으로의 진급이 아니라 교실에 머물기를 선택하는 교사 역시 적절한 재정적 보상을 얻을 수 있게 되었다. 그러나 중요한 점은 우리는 자신을 위하여 무엇이 옳은 선택인지 신중하게 고려하지 않는다는 점이다. 우리 자신을 위한 올바른 선택이 무엇인지 신중하게 생각하지 않는 한, 다른 사람의 선택이 우리를 위한 올바른 길이라고 믿게 된다. 우리는 그것을 관례적인 절차, '해야 할 일'로 생각할 수도 있다. 이와 관련하여 사고의 전환이란 다른 사람들의 생각과 행동을 차용하는 것이 아니라, 나 자신만의 올바른 선택이 무엇이 될 수 있는지 식별해 내기 위하여 다른 관점에서 생각해야 하는 것을 의미한다.

잠시 멈추어 생각해 보기 11 // **여러분에게 동기를 부여하는 것은 무엇인가**

종합 중등학교 관리직 지원자 인터뷰를 진행하였다. 모든 후보자는 자격이 충분했고 경험이 풍부하여 후보자들 중 한 명을 선택하기가 어려웠다. 모든 후보자에게 동일한 질문을 하였고, 패널들은 순서대로 지원자들의 답변을 차례로 검토하기로 결정했다. 첫 번째 질문은 다음과 같다: "왜 이 자리에 지원하셨습니까?"

가레츠의 반응은 다음과 같았다.

지금이 적시라고 생각합니다. 이제는 관리직으로 옮겨야 할 때라고 생각합니다. 은퇴 연령에 도달한 뒤에도 여전히 학급 교사로 남고 싶지는 않습니다. 그리고 저는 가르치는 것 이외의 다른 관리책임을 다룰 수 있다고 생각합니다. 마감 기한이 정해지면 항상 그것을 충족시킵니다. 그것을 마무리하지 못했을 때는 생각하고 싶지도 않습니다. 저는 새로운 업무를 시작하는 데 매우 신중하며, 따라서 새로운 과업에 대한 모든 것에 대해 내가 알고 있는지 확인하고 그 결과 절대로 실수하지 않습니다. 또한 저의 장점 중 하나는 새로운 방법으로 업무를 진행하고자 할 때 잠재적 위험을 잘 인지할 수 있다는 점입니다.

반면, 루시의 답변은 다음과 같았다:

저의 장기목표는 수석교사가 되는 것입니다. 저는 이 자리가 저의 꿈을 위한 첫걸음이라고 생각합니다. 아직까지 관리책임 일을 맡아 본 적은 없지만, 이 일을 잘 할 수 있다고 생각합니다. 물론 상당히 어려운 도전이 될 것이라 생각하지만, 저는 도전을 좋아합니다. 저는 다른 직원을 관리해야 하는 것과 같은 새로운 책임감에서부터 동기를 부여받는 편입니다. 이러한 모든 것들이 저를 긴장하게 할 것이고, 이러한 긴장은 제게 필요한 것들입니다.

여러분에게 동기가 되는 것은 무엇인가? 여러분은 가레츠의 답변을 더 선호하는가? 원하는 것이 아니라 피하고 싶은 것이 원인이 되어 동기가 부여된다는 답변을 더 선호하는가? 부정적인 결과를 피하기 위해 기한을 맞추려는 동기가 있는가? 일이 잘못될 수도 있다는 생각 때문에 새로운 목표를 생각하는 것이 불편하지는 않은가? 혹은 여러분은 루시처럼 채찍보다는 당근에 의해 동기가 부여되는가? 여러분이 갖고 싶은 것 또는 달성하고자 하는 목표에 대한 열망에 의해 동기가 부여되는가? 가끔 잠재적인 부정적 결과를 생각하지 않고 새로운 도전에 뛰어들 수도 있는가? 가레츠와 루시는 그들의 생각 때문에 주어진 어떤 상황에서 스스로 스트레스를 만들 수도 있겠다는 생각을 하는가? 스트레스의 잠재성을 줄이기 위해 그들은 그들의 생각을 어떻게 통제할 수 있을까?

사고의 전환 2: 관점 바꾸기

윌리엄 셰익스피어William Shakespeare는 인간 본성에 대해 많은 것을 이해하고 있었다. 셰익스피어의 유명한 대사 중 세상에 좋고 나쁜 것은 다 생각하기 나름이라는 대사가 있다.[8] 실제로 우리는 사물에 대해 어떻게 생각할지에 대한 선택권을 가지고 있다. 수석교사 게이너는 그녀가 겪었던 어려움의 원인을 주로 그녀가 접촉한 사람들의 비협력으로 보았다. 그녀가 이런 식으로 생각하기를 선택했고, 그녀는 자신이 처한 상황에 대한 불만을 표출하였다. 그녀의 이러한 부정적인 생각은 결국 스스로에게 너무 짐이 되었고, 병으로까지 악화되었다. 그녀는 단지 유리잔의 절반을 누군가 마셔 버렸고, 그것도 다른 누군가가 너무 많이 마셔 버렸다고만 생각했다!

게이너는 다르게 생각할 수도 있었다. 그녀는 어려움을 도전으로 생각할 수도 있었고, 이는 더 폭넓은 경험을 위한 자극으로 작용할 수도 있었을 것이다. 직원과 학부모와의 관계를 성공적인 대인관계 기술 개발의 좋은 기회로 생각할 수도 있다. 자신이 실패했다고 생각하는 대신, 전문가로서 발전하고 성장하도록 돕는 피드백으로 자신의 경험을 생각할 수도 있다(습관 2 참조). 그랬다면 그녀는 유리잔이 절반이라도 차 있었음을 알 수 있었을 뿐 아니라, 나아가 넘쳐났을 수도 있었다!

'조명(관점) 바꾸기'는 항상 대안이 있을 수 있음을 표현하는 나의 은유다. 상황에 대해서 항상 다르게 생각할 수 있다. 이러한 표현은 극장 무대 조명으로 얻을 수 있는 다양한 효과들로부터 가져온 것이다. 예를 들어, 영국의 전통적인 팬터마임을 생각해 보라. 오프닝은 보통 화려하게 옷을 입은 마을 사람들이 마을 광장으로 모여 주인공을 소개한다. 장면이 밝게 빛난다. 전달되는 분위기는 활기차고 매력적이다. 반면, 극 중간에는 영웅이 위험에 직면하고 선과 악의 전투가 계속되는 장면이 있을 것이다. 이 장면의 배경은 어두운 동굴일 수도 있고 깊은 숲일 수도 있으며, 분위기는 완전히 다를 것이다. 이전의 밝은 조명은 흐리게 표시되고 녹색 또는 빨간색 음영이 도입되어 섬뜩한 효과를 낼 것이다. 경치의 변화만으로는 다른 분위기가 조성되지 않는다. 그러나 조명의 변화로 인해 효과가 달라진다. 동일한 무대와 배우들이지만 제작 팀은 조명을 바꿈으로써 청중에게 다양한 감정을 부여할 수 있다.

조명을 촉발제로 사용하면 생각을 바꾸어 상황과 연결할 수 있다. 그렇게 된다면 상황에 대한 느낌 역시 바뀐다(습관 1 참조). 의도적으로 스위치를 눌러 적극적으로 생각을 바꾸려고 노력해야 한다. 그 효과는 매우 극적일 것이다. 이는 정신적으로 상황을 재구성하는 것으로, 상황을 재구성하기 위한 좋은 시작은 질문을 활용하는 것이다.

다음은 상황을 재구성하기 위하여 활용할 수 있는 질문들이다. 실제 활용할 때에는 자신만의 질문을 만들어 사용할 수도 있다.

- 이 상황에서 내가 배울 수 있는 것은 무엇인가?
- 이 상황에서 나에게 어떤 기회가 주어질 수 있는가?
- 이 경험을 사용하여 어떻게 나의 강의를 향상시킬 수 있을까?
- 이 상황에서 여러분이 존경하는 사람은 무엇을 할 것이라 생각하는가?
- 재미는 어디에서 찾을 수 있을까?
- 위협으로 보이는 것을 어떻게 기회로 바꿀 수 있을까?
- 이러한 상황이 나를 전문직으로 성장하고 발전하도록 어떻게 도울 수 있을까?

느낌의 전환: '글쓰기'

때로는 관점을 바꾸려는 노력에도 불구하고 부정적인 생각과 느낌이 남아 있는 것처럼 느껴질 때도 있다. 이럴 때 행동을 취하지 않으면, 부정적인 생각은 원래의 사건에 비하여 더 큰 고통이나 괴로운 경험으로 곪을 수 있다. 만약 여러분이 그 생각에서 벗어나지 못한다면 스스로에 대한 인신공격으로 돌아올 수도 있다. 이는 주전자의 수증기처럼 되어 결국 터지게 된다. 부정적인 감정은 결국 출구를 찾아 다른 사람, 심지어 전혀 관계없는 사람에게 심각하게 터질 수도 있다.

걱정이나 우려의 정도가 큰 경우 '관점 바꾸기'가 어려울 수도 있다는 것을 깨달을 수도 있다. 걱정과 불안은 수면 부족을 초래할 수 있으며, 직장에서 최선을 다하는 것을 방해할 수도 있다. 만약 이러한 걱정과 불안을 그대로 둔다면, 원래 원인의 정도와 상관없이 비상식적으로 커져 버리기도 한다. 결국 이러한 것들은 영원히 버릴 수 없는 짐처럼 되어 버려 여러분의 건강과 안녕을 위협하게 될 것이다.

따라서 부정적인 사고와 감정이 지속되거나 걱정이나 불안이 지속될 때, 이를 대처하기 위한 행동을 취해야 한다. 이는 빠르고 효과적이어야 하며, 걱정이나 불안을 떨쳐 내고 다시 교사의 역할로 돌아갈 수 있어야 한다. 다음은 이를 위한 글쓰기 방법들이다. 상황에 맞게 선택하여 전략을 선택할 수 있다.

글쓰기 1

나는 매일 일기를 쓰고 있는 동료를 존경한다. 매번 성공하지는 않았지만, 역시 매일 일기를 쓰려고 노력했다. 매일의 사건과 더 중요한 사건에 대한 느낌을 기록하면서 나는 이러한 과정에 의지하고 있다는 것을 알 수 있었다. 일기는 누구도 볼 수 없기 때문에 솔직하게 내 자신을 표현할 수 있다. 내가 여기서 강조하고 싶은 것은 여러분의 감정이나 걱정에 대해 기록하기 위하여 이를 정확하게 표현할 수 있는 단어를 여러분이 찾아내야 한다는 것이다. 이 과정을 통하여 여러분은 걱정과 불안의 실제를 인식하고, 왜 이러한 감정을 가지게 되었는지의 과정을 인지하게 된다. 일기가 여러분의 치료사라면, 글쓰기는 여러분의 '대화 치료법'이다.

글쓰기 2

해결되지 않은 감정과 걱정은 수면에 방해가 될 수 있다. 일기 형태의 글쓰기를 원하지 않는다면, 노트와 펜을 침대 옆에 두는 것도 같은 효과를 가질 수 있다는 것을 기억하자. 부정적 생각이 계속되어 잠에 들 수 없다면, 불을 켜고 글쓰기를 해 보라. 단지 낙서여도 좋다. 어느 누구도 볼 수 없기 때문에 형식은 중요하지 않다. 그러나 노트에 무엇이든 여러분의 생각을 표현한다면, 마음이 비워지면서 잠들 수 있음을 알 수 있을 것이다.

글쓰기 3

이 방법은 다른 사람과의 논쟁이나 대립 이후 해결되지 않은 감정이 남아 있는 경우에 가장 좋다. 여러분은 상대방에게 적극적으로 맞설 수 있는 기회를 놓쳤을 수도 있다(습관 7 참조). 그리고 여러분은 이를 더 이상 기회가 없다고 생각할 수도 있다. 그러나 여러분은 여러분이 느끼는 감정을 정확하게 표현한 편지를 작성함으로써 이를 마무리할 수 있다. 편지는 궁극적으로 보내지 않아도 좋다. 편지를 쓰는 작업 자체가 부정적인 감정에 매달려 있지 않도록 하는 일종의 치료적 기능을 한다.

편지를 보내든 보내지 않든 간에, 이것을 특정한 전략으로서 접근하는 것이 중요하다. 실제로 편지를 받는 사람이 이것을 읽는다고 생각하고 작성해야 한다. 앞의 두 가지 글쓰기 방법처럼 자신의 감정을 쏟아내기보다는 자신의 생각과 감정을 과장하거나 가정 하에 쓰지 않도록 주의해야 한다. 다른 편지 쓰기나 공문을 작성하는 것과 마찬가지로, 가능하면 사실적인 접근을 통하여 타인이 여러분의 견해를 평가할 수 있도록 해야 한다.

표 2. 글쓰기 방법

불만족스러운 사건 묘사하기	사실적이고 객관적으로
그 당시 경험했던 감정 확인하기	극적이거나 적대적인 단어를 피하라. '나' 설명법을 사용하라. 예를 들어, "당신이 나를 당황하게 했다."보다는 "나는 매우 당황스러웠다."가 좋은 표현 방법이다. (여러분의 동의 없이 어떤 누구도 여러분을 그렇게 느끼게 만들 수 없다!)
기록한 것 다시 확인하기	사실이나 감정을 과장하고 있지는 않은지 확인하라. 여러분의 감정을 현실적으로 묘사했는가? 걱정이 되어서, 혹은 짜증이 나서, 실망해서, 과격한 생각으로, 당혹스럽고 화가 나서 작성한 내용이 있는가?
마지막 단락을 사용하여 결론을 도출하기	여러분 자신과 다른 사람 사이에 다른 관계를 협상하고 싶은가? 여러분이 매우 불공평하다고 느끼는 일이 있었고 이를 고치기를 원하는가? 여러분과 다른 사람 사이의 상황을 개선하기 위해 다른 방식으로 행동할 것을 제안할 수 있는가?
결론을 내리기	자신이 원하는 결과가 공정하고 합리적인지 자문해 보라.
편지에 서명하고 안전한 곳에 보관하기	차후 다른 날 편지를 다시 꺼내어 읽은 후, 그 편지를 보낼지 여부를 결정하라.

부정적 스트레스를 피하기 위한 거리 두기

유해 스트레스가 쌓이는 것을 피하기 위하여 다양한 전략을 부지런하게 사용해 왔다고 할지라도 여전히 해결될 수 없는 문제가 있을 수 있다. 부정적인 느낌이나 걱정이 지속되면 정신적으로 집중할 수 없으며, 육체적으로도 에너지를 소모하게 된다. 부정적인 감정 때문에 심적으로 내적 질서를 회복하기 위하여 모든 노력을 쏟게 되

고, 이 때문에 우리는 효과적으로 업무에 집중할 수도 없게 된다.[9]

문제를 해결할 수 없는 데에는 여러 이유가 있을 수 있다. 불쾌감이 너무 강하다 보면 이를 제거하고자 하는 노력이 모두 효과를 거두지 못할 수도 있다. 혹은 어떤 어려움을 느끼는 상황에서 무엇을 해야 하는지 이해하는 수준에 도달하지 못했을 수도 있다. 또는 이를 다룰 수 있는 기술이 없을 수도 있다. 여러분이 할 수 있는 것이 없는 것처럼 보일 수 있으나, 여전히 너무 걱정할 필요는 없다.

이런 경우, 여러분을 힘들게 만드는 것으로부터 여러분을 보호하기 위하여 부정적인 느낌이나 걱정거리에서 거리를 두는 전략이 필요하다. 단순히 부정적인 감정을 묻어 버리는 것은 좋지 않으나, 여러분이 감당할 수 있을 때까지 '보류' 상태로 유지할 수는 있다. 현재 상황에서 걱정거리를 해결하기 위하여 여러분이 할 수 있는 것은 없을 수도 있지만, 보류 상태로 두면서 안전거리를 유지한다면 여러분이 충분히 문제를 해결할 수 있을 때 다시 이를 불러들일 수 있다. 즉, 여러분은 괜한 일에 에너지를 낭비하고 잠 못 드는 밤을 피할 수 있을 것이다.

'잠시 멈추어 생각해 보기 13'에서는 이를 어떻게 할 수 있는지 보여 준다. 나는 이 은유(방법)를 수년간 사용해 왔으며 효과적이었다. 또한 최근에 퇴직 교원과 이야기하면서 그녀에게 이 방법을 소개한 지 10년이 지난 지금도 이 방법을 계속 사용하고 있다는 것을 알게 되었다. 뿐만 아니라 그녀는 시험에 대한 불안을 가진 학생에게 이 방법을 전수해 주었다.

물론 이 방법은 나에게만 효과적일 수도 있다. 따라서 여러분 역시 스스로에게 의미 있는 여러분만의 은유(방법)를 고안하는 것이 필요하다. 또 다른 동료는 배의 은유를 사용하여 특히 혼란스러운 관계에서 온 감정을 다루는 법을 익혔다. 그녀는 화려한 색의 돛으로 밝게 칠한 배에 부정적인 감정을 실어 강으로 떠내려 보내는 것을 마음속으로 그려 보았다. 여러분 스스로에게 효과 있는 방법이 무엇이든 간에 그것을 사용하도록 하라. 물론 걱정이나 부정적인 감정을 해결할 수 있는 것은 아니지만 여러분이 인생을 함께 할 수 있도록 당분간은 돌보아 주고 있다는 것을 기억하라.

잠시 멈추어 생각해 보기 13 | **풍선과 바구니**

- 방해받지 않을 조용한 어딘가에 자리를 잡아라.

- 이 모든 과정에 전적으로 집중하고 어떤 다른 생각도 여러분을 흐트러뜨릴 수 없다고 스스로에게 되뇌어라.

- 자, 마음의 눈으로 여러분 앞의 바구니를 보라. 그것은 정사각형이며 상당히 크고 튼튼하다. 작은 버드나무가 안팎으로 엮여 있어 얼마나 강한지 알 수 있을 것이다. 손을 뻗어 사각형 모양을 재어 보고, 바구니가 얼마나 튼튼한지 느껴 보라.

- 이제 여러분이 다루고 싶은 걱정이나 부정적인 것에 대해 생각해 보라. 한 곳에 모든 부정적인 감정을 모으고, 여러분 앞에 그것들을 손으로 모은다고 상상해 보라. 정신적으로 여러분이 모으고자 하는 감정들이 모아지고 있는지 확인해 보라. 혹시 내가 무시하고 있는 것은 없는지 생각하고 솔직하게 포함시키도록 하자.

- 여러분이 모든 감정을 모았다고 확신할 때, 그것들을 바구니에 버려라.

- 이제 이 바구니에 몇 가지 다른 기능이 있음을 알았을 것이다. 위쪽을 보면 그 위에 매우 큰 풍선들이 달려 있다는 것을 알 수 있을 것이며, 풍선들의 다양한 색과 모양을 보았을 것이다. 그리고 풍선이 바구니를 들어 올리려

는 것을 느낄 수 있을 것이다.

- 이제 아래쪽을 보면, 바구니는 견고한 로프로 바닥에 고정되어 있음을 알 수 있다. 두꺼운 밧줄로 바구니는 바닥에 묶여 있다. 풍선 때문에 바구니가 날아가려 하면서 밧줄에서는 당겨지는 소리가 들릴 것이다.

- 밧줄이 고정되어 있는 곳에 가서 이를 풀어 보자. 이제 천천히 그리고 조심스럽게 바구니가 풍선을 타고 위로 올라가도록 해 보자.

- 바구니가 점점 멀어지면서 작아지는 것을 보라. 그리고 바구니에 붙어 있는 밧줄을 마음의 눈으로 따라가 보라.

- 심호흡을 하고 마음의 눈을 감아라. 여러분은 마음의 눈에 의해 기록된 풍선과 바구니, 밧줄의 이미지를 가지고 있다. 여러분이 원한다면, 여러분은 밧줄을 당겨 바구니를 가져와서 부정적인 느낌과 걱정을 다룰 수 있다는 것을 안다. 언젠가 그렇게 하기로 결정할 수 있다. 언젠가 여러분은 더 강해질 것이고, 그때 그것들을 다루면 된다. 그때까지는 여러분에게 상처를 줄 수도 없고, 피해를 줄 수도 없다.

- 눈을 뜨고, 이제 삶을 다시 살아가자.

'몰입' 찾기

습관 3(스트레스에 대한 대처)은 스트레스 수준이 높아지면서 이에 대처하고자 할 때 스트레스의 부정적인 영향을 다루는 법에 대한 내용이다. 물론 성공하는 교사는 적당한 수준의 스트레스는 스스로를 격려하고 일의 원동력이 될 수도 있다는 것을 이해한다. 시카고 대학교의 교수 미하이 칙센트미하이Mihalyi Csikszentmihalyi는 많은 창의적

인물들에 대해 연구했으며, 그들은 어려운 일들을 모험으로 생각하고 도전하고자 했다는 것을 밝혀냈다. 그들에게 적당한 수준의 스트레스는 흥분과 동기부여, 그리고 창의력의 원천이었다.[10]

일에 매몰되어 버리거나 혹은 활력을 얻는 것의 차이는 '스트레스의 적당한 수준'이다. 미하이 칙센트미하이는 주변 환경을 인지하면서도 현재 하고 있는 일에 완전히 몰두하는 경험을 '몰입flow'이라고 표현한다. 우리의 의식이 경험으로 가득 차 있을 때 우리는 어떠한 노력 없이도 자연스럽게 시간이 흘러가고 있음을 느끼고, 이 순간 이러한 경험들은 서로 조화를 이루게 된다.[11]

몰입을 경험하는 것은 과제의 난이도와 어려움을 도전으로 생각할 수 있는 기술 수준이 적정선에서 만날 때 가능하다. 몰입은 개인이 가지고 있는 기술과 다룰 수 있을 정도의 도전이 만날 때 가능한 경향이 있다. 목표가 너무 높으면 좌절감을 느끼고 걱정만 하다가 결국 불안감만 높아질 수 있다. 반대로 기술 수준과 관련하여 과제 수준이 너무 낮으면 지루함을 초래할 수 있다. 목표와 가지고 있는 기술 수준이 모두 낮으면 무관심하게 될 수 있다. 높은 도전과 높은 기술이 조화를 이룬다면, 평범한 삶의 경험에서 벗어난 새로운 과제에 대한 몰입이 가능하다.[12]

미하이 칙센트미하이는 우리가 일상에서 매번 몰입을 경험해야 한다고 주장하지는 않는다. 전형적인 날들은 걱정이나 지루함을 포함한다. 그러나 몰입의 경험은 우리의 일상생활에 강렬함을 선사한다.[13] 어떻게 하면 몰입할 수 있을지에 대한 생각은 스트레스의 잠재적 근원이 무엇인지 확인하는 데 도움이 될 수 있다. 예를 들어, 직장 생활에 너무 많은 도전이 있으며 아직 그 도전을 해결하기 위한 기술을 습득하지 못했는가? 그 균형을 맞추기 위해 여러분이 해야 할 일은 무엇인가? 혹은 여러분이 가지고 있는 기술을 완전하게 활용하고 있지 못하다는 것에 대해 좌절감을 느끼고 있지는 않은가? 긴장을 완화하고 기분을 고양시켜 여러분의 직장 생활에 더 도전해 보겠는가?

미하이 칙센트미하이의 인터뷰에 따르면 몰입의 경험은 삶을 질을 한층 높여 준다는 것에 의심할 여지가 없음을 확인시켜 준다. 그는 다음과 같이 설명하고 있다.

> "목표가 분명하고, 피드백이 적절하며, 도전과 기술이 균형을 이루면, 정확하게 원하는 대로 집중할 수 있다. 심적 에너지를 온전하게 사용할 수 있기 때문에 완벽하게 집중하여 몰입에 들어간다. 산만한 생각, 무관한 느낌을 위한 의식 공간은 있을 수가 없다. 자의식이 사라지지만 평소보다 강해진다. 시간 감각이 왜곡되어 몇 시간이 몇 분처럼 느껴진다. 사람의 몸과 마음이 모든 기능을 발휘할 수 있을 정도로 유연해지면, 자신만을 위해 무엇이든 할 수 있게 된다. 비로소 삶은 그 스스로 가치 있게 된다. 육체와 정신 에너지의 조화 속에서 삶은 비로소 그 자체가 된다."[14]

몰입의 경험은 부정적인 스트레스가 없는 상태로 보일 수 있다. 여러분은 정신적·육체적 능력이 최고조에 달했을 때, 그리고 스스로가 매우 집중하고 있고 정돈되어 있었다고 느끼기 때문에 정신적 산만함이 없었을 때의 경험을 기억할 것이다. 그러나 어떻게 몰입할 수 있을까를 생각하기에 앞서 우리의 업무 환경 맥락을 고려할 필요가 있다. 외부 환경은 우리에게 신체적, 정신적, 정서적으로 긍정적 혹은 부정적으로 영향을 미칠 수 있기 때문이다.

외부 환경의 영향

 스트레스에 대처한다는 것은 단순히 행동을 관리한다는 입장에 서뿐 아니라 우리 주변의 모든 것을 통제할 수 있어야 한다는 점에서 이해해야 한다. 우리 자신을 통제할 수 있다는 것은 우리가 원할 때 언제든지 스스로의 상태를 조절할 수 있다는 것을 의미한다. 현재의 상태라는 것은 우리가 경험하는 정신적, 신체적, 정서적 조건의 결합을 의미한다. 이는 우리 내면이 외부의 환경에 영향을 받을 수 있다는 것을 인지하는 것에서부터 시작하며, 따라서 정신적 혹은 정서적 상태를 유발할 수 있는 요인에 대하여 생각해야 한다.

 예를 들어, 여러분을 특정 정서로 유도하는 음악이 있는가? 나의 자녀들은 저녁마다 활기찬 음악을 매우 큰 소리로 연주하며 그 분위기에 빠져들곤 했다. 반면, 힘든 날을 보내고 온 후, 여러분을 진정시킬 수 있는 음악이 있을 수도 있다. 학급 내에서 특정한 분위기를 이끌어 내기 위하여 음악을 사용한 적이 있는가? 나는 실제로 음악을 사용했을 때 매우 효과가 있었음을 알 수 있었다. 학생들이 학급에 도착했을 때는 활기찬 음악을 틀어 주었고, 학생들이 과제를 할 때에는 평온한 음악을 사용하였다. 볼프강 아마데우스 모차르트 Wolfgang Amadeus Mozart나 안토니오 비발디Antonio Vivaldi에 대하여 들어본 적이 없는 어린 학생들이라도 곧 익숙해짐을 알 수 있었다. 나는 그들이 과제를 하는 동안 음악을 트는 것을 잊을 때가 있었는데, 잠시 후 한 학생이 "선생님, 음악을 들을 수 없을까요?" 하고 질문을 하였다!

 그림은 어떠한가? 여러분은 따뜻함을 느끼게 하는 사랑하는 사람의 사진을 가지고 다니는가? 행복한 시간을 재현할 수 있는 휴가 때의 사진이 있는가? 교실에서 특정한 정서적 분위기를 이끌어 내기 위해 포스터를 활용하거나 다양한 전시물을 활용한 적이 있는가?

또한 여러분에게 편안함을 주는 담요 같은 느낌의 특정 물건이 있는가? 나는 몇 년 전 학생이 준 크리스털 자갈 2개를 가지고 있다. 그 크리스털 자갈은 볼 때마다 그들의 사랑과 나에 대한 존경을 생각하게 한다. 나는 손가락 사이로 그 자갈을 굴리는 행동을 자주 하는데, 이러한 행동은 나를 진정시키는 데 도움이 된다. 내 딸 역시 나의 크리스털 자갈과 같은 물건을 가지고 있는데, 그것은 곰 인형이다. 그 곰 인형은 딸이 어렸을 때부터 매일 밤 안고 잤으며, 이제는 곰 인형의 털이 닳을 정도가 되어 버렸다.

냄새나 맛은 어떠한가? 나는 쇼핑하고 와서 물품들을 정리할 때, 갓 구운 빵을 가장 먼저 집어든다(물론 슈퍼마켓의 빵집은 가장 뒤편에 있어 빵의 냄새는 슈퍼를 가득 채우고, 우리는 자극되는 침샘에 구입할 수밖에 없음을 알고 있다!). 그리고 나는 전통적 형태의 디저트, 특히 커스터드 푸딩을 결코 거부할 수 없다. 이는 어머님의 음식을 기억하게 하기 때문이다.

이러한 모든 것들을 설명하는 데 새로운 이론이 필요한 것은 아니다. 이반 페트로비치 파블로프Ivan Petrovich Pavlov는 지난 세기 초, 개를 대상으로 한 실험을 통하여 외부 신호(벨)와 음식 제공을 결부시키면 벨소리만 들어도 개의 반응이 음식이 제공될 때와 같다는 것을 증명하였다. 같은 방식으로 우리가 보고, 듣고, 만지고(혹은 냄새 맡고, 맛을 느끼는) 하는 것이 정서적 혹은 생리적인 반응을 유발할 수 있다는 것을 알고 있다.

앞에 나열된 예들은 외부 기폭제가 특정한 긍정적 상태를 시작하도록 하는 과정들을 묘사하고 있다. 물론 이는 반대로 작용할 수도 있다. 1920년대 초, 인간에 대한 파블로프의 연구들은 외부자극과 유아의 공포에 대한 연합에 대해서도 보여 주었다.[15] 나의 경우 치과에서의 드릴 소리는 공포로 인해 입을 마르게 한다. 또한 물고기 비늘에 대한 공포 때문에, 구역질이 나서 볼 수 없는 많은 시각적 이미지들이 있다. 아마 여러분 스스로에게서 이런 예를 찾는 것은 어렵지 않을 것이라 생각한다.

이러한 원칙을 직장에 적용하고, 습관 2(삶에 대한 학습)의 향상된 감각 기능을 사용하면, 부정적 스트레스를 유발하는 외부 환경의 특성을 식별할 수 있을 것이다. 나는 정리정돈을 강조하는 사람은 아니기 때문에 프로젝트에 몰두할 때 종이들이나 다양한 자료들을 쌓아 놓더라도 그리 문제된다고 생각하지는 않는다. 그러나 어느 순간 어질러 있는 것들이 거슬리기 시작할 때 나는 무엇인가 해야겠다고 생각한다. 작업공간을 정리하는 것만으로도 나를 둘러싼 공간이 더 좋아 보이고, 기분도 좋아진다. 여러분은 자신의 작업공간에 대해 어떻게 느끼는가? 혹시 따분하고, 어떤 영감도 느껴지지 않고, 전혀 가꾸어지지 않은 느낌이 드는가? 만약 그렇게 느낀다면 학생들도 분명 그렇게 느낄 것이다.

그런 다음에도 여전히 여러분에게는 다른 이들에게 부정적인 반응을 야기하는 요인이 남아 있을 수 있다. 만약 여전히 사람들이 부정적으로 여러분에게 반응한다면, 여러분은 습관 7(영향력 있는 행동)의 기술을 사용하여 그들의 행동이 여러분에게 어떤 영향을 미치는지 알려 주거나 여러분에게 반응하는 사람들의 행동을 바꾸도록 하는 다른 접근법을 활용할 수 있다. 또한 어떤 경우에는 사람의 외모나 말하는 방식에 의한 것일 수도 있다. 날카롭고 높은 톤의 음색을 가진 이전 동료의 경우, 그녀가 옆 교실에서 가르치고 있어도 나와 학생들은 그녀의 목소리를 들을 수 있었다. 어느 날 나는 우리 반 학생 중 하나가 옆 친구에게 나지막한 목소리로 부르르 떨면서 "그녀의 목소리는 정말 듣기 싫어."라고 말하는 것을 목격했다. 나는 부정적으로 인식된 무엇인가가 신체적으로 어떻게 영향을 미칠 수 있는지를 알 수 있는 사례로 그 장면을 기억한다.

물론 사람의 외모나 목소리는 바꾸기 힘든 것이다. 그러나 우리는 이러한 것들이 사람들에게 미치는 영향을 알고 있어야 하며, 그것에 대하여 느끼는 방식을 바꾸려고 해야 한다. 우리가 사물에 대하여 느끼는 방식은 필수불가결한 것이 아니라, 바꿀 수 있는 것이기 때문이다. 스트레스를 다루는 것은 우리가 원하는 상태로 변하기 위하여 우리 자신을 제어하는 것이다. 그리고 다음 절에서 설명하겠지만, 이 책에서 언급하고 있는 모든 것과 마찬가지로 우리는 이를 달성할 수 있는 기술에 대하여 설명하고 있다.

긍정적 상태를 유지하기 위한 앵커

여기서 말하고자 하는 요점은 바로 이것이다. 우리는 외부 자극에 부정적인 방법으로 반응하고 싶어하는가? 우리는 생리적으로나 정서적으로 외부 자극에 반응한다는 원칙을 이해하고 있음에도 왜 이를 긍정적인 방향으로 사용하려 하지 않는지에 대해 생각해야 한다. 우리는 필요하다면 외부 자극제를 의도적으로 활용하여 우리가 원하는 긍정적인 상태로 도달할 수 있도록 활용할 수 있을 것이다.

이러한 작용을 하는 것이 바로 앵커Anchors다. 앵커라는 단어의 기능을 생각할 때 왜 이 단어가 여기에서 선택되었는지에 대해 알 수 있다. 앵커는 선박을 안정된 위치에 고정시키기 위해 사용된다. 앵커는 바람과 날씨의 변화에도 견딜 수 있을 만큼 강력하고 무겁다. 앵커는 배에 실려 이동하면서 언제든지 필요할 때 사용할 수 있다.

여러분에게는 이미 좋은 느낌을 주는 사물이나 기회가 있었을 것이다. 이 책을 읽은 후 여러분은 좀 더 잘 그리고 많은 것을 생각할 수 있을 것이다. 성공하는 교사라고 해서 모두 어려운 상황이나 스트레스가 많은 상황에 면역이 되었다거나 무엇인가로부터 보호받고 있는 것은 아니다. 오히려 그들은 스스로 평형을 유지하는 법을 습득했고 외부 요인에 의해 망가지지 않는 법을 배웠다. 성공하는 교사는 자신의 가까운 물리적 환경 안에 앵커를 배치해 둔다. 즉, 필요할 때마다 좋은 느낌의 요소를 보고, 듣고, 만지는 의미 있는 경험을 할 수 있다.

그러나 습관 3(스트레스에 대한 대처)에서는 단순히 환경 관리에만 관심을 두는 것은 아니다. 모든 것들은 자기관리와 관련되어 있다. 자신과 자신의 반응을 인식하고, 부정적인 반응을 긍정적인 반응으로 바꾸도록 제어하는 법을 배워야 한다. '잠시 멈추어 생각해 보기 14'는 긍정적인 상태를 이끌어 내기 위하여 독립적으로 앵커의 원칙을 사용하는 방법에 대한 예를 제시하고 있다. 어려움이나 스트레스를 유발하는 상황에 대처할 뿐만 아니라 즐겁고 만족스러운 교수활동을 경험하기 위한 기초로써 정신적, 정서적, 신체적 평정심을 가질 수 있는 예들을 포함한다.

이 앵커 활용법은 실제 만지면서 할 수 있다. 언제 어디서나 외부 요인에 상관없이 활용할 수 있기 때문에 매우 유용하게 사용할 수 있을 것이다.

먼저, 어디에 여러분의 앵커를 설치할지 결정하라. 손목이나 팔의 특정 지점에 두 손가락을 두어 그곳을 앵커라고 생각할 수 있다. 앵커를 자극해야 할 때마다 동일한 부위를 사용할 것이기 때문에 매우 정확한 위치를 결정해야 한다. 설정했다면 다음 과정을 따라가 보자.

1. 자신을 완벽하게 통제하는 느낌을 경험한 때를 기억하라. 여러분의 정신적, 신체적, 정서적 힘이 완벽하게 일치하고, 자신감을 느꼈을 때일 것이다.

2. 그 시간을 기억하면서 여러분의 기억 속에 담아라. 무슨 일이 있어났었는지 다시 살펴보고, 소리를 듣고, 자신감과 통제감을 다시 경험하라.

3. 여러분이 그 느낌을 완벽하게 경험하게 될 때쯤, 몇 초간 여러분의 앵커 지점을 터치하라.

4. 기억에서 멀어지라. 주위를 둘러보고 정신적, 정서적으로 완벽하게 깨어나야 한다.

5. 동일한 기억과 동일한 앵커 지점을 사용하여 2~4번 단계를 두 번 더 반복하라. 반드시 정신적으로 그리고 정서적으로 매번 깨어나야 함을 기억하라.

6. 이제 앵커 지점을 터치해 보라. 앵커를 성공적으로 설정했다면, 원래의 기억에 되돌아가지 않더라도 그 느낌을 경험할 수 있다.

잘 따라 왔다. 여러분은 현재 자신의 지휘 안에 그 느낌을 가지고 있다. 필요할 때면 언제든지 자신감 있고, 통제된 느낌을 발휘할 수 있다.

결론

성공하는 교사들은 가르친다는 일이 스트레스를 유발할 가능성이 많은 고된 직업임을 알고 있다. 그들은 임시변통의 단발성의 해결책(예, 흡연, 과음, 과식 등)이 아니라 그러한 상황을 극복하고 대처할 수 있는 정신적, 신체적 에너지를 유지할 필요가 있다는 것을 인식한다.

'인식'한다는 것이 바로 습관 3(스트레스에 대한 대처)에서 개발하고자 하는 기술들의 시작점이다. 부정적 스트레스의 잠재적 영향에 대하여 인식하라.

- 신체적 인식: 몸과 긴장한 부분을 인식하라. 여러분의 몸이 자신에게 말하고 반응하는 것에 집중하라. 여러분의 몸이 휴식이나 기분전환, 혹은 운동과 신체적 자극이 필요하지는 않은지 인지하라. 여러분의 생활양식에 신체적 근원을 보존하고 활력을 보존할 수 있는 정기적인 기회를 설정해 두어라.

- 정신적 인식: 부정적인 생각에 대하여 '실제적'인지 확인하라. 여러분의 생각이 비논리적인지 확인하라. 부정적인 생각이 스트레스를 어떻게 유발하는지 인지하라. 부정적인 생각에 맞서

정신적으로 부정적인 생각을 재구성화하려고 노력하라.

- 정서적 인식: 감정이 합리적인 반응을 무시할 때를 인식하라. 감정과 걱정이 커져 육체적, 정신적 에너지를 소모하도록 하지 말고, 능동적이고 열정적으로 감정과 걱정을 다루어야 한다.

습관 3(스트레스에 대한 대처)에서는 인식하기뿐 아니라 부정적 스트레스에서 야기되는 신체적, 정신적, 정서적 영향을 막기 위한 다양한 전략들을 소개하고 있다. 성공하는 교사들은 주어지는 일들이 도전적이기도 하지만 아주 즐거운 경험이 될 수도 있다는 것을 인식하고 있기 때문에 평범하고 일상적인 일 역시도 잘 다룰 수 있다. 성공하는 교사들은 혼자만의 편안한 담요 안에서 쉬고 있기만을 원하지 않는다. 그들은 부정적인 생각과 감정을 유지하기보다는 그들 주변으로부터 자극과 흥미로운 것들을 찾기 위해 자신의 정신적, 육체적 에너지를 최대화하려 노력한다.

> **성찰** 휴식을 위한 시간 갖기

우리 모두는 우리의 정신적, 육체적 자원을 보충하기 위해 삶의 공간을 만들어야 한다. 휴식의 기술을 최대한 활용하려면 연습이 필요하다. 연습한다면 여러분 역시 아주 짧은 시간에 혜택을 얻을 수 있다.

- 조용하고 방해받지 않는 시간과 장소를 따로 정해 두어야 한다. 편하게 앉을 수 있는지 확인하라.[16]

- 혹시 몸에서 긴장한 부분은 없는지 확인하라.

- 발부터 시작하라. 바닥에 발이 놓이는 것을 느껴 보라. 발가락을 흔들고 다시 제자리에 돌아오는 것을 느껴 보라.

- 이번에는 다리 먼저 근육의 긴장 상태를 확인하라.

- 의자에 앉을 때 몸을 느껴라. 의자 위에 몸을 가볍고 부드럽게 올려 두어라.

- 이제 여러분의 손과 팔을 생각하라.

- 손이 어떻게 쉬고 있는지 인식하라. 손가락을 쭉 펴고, 다시 원래대로 돌아오게 두어라.

- 팔이 긴장하고 있는지 확인하라.

- 팔이 무겁고 편안하게 느껴질 때, 어깨가 자연스럽게 떨어지게 될 것이다.

- 머리를 조심스럽게 움직여 목에 긴장이 없는지 확인하라.

- 이제 얼굴 근육을 생각하라. 손으로 부드럽게 눈썹을 만지고 모든 근육을 부드럽게 풀어라.

- 입을 가볍게 열리도록 하고 턱을 떨어뜨려 보아라. 입 안에 혀가 놓여 있음을 느낄 것이다.

- 이제 다시 몸 전체를 확인하여 긴장한 곳은 없는지 확인해 보라. 편안하고 조용하게 그리고 차분하게 앉아 있는 것이 얼마나 즐거운 일인지 느껴 보라.

- 마지막으로 호흡을 확인하라. 공기가 들어가고 나가면서 리드미컬하게 폐가 움직이는 것을 즐겨라. 내뱉고 내쉬고. 당신의 호흡이 더 길어지면서 매 호흡을 통하여 당신의 몸이 이완되는 것을 느껴 보라.

- 몸이 편안하게 이완되어 있는 상태를 정신적 이완 상태로 이동시켜 보라. 다음 구절을 읽으면서 내가 여러분에게 말하는 소리, 단어, 그리고 쉬는 구간까지도 느껴 보라.

나는 궁금합니다. ……물론 당신의 삶이 아마 줄타기를 하는 것처럼 느껴질지도 모르겠습니다. 많은 노력이 필요할 수도 있고, 그렇지 않을 수도 있지만, 그냥 줄 위에 있으려고 해 보세요. 그냥 균형을 잡으면서……. 그냥 줄 위에 머무르려 해 보세요. 이전에 책에서 본 적이 있습니다. 줄 위에서 균형을 잡기 위해선 어딘가에 눈길을 잡아 두어야 한다고……. 그리고 궁금해지네요. 당신도 이렇게 했었는지……. 당신도 온 힘을 다해 한곳을 응시하면서 똑바로 서서 앞으로 나가기 위해 노력했습니까? 당신도 역시 작은 한 점에 집중하고 있었습니까? 그렇게 하는 중에 당신의 주변 상황에 대해 알고 싶어졌습니까? 혹은 전혀 관심이 생기지 않습니까?

그리고…… 누군가는 밑을 내려다볼 수 없을 수도 있습니다. 그렇지 않을까요? 통제력을 잃는 것에 대한 두려움이 있을 수 있습니다. 불확실성에 대한 두려움, 균형을 잃을까 봐…….

그래도…… 아래쪽에 통통하고 탄력적인 무엇인가가 있다고 생각해 봅시다. 이러한 생각은 잠시나마 당신을 편안하게 생각할 수 있도록 할 수 있을 것입니다. 매우 폭신한 쿠션에 떨어져 보았던 경험…… 떨어져도 즐겁게 다시 튀어오를 수 있을 것입니다. 당신은 아이 때 느꼈던 안정감을 다시 경험할 수 있을 것입니다. 팔다리는 통통 튀는 재미와 여유로운 휴식을 느낄 수 있습니다. 당신은 당신이 원하기만 한다면 다시 돌아 올 수 있다는 것을 알기 때문에 완전히 그 순간을 즐기면 됩니다.

자, 이제 다시 나는 궁금해집니다. ……두려워할 것이 하나도 없습니다. 새로운 학습을 통하여 변화를 즐길 수 있도록 당신을 내어놓을 수 있습니까? 줄타기의 경험이 이전과 같은 것인가요? 혹은 다르게 접근할 수 있지 않을까요? 나는 궁금해집니다.

왜냐하면 이는 새로운 휴식이자 새로운 학습이기 때문입니다. 이제 줄 위에서 어려움 없이 균형을 잘 잡으면서 그리고 자신감 있게 걸어갈 수 있다는 것을 의미합니다. 당신이 원한다면 뛰어내릴 수도 있고 다시 돌아올 수도 있다는 것을 이미 경험했습니다. 새로운 배움입니다. 당신이 원할 때 언제든지 다시 줄 위로 올라올 수 있으며, 다시 당신의 여행을 시작할 수 있습니다. 자연스럽고 부드럽게…… 그리고 언제나 여유롭게 새로운 학습을 하면서…….

얼마나 아름다운 삶입니까?

- 자신의 주변을 돌아볼 시간을 가져라.
- 여러분이 볼 수 있는 것에 집중하라(여러분이 앉아 있는 곳, 방, 가구 등).
- 여러분이 듣고 있는 소리를 인식하라.
- 몸이 어떻게 느끼는지 확인하라.
- 그리고 준비가 되면 해야 할 일을 계속해 나가면서 용기와 활력을 회복하라.

| 권장도서 |

스트레스, 스트레스 관리 및 휴식에 관한 일반적인 내용을 보려면 좀 더 대중적인 책을 광범위하게 선택할 수 있다. 또한 이 장에서 언급된 세부적인 기술들을 다음 문헌을 통하여 확장할 수도 있다.

- 조셉 르 두(Joseph Le Doux)는 감정과 관련된 뇌의 메커니즘에 대한 연구 결과를 다음 문헌에서 언급하고 있다.
  Le Doux, J. (1998). *The emotional brain*. London: Phoenix.

- 미하이 칙센트미하이(Mihaly Csikszentmihalyi)는 다음의 저서에서 몰입에 대한 내용을 심리학적 연구의 한 부분으로 언급하고 있다.
  Csikszentmihalyi, M. (1997). *Finding flow: The psychology of the mechanisms of engagement with everyday life*. New York: Basic Books.

- 타탕 툴쿠(Tarthang Tulku)의 책은 여러 유럽 언어로 번역 출간되었으며, 명상과 마음챙김이 서양에서 현재의 삶과 관련되어 다루어질 때 기본 실제 지침서로 널리 읽히고 있다.
  Tulku, T. (1977). *Gesture of balance*. Berkeley, CA: Dharma Publishing.

- 앵커에 대한 보다 자세한 것은 수 나이트(Sue Knight) 2장 5절의 '여러분이 원하는 자원을 활용하라-앵커'를 참조하라.
  Knight, S. (1995). *NLP at work*. London: Nicholas Brealey Publishing Ltd.

| 미주 |

1 2011년 교원노동조합 세미나에서 발표한 Vasagar, J. (2011). Stress drives teachers out of schools. *The Guardian* 25 April.

2 Senge, P. (1990). *The fifth discipline: The art and practice of the learning organization*. London: Century Business. p. 367.

3 The Open University (1992). Handling stress: A Pack for groupwork.

4 ibid.

5 LeDoux, J. (1998). *The emotional brain*. London: Orion Books Ltd. p. 72.

6 ibid., p. 302.

7 Coe, C. L., Wiener, S. G., Rosenberg, L. T., & Levine, S. (1985). Endocrine and immune response to separation and maternal loss in nonhuman primates. In Reite, M. & Field, T. (Eds). T*he Psychology of attachment and separation* (pp. 163–199). London: Academic Press.

8 Hamlet Act 2, sc.2, 1.

9 Csikszentimihalyi, M. (1997). *Finding flow: The psychology of engagement with everyday life*. New York: Basic Books. p. 22.

10 Csikszentimihalyi, M. (1996). *Creativity: Flow and the psychology of discovery and invention*. New York: Harper Perenial.

11 Csikszentimihalyi, M. (1997). *Finding flow: The psychology of engagement with everyday life*. New York: Basic Books. pp. 17–34.

12 ibid., p. 30.

13 ibid., p. 31.

14 ibid., pp. 31–32.

15 Watson, J. B. & Rayner, R. (1920). Conditional emotional reactions. *Journal of Experimental Psychology, 3*, 1–14.

16 이하의 내용은 개인뿐만 아니라 집단에게도 사용할 수 있다. 씌여진 대로 천천히 조용히 읽으면서 따라해 보기 바란다.

| 개요 |

어떤 면에서 우리가 시간을 경험하는 방식은 사실상 역설적일 수 있다. 바쁜 학기 중에는 결코 충분히 여유를 가질 만한 시간이 없다. 긴 여름방학 기간이 오면 시간이 천천히 가고 보다 여유롭게 느껴진다. 새 학기가 시작될 무렵이 되면 다시 시간이 빨리 가는 것처럼 느껴진다. 남은 시간 동안에 해야 할 일이 많을 경우 여러분은 좌절감을 갖게 될 것이다. "여러분이 어떤 일을 하고자 한다면 바쁜 사람에게 부탁하라"는 격언은 왜 사실일까? 우리는 누구나 하루 똑같은 시간을 배당받았지만 어떤 사람은 다른 사람보다 시간을 잘 이용하는 까닭이 무엇일까? 성공하는 교사들은 시간 관리가 어떤 기법보다도 중요하다는 것을 인정한다. 시간 관리는 가치와 목표에 관한 사고, 심지어는 시간에 대한 개인적인 정신표상에 관한 사고를 포함하고 있다.

여유 갖기

9 Habits of Highly Effective Teachers

교사의 업무는 시간에 의해 지배된다. 한편으로 보면 교사들은 현재 광업과 에너지 분야의 생산 관리자를 제외하곤 다른 직업에 비해 주당 노동 시간이 더 많다.[1] 영국에서 1,600명의 초·중등교사를 대상으로 수행된 연구에 따르면, 55%의 교사들이 학기 중에 일하는 시간이 평균 주당 56시간 이상인 것으로 나타났다.[2]

교사들은 사실 거의 시간을 인식할 겨를이 없이 바쁘게 지낸다. 매일 버스와 전철 시간, 학교 벨소리, 수업시간표, 회의시간에 매달려 산다. 교사의 여가 시간은 TV와 라디오 편성시간, 가게와 식당 및 여가 센터의 문 여는 시간, 영화 상영 시간, 스포츠 시작 시간과 관련되어 조직된다.

우리는 조상들이 했던 것처럼 더 이상 하루와 계절의 자연스러운 변화를 따르지 않는다. 인공적인 조명 시설은 우리가 선택하기만 한다면 밤을 낮으로 바꿀 수 있다. 우리는 더 이상 시간을 동지와

하지의 지점에 의해 측정하지 않는다. 다시 말해서, 가장 짧은 날과 가장 긴 날은 우리에게 별 의미가 없다. 교사의 여름은 실제 여름 계절에 관계없이 학교의 여름방학 기간에 의해 결정된다. 우리는 섬머 타임처럼 시간을 자신의 필요에 맞출 수도 있다. 조상들과는 달리 시간에 대한 우리의 경험은 하나의 사회적 구성이다.

리처드 리브스는 '산업시대'가 산업 이전의 시대와 일의 자연스러운 리듬을 급진적으로 바꿔 놓는 출발점이 되었다고 주장한다. 공장 생산설비의 도입은 근로자들에게 제 시간에 출석하고 동일 시간에 일하도록 요구하였다. "1770년대에 그 특징을 기술하기 위해 새로운 단어인 '시간엄수punctuality'라는 말이 탄생하였다."[3]

리처드 리브스는 시간엄수에 대한 요구가 지나갔음에도 불구하고 아직도 그저 계속해서 그리고 맹목적으로 산업시대의 근로적 삶의 패턴을 따르고 있다고 주장한다.[4] 아마도 다른 어떤 직업보다도 더 많이 교사들이 산업시대의 특징에 깊이 베어든 것 같다. 학교교육을 묘사하기 위해 '공장' 은유가 자주 사용되어 온 것은 이상한 일이 아니다. 가이 클랙스턴은 생산라인 모델이 학교생활의 모든 측면에 깊이 베어 있다고 주장한다. 이런 관점에서 보면, 교육은 라디오가 조립되는 것과 같은 방식으로 행해질 수 있다.

> "학생들은 한 묶음씩 생산라인에 배치된다. 그리고 각각의 전문 영역 —
> 가르치는 교과 — 의 기술자들이 그들이 배운 방식대로 특정한 지식 요소를
> 보태 준다. 묶음은 연령에 의해 이루어질 수 있고…… 지식은 표준화되고
> '교과서'라고 불리는 매뉴얼 형태를 취하며, 학생들이 조금씩 익히도록 볼
> 트를 조일 수 있는 다양한 크기의 조각 — 교수요목, 주제, 공부 방식, 공부
> 내용 — 으로 쪼개진다."[5]

시간에 대한 이해

시간과 관련해서 보면, 학교교육은 공장 생산에서 엄격히 요구하는 것과 흡사하다. 학교교육은 매일 정해진 시간에 시작해서 끝난다. 학습은 정해진 기간 동안에 성취되어야만 한다. 시험은 연중 계획에 따라 이루어진다. 방학은 지역 교육청에 의해 사전에 정해진다.

'산업시대'는 근로자들에게 하루와 계절의 시간에 의해 정해진 경험과는 아주 다른 체제를 부과하였다. 산업시대가 여전히 현대사회에서 일하고 있는 우리의 근로생활을 지배하고 있지만 우리의 개인적 시간 경험은 다를 것이다.

나의 경우 나는 시간을 조직해 주는 다이어리 없이는 시간을 관리할 수 없다. 나는 어떤 과제를 완수해야만 할 때 마감시간을 설정하는 것을 좋아한다. 나는 해야 할 일을 적어 놓은 작은 노트를 갖고 있으며, 해야 할 일을 하나씩 완수할 때마다 큰 만족을 얻는다. 일단 내가 다이어리에 약속시간을 기록해 두면 그에 대해 걱정할 필요가 없다. 나는 대체로 약속 시간을 지키기 위해 일을 끝맺는다. 일을 끝낼 시간을 결정하기 위해서 얼마나 오래 일을 해야 하는가를 사전에 정해 둔다. 뭔가 예기치 않은 일이 발생하지 않는 한 약속시간을 지킨다. 나는 항상 미팅의 시작 시간과 마치는 시간을 체크한다. 나는 미팅을 위해 나 자신을 간단히 소개할 자료를 만들고, 또한 미팅에 필요한 자료들을 정리할 시간을 갖는다.

한편, 나의 동료인 나이젤과 대학 커피숍에서 모임을 가질 때 나는 도착하면 좀 여유를 가질 수 있다. 우리가 만나기로 한 약속시간에 나이젤은 대체로 늦게 오는 경향이 있기 때문이다. 그가 사과하며 들어올 때쯤엔 나는 대부분 커피 반 잔을 마신 상태다. 그는 토의거리를 찾기 위해 그의 파일을 살펴보는 데 몇 분을 보내곤 한다. 그가 한번은 컴퓨터 작업에 매진하느라 45분 늦게 온 적이 있다.

이 이야기는 이제 옛날이야기가 되었다. 여러 해애 걸쳐 나이젤은 몇 가지 시간관리 기술을 배워 왔다. 그는 다이어리를 구입하여 '해야 할 일'을 색상별로 분류해 놓기도 하고 우선순위를 정하는 등 여러 가지 방법을 시도하고 있다. 그는 이제 우리가 함께 해야 할 일의 스케줄을 계획할 때 그와 같은 방법을 좋아하며, 심지어는 우리의 시간표를 관리하기도 한다.

시간에 대한 개인적 경험에 관하여 흥미로운 것은 이것이 타고난 성향이라는 점이다. 나이젤과 나는 왜 각자의 권리에 대해 매우 다르게 느끼는 경향이 있을까? 어떤 사람들은 왜 해야 될 일을 감당하지 못하는 걸까? 어떤 사람들은 왜 자신이 설정한 목표를 성취하고, 다른 어떤 사람들은 왜 자신이 설정한 목표를 성취하지 못하는가?

습관 4(여유 갖기)는 여러분에게 목표설정과 시간의 효율적 사용에 대한 몇 가지 전략을 제공해 줄 것이다. 그러나 여러분이 그 전략을 실행에 옮기고 삶의 변화에 대한 기대를 가지기 전에 먼저 시간에 대한 개인적 인식이 무엇인지 알아야 할 필요가 있다. 왜냐하면 흥미롭게도, 우리에게 주어지는 하루의 시간은 모두 똑같지만 시간에 대한 인식은 각자의 지문이 다른 것처럼 사람마다 다르고 독특하기 때문이다.

개인적 스케줄

시간은 보편적인 것임에도 불구하고 시간에 대한 이해는 문화의 영향을 받는다. 대량의 완성품을 기계적으로 계속 생산하는 작업 공정은 작업이 순서적으로 발생하는 것이라 보는, 이른바 시간이 선형적linear이라는 생각을 강화시켰다.[6] 또한 어떤 사람들은 우리가 시간에 대해 말하기 위해 사용하는 용어들(예를 들어, 예산, 투자, 배당, 낭비[7], 관리, 저축 등)이 자본주의 유산의 영향을 받았다고 주장하기도 한다.

온화한 기후 문화권에서는 시간에 대한 다른 생각을 갖고 있는 것 같다. 카리브 해와 멕시코에서 내일이란 지금부터 3주간을 의미하는 것일 수 있다. 내가 가르쳤던 아프리카 출신의 학생들이 약속 시간을 고정된 것으로 생각하기보다는 유연하게 생각하는 것을 보고 놀란 적이 있다.

문화적 요인이 영향을 미칠 수는 있지만, 시간에 대한 인식의 차이에 대한 완전한 대답을 주지는 못한다. 문화적 요인이 완전한 대답이라면, 나이젤과 나는 언제나 서양 문화에서 살았고 일을 해 왔기 때문에 시간에 대한 인식이 닮아 있어야 할 것이다. 시간에 대한 인식의 차이를 가져오게 하는 것은 오히려 시간에 대한 우리의 개인적인 정신적 표상이며, 이러한 차이가 우리의 행동에 영향을 미치는 것이다. 이것은 모든 사람에게 마찬가지다.

우리가 시간을 표상하는 방식은 세상에 대한 우리의 심상 지도mental map의 특징 중 하나다. 우리는 과거, 현재, 미래 간의 차이를 아는 방식을 갖고 있어야만 하지만, 그 차이를 어떻게 알 수 있을까?

여러분이 어떤 사실적 정보를 점검하지 않아도 지난 학기에 가르친 학급이 어떤 학급인지, 작년에 가르친 학급이 어떤 학급인지, 또한 재작년에 가르친 학급이 어떤 학급인지 심상적으로 알 수 있다. 여러분은 학급 간의 차이를 알 수 있으며, 과거에 어떤 사건이 발생했을 때 그 사건을 알 수 있다. 또한 여러분이 내년에 맡을 학급을 가르치고 있는 자기 자신을 생각한다면, 이것이 미래의 사건이라는 점을 알게 될 것이다. 우리가 실제 사건과 기억하거나 구성한 사건 간의 차이를 알 수 있는 것은 인간이란 종이 생존해 오고 진화해 온 중요한 측면의 하나다.[8]

더 나아가 우리가 개인적으로 시간을 부호화하는 방식은 우리의 개인적 발달에 다음과 같은 시사점을 지닌다. 첫째, 그것은 거의 모든 사람들이 시간을 선형 방식linear way으로 저장하는 경향이 있다는 점이다.[9] 시간과 관련하여 우리가 사용하는 언어에 대해 생각해 보라. 우리는 '앞으로의 계획', '미래의 전망', '우리 앞에 펼쳐져 있는 시간', '우리에게 남아 있는 시간'에 대해 이야기한다. 그런 다음 다시 '일을 되돌아보자', '과거는 잊어버리자'라고 언급한다. 이것은 철학적 논쟁에서 많이 다루어졌던 것이다. 예를 들면,

> "나는 왜 우리 인간이 시간을 과거에서 미래로 흘러가는 선형적인 것으로 생각하는지 그 이유를 찾지 못했지만, 세상의 모든 일과 마찬가지로 그 방향은 선형이어야만 한다."[10]

둘째, 일단 시간을 심상적으로 어떻게 부호화하는가를 알게 되면 시간에 대한 개인적 지각이 예측 가능하도록 행동에 어떻게 영향을 미치게 될 것인지 알게 된다는 점이다.

여러분은 처음에는 다소 어렵겠지만 시간을 표상하는 여러분 나름의 스타일이 무엇인지 알게 될 것이다. 여러분이 시간을 조직하는 방식을 보면 과거에 일어난 일에 대해 먼저 생각한 다음 그 생각이 어디서 나왔는가를 살피게 될 것이다. 그런 다음 미래에 발생할 일에 대해 생각하고 그 생각이 어디서 나오게 되는가를 살필 것이다. 그리고 나서 과거와 미래에 주목하여 개인적 스케줄에 대해 인지하게 될 것이다.

여러분의 지각은 두 가지 주요 지향점 — 시간을 통해서Through Time 혹은 시간 중에In Time — 중 하나와 일치하게 되거나, 아니면 그 두 가지를 결합한 것일 수 있다. 만약 여러분이 과거를 여러분의 뒤로 두고 있다면(과거를 보기 위해서는 뒤로 돌아야 하며, 항상 현재가 중요함), 여러분은 '시간 중에' 지향점을 갖고 있을 가능성이 크다. 만약 여러분이 과거를 한편에 남겨 두고 있다면(순서적으로 잘 정렬된 시간의 개념을 가지며, 약속과 시간 준수가 중요함), 여러분의 지향점은 '시간을 통해서'일 가능성이 크다. 여러분이 어느 쪽에 속하는지 분명하지 않더라도 걱정할 필요는 없다.

'잠시 멈추어 생각해 보기 15'는 사람들이 심상적으로 시간을 조직하고 정렬하는 여러 가지 방식에 대해 다루고 있다.

잠시 멈추어 생각해 보기 15 // **여러분은 시간을 어떻게 가지는가?**

시간을 바라보는 방식에는 여러 가지가 있다. 그 몇 가지 예를 소개하면 다음과 같다.

- 로즈는 교사양성교육을 받기 전에 기업체에서 일했다. 그녀는 교직에 들어와 개인적 발전을 갈망했으며 활기차게 열심히 일했다. 교직생활 4년 동안 매년 승진을 하였고, 곧바로 간부급 관리직에 도달하였다. 만약 여러분이 로즈에게 과거를 어디에 두고 있었냐고 묻는다면, 그녀는 주저 없이 과거를 뒤로 두고 있다는 것을 표시하는 어깨 뒤를 가리킬 것이다. 로즈에게 있어서 일이란 가급적 빠르고 효율적으로 해 나가야 하는 것이었다. 한 동료가 로즈에게 얼마 전에 그녀가 날카로운 논평을 한 적이 있는데 지금도 여전히 그녀가 그러하다고 말했을 때 로즈는 그 말을 이해할 수 없었다. 로즈에게 있어 과거란 이미 지나가고 잊혀진 것이며 미래의 발전이 더욱 중요한 일이다.

- 로이스가 과거란 어디에 있느냐는 질문을 받았을 때 그녀는 머리 위를 또 닥거렸다. 로이스에게 있어 과거란 항상 주변에 따라다니며 그녀를 무겁게 압박하는 것이었다. 로이스는 항상 교직 업무에 대한 요구가 많다고 보았으며, 아들을 출산한 후에는 긴장감이 더욱 커졌다. 그래서 그녀는 전업 주부가 되기 위해 교직에서 물러났다.

- 마이클은 항상 순간 속에서 살았다. 그의 학급 학생들은 마이클이 관대하고 즐거운 교사였기 때문에 그를 좋아했다. 비록 학생들은 학습활동을 하는 공간에서 안전함을 느끼는 것을 좋아했지만 마이클의 자발성이 다소 반감을 주기도 했다. 수석교사는 그에게 수업계획안을 제 시간에 제출하라고 요구할 때마다 실망하곤 했다. 마이클의 여자 친구는 그가 순간을 즐길 뿐 미래를 보지 못한다고 말하고 했다. 그들은 지불되지 않은 청구서에 대해 자주 다투었다. 왜냐하면 마이클이 지불하지 않으면 그 결과가 어떻게 될지 예측할 수 없었기 때문이다. 사실 그의 월급은 그때그때마다 그가 좋아하는 것을 가지기 위해 소비해야 하는 돈이었다.

나는 항상 시간을 볼 수 있도록 하였다. 나의 경우 시간별로 사건들이 캘린더처럼 내 앞에 놓여 있었다. 과거는 내 왼쪽에 있는데, 최근의 사건들이 대부분 가장 가까운 곳에 있고 오래된 사건들은 먼 곳에 자리잡고 있다. 미래는 내 오른쪽에 있으며, 내가 지금 존재하는 현재는 바로 내 앞에 있다. 만약 내가 교육정책의 역사적 발달에 대해 학생들에게 설명할 때처럼 시간 프레임에 대해 말한다면, 과거의 사건은 왼쪽을 그리고 미래의 전망은 오른쪽을 가리키면서 양손으로 제스처를 쓰는 경향이 있다. 과거에 나의 타고난 시간지향은 과거와 미래에 건전하게 관심을 두지 못하게 했고 '지금 이 순간에' 살 수 없게 하였다. 그러나 지금은 나의 시간지향이 내 행동에 어떻게 영향을 미치는가를 알고 있어서 보다 쉽게 다른 시간지향을 골라 채택할 수 있다. 시간에 대한 나의 분명한 시각적 표상은 내가 어떤 일을 할 때 시간을 계획하고 추정하는 데 도움이 된다. 그리고 지금 나는 일과 여가를 모두 즐겨할 줄 안다. 왜냐하면 나는 어제 발생했던 걱정거리나 내일 일어날 문제에 대해 위축되지 않고 지금 이 순간에 최고로 살 수 있도록 변화시킬 수 있기 때문이다.

여러분은 시간을 어떻게 가지는가?

'시간 중에' 혹은 '시간을 통해서'라는 개념에 얽매일 필요는 없다. 시간지향점에 대한 두 개념은 나름의 존재 가치가 있고 장단점을 갖고 있다. 또한 두 개념은 고정적이거나 영구적인 것도 아니다. 예를 들어, 만약 여러분이 학기 수업계획안을 일정 기간까지 마련해야 한다면 '시간을 통해서'란 지향점을 취하는 것이 확실히 도움이 될 것이다. 여러분은 과거에 마련한 수업계획안에 기초를 두고 앞으로 보완해야 할 점이 무엇인가에 대한 감각을 가지며 제시간에 새로운 수업계획안을 수립할 수 있다. 한편, 여러분의 학급은 여러분이 수업계획안에 따라 혼신의 힘을 다하여 학생들을 가르칠 때 가장 많은 이득을 얻게 될 것이다. '시간 중에'란 지향점은 여러분으로 하여금 교실에서의 지금 이 순간에 최선을 다해 열정적으로 임하게 하고 현재 발생하고 있는 모든 일을 완전히 인식하도록 할 것이다.

그리고 여러분은 주말엔 학교와 학급 일에서 벗어나 지난주에 발생한 일이나 다음 주에 발생할 일에 대해 관심을 두지 않은 채 가정과 가족의 활동 혹은 여가 활동에 몰두하게 된다. 이것이 스트레스에서 벗어나는 건전한 태도를 유지하기 위한 최상의 방법이다. 여러분이 '시간 중에'란 지향점을 취하면 여가 활동으로부터 많은 것을 얻게 될 것이다. 여러분이 자신의 일을 조직하고 계획할 필요가 있을 때 '시간을 통해서'란 지향점으로 되돌아갈 수 있다고 스스로에게 말하는 것이 지금 이 순간을 긴장하지 않고 즐길 수 있는 자신감을 갖게 할 것이다.

여러분이 어느 순간 행하고 있는 것에 혼신의 힘을 다하는 것이 정말로 스트레스를 강력하게 막아 주는 태도인 것이다.

미루기

여러분이 시간을 어떻게 경험하고 있는가를 이해하는 데 도움이 되는 것은 여러분의 스케줄 선호도가 여러분의 행동에 어떻게 영향을 미치는가를 알아보는 것이다. 그러나 실제적으로 보면 여러분은 여전히 일상의 과제—여러분이 미루어야 하지만 반드시 행해야 한다는 것을 알고 있는 과제—를 다루어야 할 필요가 있을 것이다.

사람은 누구나 미루는 버릇이 있다. 미루는 것은 정말로 우리의 시간을 훔쳐가는 시간도둑이라는 격언처럼 말이다. 나는 집안일을 특별히 좋아하진 않지만 학창 시절에 항상 방을 깨끗이 청소하였다. 해야 할 과제보다 집안 청소를 더 자주 하곤 했다. 학창 시절 내 친구 중 한 명은 자신의 고양이를 단정시키는 일에 많은 시간을 할애하곤 했다. 우리 둘 모두 당장에 해야 할 과제에 착수하기보다는 완전히 평범한 활동을 하는 것을 더 좋아했다. 대부분 성가시긴 했지만 일단 내가 미루었던 과제를 시작하면 생각했던 것만큼 어렵지 않다는 것을 알게 되었고 그래서 더 일찍 과제를 시작하고 싶어 했다.

오늘날 나는 사회적 네트워킹과 컴퓨터 게임이 학생들의 주의를 산만하게 만들 수 있다고 생각한다. 여러분은 자신의 주의를 흩트리는 요소가 무엇인지 알 수 있을 것이다. 그것은 다름 아닌 주요 과제를 행하지 않는 것에 대한 스스로의 변명과 그럴듯한 이유가 있다고 여기는 태도다. 문제는 우리가 어떤 일을 행하지 않는 좋은 이유를 찾기 위해 무책임한 태도를 취할 때 신체적 에너지를 많이 소모한다는 것이다. 윌리엄 제임스William James가 여러 차례 언급한 것처럼 미완성된 일에 영원히 매달리는 것만큼 피곤한 일은 없다.

나는 한 학생으로부터 "저는 시간에 쫓기는 압박 상황에서 일을 잘하기 때문에 마감시간 직전에 과제에 착수합니다."라고 말하는 것을 들었다. 모든 학생들이 다 그런 것은 아니다. 마찬가지로 관리자들 중에도 해야 할 중요한 일을 미루는 사람이 있는가 하면, 마감시간까지 일을 끝마치기 위해 일찍 서둘러 일을 하는 사람도 있다. 어느 쪽이든 그 결과는 대체로 만족스러웠고, 그래서 각자 그들의 일하는 방식이 최상의 방법이라는 확신을 가지고 있었다. 마감시간에 쫓겨 서둘러 일을 하다 보면 실수가 자주 발생할 수 있고 수정 보완할 시간이 없는 게 현실이다. 이러한 방식에서는 최선을 다해 일하고자 하는 동기보다는 마감시간에 맞춰 일을 끝내야 한다는 동기가 더 크다. 그래서 그들은 계속해서 자신을 스트레스 상황에 두며, 다른 방법을 시도하는 것이 만족스러운 시도일 뿐만 아니라 실제로 그들과 주변 사람들의 삶을 보다 편안하게 만들 수 있다는 것을 알아차리지 못한다. 또한 그들은 최선을 다해 일을 함으로써 어떤 결과를 성취하는 잠재성을 갖고 있다는 것을 잘 모른다.

물론 상당한 사고를 요구하는 중요한 일의 부분과 창의적 사고를 형성하기 위한 잠복 기간이 있다. 그러나 시간을 효과적으로 사용하기 위한 기법은 사고 시간에도 그대로 적용된다. 만약 그것이 어떤 종류의 리포트 혹은 논문이라고 한다면, 여러분은 작성하는 데 걸리는 시간을 실제로 추정해 보고 시작할 날짜와 시간을 스스로 계획해 볼 필요가 있다. 그런 다음 시작할 시간에 도달하기 전에 여러분은 자료를 수집하고, 기록하고, 개요를 작성할 시간 계획을 세울 수 있다. 공식적인 시간일 필요는 없다. 여러분의 사고를 발전시키는 것은 고차적 사고 과정을 요구하지 않는 평범한 과제를 하는 동안에도 일어날 수 있다. 그리고 여행 시간도 — 여러분이 아무것도 행하지 않지만 생각을 하면서 기차나 버스를 타고 가는 시간도 — 여러분의 사고 과정을 촉진시킬 노트 내용이나 뭔가를 읽기 위한 좋은 시간이다. 이러한 모든 활동을 통해서 여러분의 무의식적 마음이 여러분의 아이디어를 발현시켜 리포트나 논문을 쓰기 시작할 때는 준비된 사고에 따라 진행되고 좋은 결과물을 산출하게 될 것이다. 이것은 압박감과 불안을 야기하는 상황에서 글쓰기와 사고를 하는 경우보다 훨씬 더 낫다.

> 기억하라. 움직일 때의 마찰이 시작하는 마찰보다 더 크다. 가장 중요한 일은 언젠가 시작해야 한다는 것이다.

표 3. 미루기 전략

변명	이유
나는 이 과제를 하고 싶지 않다.	여러분이 시작하기 전에 즐거움을 주는 뭔가를 찾아라. 예를 들어, 좋아하는 마크펜을 준비하여 그것을 사용하는 즐거움에 대한 생각이 과제를 시작하게 해 줄 것이다. '좋아하지 않는다'는 생각의 틀을 바꾸고 여러분이 좋아하는 과제의 부분에 대해 생각하라. 과제를 완수했을 때 여러분 자신에게 주기 위한 보상 계획을 세워라. 타이트한 시간 계획을 세우고, 학교 공부를 마치기 위해서, 좋아하는 TV 프로그램을 시청하기 위해서, 커피 한 잔을 마시기 위해서, 친구들과 나가 놀기 위해서 제 시간에 과제를 마칠 것이라고 되새겨라.
이 과제는 너무 광범위하여 어디에서 시작해야 할지 모르겠다.	살라미Salami 접근 방법—잘게 썰기—을 사용하라. 작은 부분에서 시작하라. 반드시 시작할 때 사용해야 하는 것은 아니고 어디서든 사용 가능하다. 가장 하기 싫은 것부터 먼저 행하는 것이 훨씬 좋다.
나는 이 과제를 하는 방법을 모른다.	여러분이 도움을 요청할 필요가 있다는 것을 수용하라. 여러분이 도움이 필요한 것부터 지금 행하라.
나는 시작하기 전에 보다 많은 정보가 필요하다.	정보를 찾아라!
나는 너무 바쁘다.	미룸으로써 치러야 할 대가는 무엇인가? 여러분이 행하지 않는다면 다른 사람이 고통을 받지 않을까? 여러분이 행하지 않으면 그 기분이 어떨까? 나중에 행하면 얼마나 마음이 급해질까? 일을 훌륭하게 해 낼 수 있을까? 마음이 급해지고 훌륭히 일을 처리하지 못하면 여러분의 기분이 어떨까?

여러분의 작업량에 대한 현실적인 판단을 하라. 만약 여러분이 다른 사람들과 비교하여 너무 일이 많다고 생각한다면 상급자에게 여러분이 우선적으로 하기를 바라는 것이 무엇이며, 또한 여러분의 일을 도와주기 위해 다른 사람들이 지원될 수 있는지도 물어 보라.

우선순위 정하기: 여러분에게 중요한 것을 찾기

중요한 일을 미루는 것은 성공하는 직업인이 되는 데 매우 방해가 되는 요소 중 하나다. 다른 관점에서 보면 중요한 일을 미루는 것은 활동의 함정에 빠지게 한다는 점이다. 별 볼일 없는 일에 몰두하여 여러분이 중요하게 생각하는 것과 인생에서 목표로 두고 있는 것에 대한 시야를 잃어버리게 한다. 기업 용어로 말하자면 쓸데없는 분주함busyness과 장사가 잘 되는 사업business을 혼동하게 만든다.[11] 스티븐 코비Stephen Covey가 기술한 바와 같이, 그 위험성은 우리가 성공의 사다리를 점점 더 열심히 오르지만 그 사다리는 나쁜 벽으로 기울고 있다는 것을 발견할 뿐이라는 데 있다.

"……우리가 내딛는 한 발짝 한 발짝은 우리를 보다 빨리 나쁜 곳으로 가게 한다. 우리는 매우 분주하고 효율적으로 일할 수 있지만, 우리가 비전과 목표를 염두에 두면서 일을 시작하지 않으면 성공적일 수 없다."[12]

성공하는 교사들은 자신의 일에 있어서 중요한 것이 무엇인지 생각할 시간을 갖는다. 그들은 별 볼일 없는 사소한 일에 매달리는 위험성을 피할 수 있다. 왜냐하면 그들은 성공적인 전문가가 되는 것을 보장하는 중요한 일을 우선적으로 처리할 필요가 있다는 것을 알고 있기 때문이다.

만약 여러분이 긴급한 주의를 요하는 일에 전력투구한다면 여러분은 매우 효율적인 사람이라고 여겨질 수 있다. 그러나 만약 여러분이 이러한 긴급한 문제가 또한 중요한 일이라고 여긴다면 여러분은 생각한 것만큼의 성공적인 사람은 아니다. 사람들에게 내가 손에 지폐 한 다발을 들고 있고 이것을 공중에 던지면 집어 가라고 말한다고 하자. 가급적 많은 지폐를 집으려고 이리저리 달려가는 사람들이 가장 효율적인 사람임에 틀림없지만, 50유로짜리 지폐를 향해 달려가는 사람이 가장 성공적인 사람일 것이다.

스티븐 코비는 우리가 일과 기회를 다루는 방식을 말끔하게 분류하여 보급시켰다. 기본적으로 긴급성과 중요성에 대한 사람들의 반응을 토대로 한 것이다. 긴급한 문제는 즉각적인 주의를 요하는 것이다. 우리가 온종일 시간을 소비해야 하는 소일거리나, 위기나 문제를 처리하기 위해 돌진해야 하는 문제다. 긴급한 문제는 보통 우리 앞에 바로 놓여 있고, 행하기가 쉽고 재미있는 경우가 많다. 중요한 문제는 눈에 드러나지 않지만 장기목표를 향해 전향적으로 일을 해야 하는 것으로 직무만족과 직업적 성공을 보장해 주는 문제다.[13]

스티븐 코비는 이러한 긴급성과 중요성을 토대로 다음과 같이 더욱 세분화하였다.[14]

긴급하지만 중요하지 않은 일

이것은 즉각적인 주의를 요하는 일이다. 예를 들어, 전화벨이 울리면 대부분의 사람들은 즉각 반응을 보인다. 긴급한 문제에 반응하는 것이 중요한 일을 행하는 것이라고 잘못 믿는 사람들도 더러 있다. 긴급성은 다른 사람의 우선순위와 기대에 토대를 둔 경우가 일반적이다. 만약 여러분이 직장에서의 요구를 충족하기 위해 애쓰고 있다면, 이것은 대부분의 시간을 소비하도록 요구하는 영역이다. 그러나 이것은 위기관리와 기계고장 수리와 같은 영역이며, 이러한 일에 대부분의 시간을 소비하는 것은 소진burn-out 현상을 가져올 수 있다.

긴급하지 않고 중요하지도 않은 일

사람들은 대부분의 일하는 시간을 긴급하지만 중요하지 않은 일에 보낼 때 대수롭지 않은 일만 다루는 일상적인 틀 속으로 빠져들기 쉽다. 위기관리는 신체적 및 정신적 에너지의 고갈이란 피해를 가져오기 때문에 가르침은 일련의 일상적 틀에 박힌 행위—긴급하지도 않고 중요하지도 않은 일—에 지나지 않을 수 있다.

긴급하지 않지만 중요한 일

이것은 중요하다는 것을 알고 있지만 수행하는 데 어려움이 뒤따른다는 것을 확인시켜 주는 영역의 일이다. 긴급하지 않지만 중요한 일은 성공하는 직업인이 되기 위한 토대 성분이 되는 활동으로 관계 형성, 장기계획, 건강 유지, 계획과 준비, 위기 예방과 같은 일이다. 성공하는 교사들은 장기적인 성취를 위한 역량을 형성하는 데 도움이 되는 이러한 활동들을 하기 위해 시간을 할애한다.

긴급하면서 중요한 일

중요한 것을 확인하고 그것에 주의를 기울이는 일은 비교적 많지 않지만 마지막 범주에 속하는 것이다. 예를 들어, 여러분이 학생들과의 관계를 구축하는 데 시간을 할애한다면 학생들의 파괴적 행동의 발생을 감소시킬 수 있을 것이다. 만약 파괴적 행동이 발생한다면, 신속하고 효과적으로 다루는 것이 여러분의 시간을 보다 많이 요구하는 상황으로 치닫는 것을 피할 수 있다.

여러분의 활동을 다루는 데 있어서 다음과 같은 제안을 따르는 것이 매우 효과적일 것이다.

- 중요하지만 긴급하지 않은 문제에 주의를 기울이고 유지하는 것이 장기적인 면에서 보면 효과적일 것이다.
- 중요한 문제를 소홀히 하지 않는 것은 긴급한 문제가 되거나 여러분의 즉각적인 주의를 요하는 문제가 되는 것을 막아 줄 것이다.
- 긴급하면서 중요한 것이 무엇인지 테스트를 해 보면 여러분이 해야만 한다고 생각했던 것의 1/4만 해도 되도록 실제로 일의 양을 줄여 줄 수 있다.

목표 및 비전의 정의

우리가 삶과 일에 있어서 중요한 영역에 충분한 시간을 주고 있고 주의를 기울이고 있는지의 여부를 알기란 항상 쉬운 일은 아니다. 우리의 가치에 도전적인 어떤 상황이 발생할 때만 간혹 알 수 있는데, 이것은 우리에게 정말 중요한 것이 무엇인지 직면하게 해 준다. 그래서 습관 1(자기성찰)이 중요한 이유인 것이다. 여러분에게 중요한 신념과 가치를 확인할 수 있다는 것은 가치 있고 지속 가능한 목표를 성취하는 능력에 기본이 된다.

불행하게도 수많은 외부 압력을 받으며 무척 바쁘게 일하며 살다 보면 긴급한 문제를 다루기 위한 요구는 기본적으로 중요한 것에 눈을 떼지 않도록 한다는 것을 의미할 수 있다. 또한 혼란스럽게 만드는 것은 정책입안자들이 기준을 높이 세우고 교사들에게 구체적 결과를 달성할 책무가 있다고 압력을 행사하는 점이다. 이러한 압력은 구체적 목표의 성취를 느낄 수 있는 문화를 창조하였고, 이것이 교사들이 일하는 주요 목적이 되었다. 이렇게 되면 목표설정은 보다 광범위한 교육목적을 달성하기 위한 수단이지 그 자체가 목적은 아니라는 사실을 외면하도록 만들기 쉽다.[15]

비록 긴급한 것과 중요한 것 간에는 중대한 차이가 있지만, 그 차이를 확인하기란 항상 쉬운 일은 아니다. 〈표 4〉는 여러분이 용어들을 정의하는 데에 도움이 될 수 있는 몇 가지 사항을 제시하고 있다. 표적target은 긴급한 영역일 수 있고, 정해진 마감일까지 성취하도록 다른 사람들에 의해 부과된 것이며, 교사로서 여러분이 해야 할 역할의 일부다. 비전은 여러분의 전반적인 전문성에 관한 것이며, 여러분이 일하면서 추구해야 할 가치와 신념을 표현한 것이다. 목표는 표적과 비전의 중간쯤의 의미이고, 표적과 비전을 함께 연결하는 영역이며, 여러분에게 긴급한 것을 관리하고 중요한 것을 성취하도록 하는 동기를 부여한다.

표 4. 표적, 목표 및 비전

표적	목표	비전
구체적이고 고정적인 지점	개별적으로 동기를 부여하는	광범위하게 열망을 갖게 하는
향상을 가져오도록 외부적으로 부과된 것	구체적인 성과를 달성하도록 동기를 부여하는 촉진제	흥분되는 미래를 향해 에너지를 발생시키는 창조 추진체
명시적이고 정적인	현실적이고 도전적인	전체적이고 활기찬
일에 대한 방향을 제시하는 효과	성공하기 위해 요구되는 노력을 활성화시키는 효과	모든 자원들을 공통 주제에 결합시키는 효과

성취 가능한 결과물의 창출

많은 사람이 대체로 결과를 위한 목표설정과 계획에 대한 생각을 하지 않는다. 왜냐하면 그들은 자진해서 해야 할 것을 성취하지 못하기 때문이다. 그들은 마치 어떤 외부 요인이 그들의 계획을 방해하고 목표를 좌절시키는 데 여념이 없는 것처럼 "아무리 잘 만들어진 계획도……"라는 말을 자주 인용할 것이다.

이런 사람들은 또한 성공을 이룬 다른 사람들을 매우 비난할 수도 있다. 그들은 다른 사람들의 성공을 운 탓으로 돌리고, 때와 장소를 잘 만났기 때문이라고 여기며, 어떤 식으로든 정보에 밝았기 때문이라고 여길 수 있다. 그들 자신의 계획이 결코 결실을 보지 못했기 때문에 그들은 다른 사람들의 성공을 자신들이 습득할 수 없었던 어떤 외부적 이점 때문이라고 결론을 내린다.

이런 사람들은 성공적인 사람들이 자신에게 중요한 것이 무엇인지 명확하게 인식하고 있으며 목표에 대한 긍정적 결과를 얻기 위해 노력한다는 점을 인정하지 못한다. 비록 성공적인 사람들이 어떤 결과를 얻어야 하는가에 대한 분명한 인식을 갖고 있지만, 또한 그들은 고지식하게 계획에 따르고 그 계획의 실패에 신음하기보다는 사건에 맞춰 충분히 융통성을 발휘하면서 자신의 계획을 수정한다. 성공적인 사람들은 그들의 목표에 대해서 생각할 시간을 충분히 가졌기 때문에 목표를 이룰 기회를 최대한 이용할 수 있는 위치에 서게 된다. 성공적인 사람들은 자신의 운을 만들어 갈 수 있다.

충분히 생각을 하고, 자신의 전체적인 비전과 가치에 어울리며, 현실적이고 긍정적인 용어로 표현된 목표는 매력적이어서 자신도 모르게 그 목표를 향해 나아가도록 만든다. 그 목표에 대해 생각할 때마다 압도적이고 저항할 수 없는 흥분과 에너지가 증가하는 것을 경험하게 된다. 존 휘트모어John Whitemore는 목표를 세울 때 취해야 할 균형에 대해 다음과 같이 깔끔하게 기술하고 있다.

> "만약 목표가 현실적이지 못하면 달성할 가능성이 없다. 그렇지만 만약 목표가 도전적이지 못하면 동기가 부여되지 않는다. 따라서 모든 목표는 현실성과 도전성을 갖추도록 해야 한다."[16]

그러나 사람들이 스스로 설정한 목표를 달성할 때조차도 어떤 경우에는 허탈한(실속이 없는) 승리인 것처럼 보일 수 있다. 습관 3(스트레스에 대한 대처)에서 기술한 게이너를 기억하는가? 그녀는 승진에 매달렸으며 주어진 일을 의무적으로 해야 할 일이라고 생각했다. 그렇지만 그녀는 아주 비참한 결과를 얻었고, 그녀의 목표 성취로부터 어떤 만족감도 얻을 수 없었다. 만약 여러분이 습관 1(자기성찰)을 실행했다면 그와 같은 함정에 빠지지 않을 것이다. 여러분은 다른 사람들이 여러분에게 해야 한다고 제안하는 것이 아닌 여러분 자신에게 의미 있는 목표를 확인할 수 있을 것이다. 여러분은 마땅히 해야만 하는 것의 견지에서 생각하는 유혹을 뿌리칠 수 있다. 여러분의 목표는 정말 자신이 원하는 것을 향해 나아갈 수 있도록 세워져야 할 것이다. 만약 여러분의 비전이 스스로 성공하는 교사가 되는 것이라면 여러분의 개인적인 목표는 그러한 비전을 성취하기 위한 일정표로 실천 계획을 세워야 할 것이다.

예를 들어, 여러분은 학생들이 달성하기를 원하는 전반적인 학업 성취 수준을 기술하는 목표를 원할 수 있다. 또한 여러분이 맡고 있는 학급의 안녕감의 증진과 관련된 목표, 여러분 자신의 전문성 개발을 구체적으로 표시해 주는 목표, 여러분의 건강과 운동과 관련된 목표, 여러분의 전반적인 비전을 성취하기 위해 구축하거나 발전시켜야 할 인간관계와 관련된 목표를 원할 수도 있다.

만약 여러분이 잭 캔필드Jack Canfield가 101가지의 목표를 설정하여 추구해 나간 것처럼 모든 목표를 동시에 추구해 나가는 것이 바람직하다고 생각한다면, 목표들을 구체적이고 상세하게 적고 끊임없이 입에 올려야 할 필요가 있다.[17] 나는 101가지만큼이나 많은 목표를 갖고 있지는 않지만 목표를 적어 둔 책자를 갖고 있다. 나는 그것을 정규적으로 갱신하며 각 목표의 진행과정을 평가하고 있다. 정규적으로 갱신하고는 있지만 하루하루를 그 목표에 사로잡혀 지내지는 않는다. 그렇지만 의식적으로 목표를 추구한다고 느끼지는 않았지만 목표가 얼마나 성취되었는지를 체크하면서 자주 즐거운 비명을 지르곤 했다.

여러분이 이러한 목표설정의 과정을 따를 때 여러 가지 일이 발생한다. 첫째, 전체적인 사고와 목표를 적고 평가하는 과정이 여러분의 무의식 속에 목표를 고정시킨다. 여러분은 의식적으로 자신의 목표에 주의를 기울일 필요가 없다. 여러분은 배에 자동조정장치를 정착할 수 있으며, 매일매일 해야 할 일을 해 가나면서 안전하게 항해를 하면 된다. 둘째, 여러분의 목표는 여러분이 항로를 벗어날 경우 등대 역할을 할 뿐만 아니라 또한 새로운 기회임을 일깨워 줄 것이다. 기회는 어디에서든—사람들과 만나는 과정에서, 예기치 않은 일이 발생하는 상황에서—일어날 수 있으며, 여러분이 사전에 목표를 성취하기 위해 정신무장을 했다면 그러한 기회를 인정하기만 하면 될 것이다. 셋째, 목표를 통한 면밀한 사고는 현실을 확인하는 데 도움이 될 것이다. 여러분은 특정 행위 과정이 여러분의 전반적인 목적에 부합하는지의 여부를 확인하기 위해 목표를 통한 면밀한 사고를 할 수 있다. 그리고 여러분이 결정을 하지 못하거나 딜레마에 빠졌을 때 특히 목표를 통한 면밀한 사고가 유용하다.

이러한 모든 것의 중요한 측면은 여러분이 다른 사람들이 요구하는 목표와 여러분 자신의 목표 간의 차이를 인식할 수 있도록 해 준다는 점이다. 다른 사람들에 의해 설정된 목표를 충족시키는 것은 성공하는 교사들이 되기 위한 여러분의 전반적인 비전의 일부분일 수 있다. 그리고 여러분 자신의 목표를 성취할 수 있도록 하려면 그 목표가 여러분에게 개인적이고 의미 있는 것이어야 한다. '기성제품 off the shelf'의 사고—다른 사람들이 여러분에게 제안하는 목표—는 그것을 성취하기 위한 여러분의 동기를 자극하지 못할 것이다. 또한 목표를 이루기 위해 희생해야 할 것도 있다. 여러분이 이러한 희생을 감수할 준비가 되어 있는지에 대해 주의 깊게 생각해 보아야 할 것이다.

'잠시 멈추어 생각해 보기 16'은 목표를 규정하는 과정을 통해서 해야 할 기본 골격을 제시하고 있다.

거대한 떡갈나무도 도토리에서 자란 것이다

여러분은 '거대한 떡갈나무도 도토리에서 자란 것이다Mighty oaks from little acorns grow'란 말을 자주 들어 보았을 것이다. 그렇지만 이 말이 인생에서 원하는 결과를 성취할 수 있는 방법에 대해 함유하고 있는 강력한 은유를 생각해 본 적이 있는가?

많은 사람이 분명한 구조 없이 혹은 목표의 전반적인 효과에 대한 점검 없이 목표를 향해 나아간다. 그러다 보면 그 목표가 결국 자신이 원하던 것이 아니었다는 것을 종종 발견하게 된다. 그리고 목표를 성취하는 데 오랜 시간이 걸리는 경우에는 너무나 쉽게 포기하기도 한다. 여러분이 오늘밤 도토리를 심어 놓고 다음 날 떡갈나무를 볼 수 있을 것이란 기대를 갖고 창문 밖을 내다보는 것은 비현실적인 것이다. 또한 사막에 도토리를 심고 아무런 보살핌 없이 생존하기를 기대하는 것은 도저히 이해할 수 없는 일이다. 그리고 솔방울을 심고 떡갈나무로 자라기를 기대하는 것은 정말 어리석은 일이다.

그렇지만 어떤 면에서 보면 이러한 행위는 비현실적이긴 하지만 결과를 성취하기 위해 노력하는 과정에서 이루어지는 것들이다.

결국 완전히 자란 떡갈나무는 거대할 수 있지만 여러 면에서 보면 그것은 보다 인상적이고 감명을 주는 도토리에 불과한 것이다. 도토리 없이 떡갈나무는 결코 존재할 수 없다. 그리고 작은 도토리는 거대한 떡갈나무로 되어 가는 과정에서 만나는 여러 장애물을 극복하지 않으면 안 된다.

두문자어 ACORN을 사용하는 것은 여러분이 원하는 결과를 얻을 수 있도록 모든 부분을 체크하기 위한 유용한 방법이다. ACORN은 여러분이 결과를 효과적이고 생태학적으로 성취할 수 있도록 모든 중요한 부분과 질문을 상기시켜 준다.

어떤 단계에서든 여러분이 좋다고 생각했던 최초의 목표를 수정, 변화, 혹은 포기하도록 결정을 내릴 수 있다. 그리고 몽상, 공상 및 비현실적이고 성취 불가능한 결과를 위해 시간을 낭비하기보다는 오히려 ACORN 모델을 활용하는 것이 여러분이 추구하는 목표를 실제로 얻을 수 있도록 해 줄 것이다.

마치 여러분이 원하는 결과를 이미 성취한 것처럼 행동하라Act as if. 다시 말하면, 여러분이 추구하는 목표를 성취한 상황을 심상적으로 경험한 다음 질문에 대해 답하라.

- 여러분이 보고, 듣고, 느끼는 것이 무엇인가?
- 여러분이 성취한 것을 긍정적인 방식으로 정확하게 기술한다면 뭐라고 말하겠는가?
- [이것은 "난 더 이상 스트레스를 받지 않는다.", 혹은 "더 이상 아무 문제가 없다."와 같은 부정성을 포함하지 않는다는 것을 확인하라. 우리의 뇌는 원하지 않는 바로 그것에 대해 먼저 생각을 한 후에 원하지 않는 뭔가를 생각하기 때문이다. 여러분의 목표를 긍정적인 용어로 표현하라. 즉, 여러분이 원하는 것을 명확하게 진술하라.]

여러분의 목표를 성취하면 어떤 효과가 있는지 확인하라Check.

- 여러분의 목표를 성취했을 때 그것이 일반적으로 여러분의 인생에 어떤 효과가 있는가?
- 그리고 그것이 여러분에게 미치는 그 밖의 효과는 무엇인가?
- 그것이 여러분에게 의미하는 바가 무엇인가?
- 친구, 가족, 직장 동료 등 다른 사람들에게 미치는 효과는 무엇인가?
- 그리고 다른 사람들에게 미치는 효과가 여러분에게 의미하는 바가 무엇인가?

자기관리

- 여러분의 목표를 성취함으로써 얻을 수 있는 다른 시사점은 무엇인가?

목표는 다음과 같은 소유권을 갖는다Ownership.
- 이러한 모든 질문에 대해 대답을 한 후에 그 목표가 여러분이 여전히 원하는 목표인가? 여러분이 질문에 대해 정직하게 대답을 한 후에 이 목표를 위해 전심전력을 다했다고 가슴에 손을 얹고 말할 수 있는가?
- 여러분은 목표를 성취하기 위해 요구되는 필요한 행위를 개인적으로 시작하고 유지할 수 있는가? (이것은 여러분이 스스로 모든 것을 해야만 한다는 것을 의미하는 것이 아니라 여러분이 주요 요소들을 통제하기 위한 힘과 권위를 가져야만 한다는 것을 의미하는 것이다.)
- 만약 여러분이 이러한 질문에 대해 '예'라고 말할 수 없다면, 마치 여러분이 원하는 결과를 이미 성취한 것처럼 행동하라는 단계로 되돌아가 그 목표를 재평가할 필요가 있다. 아니면 대신할 만한 다른 목표를 채택할 수도 있다.

자원은 다음과 같다Resources
- 여러분이 자신의 목표를 성취하기 위해 필요한 것이 무엇인지 생각해 본다. 시간, 자료, 인적 자원, 재정의 견지에서 이미 갖고 있는 자원이 무엇인가?
- 여러분이 어떤 자원을 얻을 수 있으며, 어디에서 누구로부터 얻은 것인가?
- 여러분은 자기 자신 혹은 다른 사람을 위해 요구되는 기술이나 행동의 견지에서 어떤 새로운 자원을 필요로 하는가?
- (이 단계에서 여러분은 목표를 일련의 작은 목표들로 세분화하고 있는 자기 자신을 발견할 수도 있다. 일련의 작은 목표들은 ACORN 과정을 통해 달성될 수 있다.)

그것을 당장 행하라!Now do it!
- 여러분의 목표를 성취하기 위한 첫 단계를 취하라!

일과 삶의 균형

습관 4(여유 갖기)에서 '시간관리'에 대한 접근방법은 시간을 더 많이 이용 가능하도록 하기 위한 것이 아니다. 오히려 시간관리는 여러분 자신 그리고 시간과 여러분의 관계에 대한 이해에서 시작된다. 이러한 종류의 이해는 시간관리의 실제적 목적을 향해 나아가도록, 즉 일과 삶의 균형을 성취하는 동안에 여러분의 잠재력을 극대화하도록 도와줄 것이다.

여러분 자신에 대한 이해는 여러분의 '황금시간대prime time'[18]를 찾는 것이다. 여러분의 황금시간대란 여러분이 매일 정기적으로 보다 힘이 넘치고 능률이 오른다고 느끼는 시간을 말한다. 황금시간대는 여러분이 보통 잘 미루는 과제나 정말 잘 하기를 원하는 중요한 일들의 일정을 잡아야 할 시간이다. 수년 전에 내가 교사이면서 석사과정의 대학원생일 때 논문을 쓸 수 있는 유일한 방법은 가족들보다 일찍 일어나는 것이라는 점을 알게 되었다. 나는 새벽 5시에 나의 집중력이 가장 높으며, 그 시간대가 피곤함과 주의력이 몰려오는 다른 시간대보다 노력을 덜 기울여도 훨씬 더 많은 것을 성취한다는 것을 발견하였다. 지금도 여전히 나는 그 시간대에 일하는 것이 생산성이 가장 높다는 것을 알기 때문에 아침에 일찍 일어나 글을 쓴다.

여러분의 황금시간대는 나와 다른 시간대일 수 있으며, 그 시간대가 언제인가를 생각해 보면 여러분은 에너지가 감소하는 시간대도 있다는 것을 인식하게 될 것이다. 여러분의 자연스러운 신체 리듬과 투쟁하게 되면 에너지가 고갈되고 장기적으로 생산성을 저하시킬 것이다. 단기적으로 여러분의 신체 리듬에 잘 따르는 것이 훨씬 더 낫다. 다시 말하면, 여러분의 잠재력을 발현할 수 있는 황금 시간대를 극대화하고, 생산성이 떨어지는 시간대가 미치는 영향을 극소화하도록 해야 한다.

또한 여러분의 삶에 있어서 균형을 유지하려면 신체적 및 정신적 에너지를 재충전할 수 있는 일정을 마련해야 한다. 지금의 세상은 지속 가능한 자원을 필요로 하는 세상이 아니다. 스트레스를 주고 때로는 원치 않은 요구에 한창 매달려야 하는 시대에 우리 자신의 에너지 자원과 온전한 정신을 유지하는 것이 필요하다.

여러분 스스로 에너지를 재충전하기 위한 자원으로서 활용할 수 있는 것은 광범위하다. 그 자원은 여러분이 쳐다볼 때 따스한 기분을 제공하는 휴가 때 찍은 사진이나 자신이 좋아하는 사람의 사진일 수도 있다. 또는 교실의 평화와 고요함을 느끼게 해 주는 교실 벽에 붙은 포스터일 수도 있다. 여러분이 행하는 매우 실제적인 것일 수도 있고, 운동이나 요리 혹은 취미와 같은 활동에 푹 빠지게 하는 것일 수도 있다. 또한 여러분은 사랑하는 연인이나 좋아하는 친구들과 함께 시간을 보낼 때 에너지가 재충전될 수도 있다. 여러분을 위해 지지해 주는 사람들과 함께 있을 때 여러분은 동질감을 느낄 수 있다. 또한 여러분을 지지해 주는 데 도움이 되는 덜 유형적인 자산도 있을 수 있다. 여러분의 삶을 활력 있게 만들어 주는 여러분의 가치와 신념 및 개인적·직업적 기준이 그것이다.

성공하는 교사들은 일과 삶의 균형을 성취하도록 도와주기 위해 재충전할 수 있는 에너지를 충분히 갖고 있다고 확신한다. 여러분 자신의 삶을 균형 있게 살아가야겠다는 생각은 시간 투자에도 정말 가치로운 일이다. 여러분은 자기 자신의 개인적인 에너지 자원을 체크하기 위해 다음의 〈표 5〉를 활용할 수 있다. 여러분이 평소 자원을 잘 활용하고 있는 곳에 ∨표를 하라. 이는 건전하고 생산적인 일과 삶의 균형을 성취하기 위해 여러분의 에너지를 유지하기 위해서 개발할 영역이 있는가를 결정하는 데 도움이 될 수 있다.

표 5. 재충전할 수 있는 에너지 자원

	나는 재충전할 수 있는 에너지로서 이미 이것을 통해 이득을 얻고 있다	나는 재충전할 수 있는 에너지로서 이것을 더욱 활용할 필요가 있다	나는 재충전할 수 있는 에너지로서 이것을 활용하지 않는다
나의 일과 삶을 유지하기 위해 나의 가치에 대해 생각하고 실현해 나가기			
가족관계의 발전			
친구와의 네트워크 유지			
방문하고 싶은 곳			
나의 집에서 가장 좋아하는 안락한 공간			
내가 속해 있는 집단과 조직			
몰입할 수 있는 활동과 취미			
보고 싶고 애정을 느끼는 물건			
듣고 싶거나 연주하고 싶은 음악			

결론

습관 4(여유 갖기)는 여러분이 어떻게 행하고 있는가를 평가하기 위한 것으로 충분한 여분의 시간을 가지고 중요한 것들을 행할 수 있도록 하기 위해서 여러분의 삶과 일을 통제함에 대한 것이다. 습관 4(여유 갖기)는 과제를 행하는 것이 중요성을 다루는 것이 아니라, 여러분의 건강과 체력을 유지하고 정신적으로 경계를 게을리하지 않으며 여러분을 둘러싼 세상에 관여하는 데 필요한 활동들을 다룬 것이다.

전통적인 시간관리 훈련은 시간을 절약하기 위한 많은 비결과 전략을 제공해 줄 것이다. 많은 사람이 시간관리 훈련으로부터 이득을 보는 것이 사실이다. 그래서 많은 사람이 시간관리 훈련에 열중하며, 그 전략들을 곧바로 활용하는 데 돌입하기도 한다. 그리고 일주일 후에 그 전략들이 효과가 없다고 생각하고 포기해 버리며 이전의 방식으로 되돌아가는 것도 또한 사실이다.

습관 4(여유 갖기)를 위한 출발점은 여러분의 '타고난' 시간 경향성에 두었다. 우리는 과거는 과거이고 미래는 미래라는 우리 자신의 독특한 앎의 방식을 갖고 있다. 여러분이 어느 정도 성공적인 비결과 전략을 채택하기 전에 시간에 대한 개인적인 표상이 자신의 시간관리 행동에 어떻게 영향을 미치고 있는가를 이해할 필요가 있다.

성공하는 교사들은 시간이란 하나의 자원이며, 시간을 소비하는 방법은 선택에 달려 있다고 인식한다. 성공하는 교사들은 행해야 할 중요한 것에 우선순위를 둘 수 있으며, 지루해 보이는 과제를 미루지 않도록 하기 위한 전략을 수립한다. 성공하는 교사들은 황금

시간대를 최대한 활용하여 효과성을 극대화하는데, 황금시간대에 중요한 문제를 처리한다. 무엇보다 중요한 것은 성공하는 교사들은 일과 삶의 균형을 성취하기 위해 시간에 대한 그들의 이해를 활용하면서 개인적으로나 직업적으로 성장하고 발전해 나간다는 점이다.

성찰 시간관리의 비결

여러분의 작업 환경이 깨끗이 보이도록 하라.

• 여러분은 책상과 의자 주변을 맴돌면서 불필요한 시간을 낭비하고 있는가? 여러분이 시간을 절약할 수 있는 다른 계획이 없을까?

• 여러분이 원하는 것을 찾기 위해 책상을 정리할 시간을 가지는가?

• 여러분의 충전 시간은 얼마나 효과적인가? 여러분이 원하는 것을 찾는 데 얼마나 시간이 걸리는가?

• 학생들이 여러분에게 반복해서 물어보지 않고 필요한 것을 찾을 수 있도록 여러분의 교실을 조직적으로 구성해 두었는가?

여러분의 주의를 빼앗는 활동은 무엇인가?

• 여러분은 일을 미루는 이유를 이해하고 있는가?

• 여러분은 미루는 것을 극복하기 위한 전략을 갖고 있는가?

• 여러분은 해야 할 일의 목록을 만드는가?

• 여러분은 목록상의 과제들을 체크할 때 좋은 기분이 드는가?

여러분은 시간을 잘 활용하고 있는가?

• 여러분은 해야 할 일의 목록에서 우선순위를 표시해 두고 있는가?

- 여러분은 자신의 황금시간대(여러분이 매일 가장 잘 일할 수 있는 시간대)를 알고 있는가?
- 여러분은 황금시간대를 어떻게 잘 활용하고 있는가?
- 여러분은 긴급한 것과 중요한 것 간의 차이를 말할 수 있는가?
- 여러분은 바빠 보이지만 별 볼일 없는 소일거리와 효과성을 혼동하고 있는가?
- 여러분은 자신의 일을 평가하기 위해서 파레토Pareto의 원리를 활용하고 있는가?(80-20의 법칙: 가치의 80%는 일의 20%에서 일어난다. 그러므로 가장 중요한 20%에 집중하는 것이 여러분의 일을 개선할 수 있다.)
- 여러분은 시간관리 면에서 자신의 강점과 약점을 알고 있는가?

여러분은 자신에게 중요한 목표를 성취하기 위한 계획을 세우는가?
- 여러분은 자신의 목표가 추구하는 가치와 어울리는지 체크하였는가?
- 여러분은 불필요한 것에 주의를 빼앗기지 않도록 자신의 목표에 충분히 비중을 두고 있는가?
- 여러분은 자신의 건강과 체력 관리에 시간을 할애하고 주의를 기울이는 데 충분히 비중을 두고 있는가?
- 여러분은 자신이 행하고 있는 것이 자신에게 적합한 것이라는 것을 알고 있는가?
- 여러분은 자신이 설정한 목표가 자신에게 적합한 것이라는 것을 알고 있는가?
- 여러분은 어떤 약점을 극복하기 위해 자신에게 가장 잘 맞는 방법을 알고 있는가?

| 권장도서 |

• 학교교육의 공장모델에 대한 관점에 대해서 보다 많이 알기 위해서는 변화하는 패러다임에 관하여 만화 형태로 표현한 켄 로비슨 경(Sir Ken Robinson)의 연설을 보라.
http://www.thersa.org./events/video/animate/rsa-namiate-changing-paradigms (2012년 5월 28일 접속)

• 시간 일정표와 그것이 행동에 미치는 영향에 관한 보다 자세한 설명은 다음 문헌을 참조하라.
James, T. & Woodsmall, W. (1988). *Time line therapy and the basis of personality.* Capitola CA: Meta Publications.

• 목표설정과 일반적인 고취 방법에 대해서는 다음 문헌을 참조하라.
Canfield, J. (2005). *The success principles: How to get from where you are to where you want to be.* London: Element.

자
기
관
리

| 미주 |

1 영국 통계청: 직업별 실제 주당 근로 시간(2011년 12월).

2 2012년 5월 9~15일 사이에 TES(Times Educational Supplement)에 의해 수행된 연구.

3 Reeves, R. (2001). *Happy mondays: Putting the pleasure back into work*. London: Pearson Education Ltd. p. 139.

4 ibid., p. 133.

5 Claxton, G. (2008). *What's the point of school?: Discovering the heart of education*. Oxford and New York: Oneworld Publications. pp. 51-52.

6 James, T. & Woodsmall, W. (1988). *Time line therapy and the basis of personality*. Capitola, CA: Meta. p. 17.

7 Csikszentmihalyi, M. (1977). *Finding flow: The psychology of engagement with everyday life*. New York: Basic Books. p. 8.

8 Hall, E. T. (1984). *The dance of life*. New York: Doubleday & Co., Inc.

9 James, T. & Woodsmall, W. (1988). *Time line therapy and the basis of personality*. Capitola, CA: Meta. p. 16.

10 Ferruccio Busoni, Busoni가 그의 아내에게 보낸 편지.

11 Reeves, R. & Knell, J. (2009). *The 80 minute MBA: Everything you'll never learn at business school*. London: Headline/Business Publishing. p. 66.

12 Covey, S. (1992). *The 7 habits of highly successful people*. London: Simon & Schuster UK Ltd. p. 98.

13 ibid., p. 151.

14 ibid., pp. 151-154.

15 Fielding, M. (2001). Target setting, policy pathology and student perspectives: Learning to labour in new times. In M. Fielding (Ed.), *Taking education really seriously: Four years' hard labour*. London: Routledge Falmer. p. 145.

16 Whitemore, J. (2002). *Coaching for perfomance: Growing people, performance and purpose* (3rd ed.). London and Boston: Nicholas Brearley Publishing. p. 61.

17 Canfield, J. (2005). *The success principles: How to get from where you are to where you want to be*. London: Element. p. 56.

18 '황금시간대'란 용어는 개방대학교의 스트레스 관리 강좌의 소책자에서 사용된 것임.

성공하는 교사들의
9 가지 습관

타인과의
교　류

9 Habits of

Highly Effective

Teachers

| 개요 |

무의식중에 깨닫기

공감

친화감 형성의 1단계:
신체언어와 조화 이루기

친화감 형성의 2단계:
언어와 조화 이루기

조화 이루기:
안락지대에서 벗어나기

친화감 형성의 3단계:
보조 맞추기와 이끌기

전문 기술로서의
친화감 형성

결론

성찰: 친화감 형성–
연습이 중요하다

권장도서

이 장은 제2부 '타인과의 교류'에서 제일 먼저 다루어진다. 왜냐하면 친화감rapport은 다음 장에서 다루어지는 모든 습관의 중요 요소이기 때문이다. 습관 5는 주로 친화감을 형성하기 위한 기법에 관한 것이지만, 가장 중요한 측면은 다른 사람에 대한 공감을 나타내는 능력이다. 이 장에서 다루어지는 기법들은 여러분이 친화감을 형성하는 데에 도움이 되겠지만 기본적으로 공감, 즉 이해하고자 하는 진정한 바람 없이는 친화감을 형성하기 위한 기법들은 단지 인공적이고 꾸며 낸 것에 불과할 것이다. 비록 제2부에서 다루는 습관들이 구체적으로 수업실제에 관한 것은 아니지만, 다른 사람들과 관계 맺기에 관한 습관들은 분명히 학생들과의 관계를 포함하여 모든 교육관련 당사자들과의 관계에 영향을 미칠 것이다. 따라서 성공하는 교사들이 학생들과의 관계에서 관계 맺기에 관한 습관들을 얼마나 잘 활용하고 있는지 보다 명백해질 것이다. 동료 교사들 및 학생들과 친화감을 형성하고 관계를 맺는 것에 대한 투자는 과소평가되어서는 안 된다. 제니 레이보드Genie Laborde는 친화감은 돈과 같다고 하였다. 돈은 여러분이 갖고 있지 않을 때 중요성이 증가하며, 여러분이 갖고 있을 때 많은 기회가 생긴다.[1]

친화감 형성

9 Habits of Highly Effective Teachers

　습관 5(친화감 형성)는 관계 맺기에 관한 것이다. 우리는 다른 사람과 관계를 맺을 때 느끼는 기분을 잘 알고 있다. 자유롭고 유연하게 대화를 하며 이해를 잘 하는 사람과 관계를 맺을 때는 편안함을 느끼고 서로 신뢰감을 갖게 된다. 때때로 별다른 노력 없이 다른 사람과 관계를 맺어야 할 때도 있다. 이때 우리는 보다 친근감을 느끼고 대하기 편안하며 신뢰감이 가는 사람이 있는가 하면, 매우 대하기 힘든 사람도 있다고 생각한다.

　확실히 어떤 사람들과 관계를 맺는다는 것은 힘든 과제일 수 있다. 불만이 가득한 십대들을 대상으로 수업을 해야 하며, 여러분의 수업방식을 좋아하지 않는 학부모를 상대해야 하며, 매사 부정적 태도를 보이는 동료 교사들과 조화를 이루며 일을 해야 할 때가 있다. 이러한 모든 상황은 여러분을 불편하게 느끼도록 만들 수 있다. 이러한 상황에서 사람과 잘 어울릴 수 없게 되면 당황하게 되고 좌절의 원천이 될 수 있다. 불안하게 만드는 이러한 상황을 기술할 때 '부정' 혹은 '반대'의 뜻을 지닌 말을 사용한다는 것은 놀라운 일이 아니다. 사람들과 관계를 맺을 때 우리는 부정 혹은 반대의 뜻을 지닌 말을 제거하는 데에 목표를 두고 '애정', '동의', '인정', '협력'과 같은 긍정 혹은 찬성의 뜻을 지닌 말로 대체해야 한다.

성공하는 교사들은 애정, 인정, 동의가 있는 관계를 맺기 위한 첫 번째 단계가 친화감을 형성하는 것이라는 점을 인정한다. 수 나이트Sue Knight는 친화감이란 '참으로 좋은 의사소통, 영향력과 변화를 위한 필수조건'[2]이라고 간단명료하게 표현하였다. 여러분이 학생이든, 부모이든 혹은 동료 교사이든 간에 누구와 함께 일을 할 때 친화감은 좋은 관계를 위한 필수 요소다. 성공하는 교사들은 또한 친화감의 몇 가지 중요한 특징을 이해하고 있다. 첫째, 친화감은 하나의 과정으로 계속 진행적이고 역동적이며 변화될 수 있는 것이다. 둘째, 친화감은 본래 중립적인 것이 아니라 영향력을 미칠 수 있는 것이다. 셋째, 친화감은 비록 일부 사람들 사이에서 나타나는 것이지만 중요한 것은 형성될 수 있다는 점이다. 여러분은 친화감을 형성할 수 있다.

만약 친화감이 어떤 사람들과 같이 발생하는 것이라면, 그것은 친화감을 형성하기 위해 사람 사이에서 뭔가 발생하는 하나의 과정이라고 보아야만 한다. 또한 만약 친화감이 없다면 그것을 형성하기 위한 뭔가 발생하지 않았다고 보아야만 한다. 우리는 사람과의 관계가 좋을 경우 그 사람과 우리 사이에 친화감을 형성시키는 뭔가 발생하고 있다는 것을 언제나 의식하지는 못한다. 좋은 관계는 우리 입장에서 어떤 의식적 노력 없이도 발생하는 것 같다. 그렇지만 만약 우리가 좋은 관계에서 발생하고 있는 것이 무엇인가를 알 수 있다면, 우리는 좀 더 조화롭게 일할 필요가 있는 다른 사람들과 좋은 관계를 재창조하는 방법을 배울 수 있다.

습관 5의 형성은 친화감을 일으키는 행동을 연습하는 것을 의미한다. 습관 5의 형성은 사람들이 쉽게 '신체적 및 대화적 조화'[3] 속으로 빠져들어 갈 때 직관적으로 발생하는 것들을 의식적으로 인식하게 이끄는 것을 의미한다. 또한 습관 5의 형성은 여러분이 이미 가지고 있는 창의적 능력이 얼마나 많이 여러분과 다른 사람들과의 관계를 개선시키고 있는가를 발견할 수 있도록 무의식중에 깨닫게 만드는 것을 의미한다.

무의식중에 깨닫기

간단한 테스트로 시작해 보자. 다음 문장을 10초 동안만 읽어 본 후 문장 속에 얼마나 많은 F자가 있는지 세어 보라. 빨리 행한 다음 여러분이 얼마나 정확하게 세었는가를 부록 3으로 가서 확인해 보라.

FINISHED FILES ARE THE RESULT OF YEARS OF SCIENTIFIC

STUDY COMBINED WITH THE EXPERIENCE OF YEARS

이 간단한 테스트는 습관 2(삶에 대한 학습)에서 예시한 '사각지대 blind spot'의 또 다른 예다. '골무 찾기' 게임에서 이기려면 우리가 쉽게 이용할 수 있는 많은 정보를 의식적으로 마음속에 새겨 두지 않아야 한다. 습관 2는 여러분이 보고, 듣고, 느끼는 것에 대해 가정假定을 하는 것이 아니라, 여러분이 보다 주의 깊게 주목해야 하는 것을 알아차리도록 하기 위한 도전이었다. 다시 말해서, 습관 2는 여러분의 감각적 민감성을 최대한 발휘하여 다른 사람의 언어적 및 비언어적 커뮤니케이션 속에서 보다 미묘한 메시지를 감지할 수 있도록 하기 위한 것이었다. 이러한 고양된 의식이 친화감을 형성하기 위한 토대를 제공한다는 것은 놀라운 일이 아니다. 우리가 자신의 심상으로부터 해석하기보다는 보다 많은 것을 보고, 듣고, 느낄 수 있을 때 좋은 관계를 확실하게 형성할 수 있다. 우리는 자신의 심상에 따라 사람들에 대해 기대하기보다는 그들의 실재 속으로 들어가 보려고 애쓴다면 그들과 좋은 관계를 형성하기 위한 보다 많은 기회를 가질 수 있다.[4]

우리는 자신의 감각으로부터 이용 가능한 막대한 양의 정보에 대처하기 위해서 개발한 정신기제mental mechanisms 때문에 어떤 사람이 특정한 마음의 틀 속에 있다는 것을 표시하는 외부 징후를 알아차리지 못할 수도 있다(잠시 멈추어 생각해 보기 17 참조). 우리는 어떤 사람이 우리에게 말하는 것을 들을 수 있지만, 억양에 의해서 전달되는 기본 메시지를 파악하지 못할 수도 있다. 그리고 우리는 자신의 자기감각과 심상에 갇혀 있기 때문에 다른 사람의 본질을 이해하지 못하고, 그의 잠재력을 무시하며, 추측하여 그를 이해한다. 성공하는 교사들은 다른 사람들의 다양한 메시지에 주의를 기울이기 때문에 그들의 행동이 도전적이고 파괴적이라 할지라도 좋은 작업관계를 맺기 위한 친화감을 형성할 수 있다.

우리는 자신의 감각 — 시각, 청각, 촉각, 미각, 후각 — 으로부터 이용 가능한 많은 정보를 가지고 있기 때문에 정보를 흡수하고 어느 순간에 주의를 기울여야 할 정보를 선택하기 위한 정신기제를 발달시켜 왔다. 리처드 밴들러Richard Bandler와 존 그린더John Grinder가 개발한 모델에서 그들은 다음과 같은 세 가지 과정을 기술하고 있다.[5]

삭제Deletion: 여러분이 '완성된 파일Finished Files' 테스트에서 알아차렸겠지만, 우리가 어느 하나에만 주의를 기울이면 그 밖의 다른 것은 무시할 수 있다. 우리는 눈앞에 바로 있는 것을 '보지' 못할 수도 있다. 우리는 특정한 두 학생들 간의 대화에 귀를 기울이기 위해 교실에서 재잘재잘 지껄이는 소리를 '무시'할 수도 있다. 또한 우리는 어떤 과제에 푹 빠져서 다른 사람의 감정이나 우리의 행동에 대한 그들의 반응을 전혀 알지 못할 수도 있다. 아마도 대부분의 사람들이 경험하는 삭제의 공통적인 예는 운전에서 찾아 볼 수 있다. 우리는 여행을 떠나 운전을 하면서 이런저런 생각을 하지만 그 뒤에 여행의 한 부분으로서 그런 생각들을 다시 수집하지는 않는다. 심리학자들은 인간을 삭제의 과정을 사용하는 인지적 수전노cognitive misers라고 일컬었다. 삭제는 무한한 양의 정보를 처리하기 위해서 우리의 제한된 인지적 용량을 잘 활용하는 효율적 전략이다.[6]

왜곡Distortion: 이러한 기제를 사용하여 우리는 외부 환경에 관한 정보를 정신적으로 변화시킨다. 모든 예술적 창조물과 위대한 문학작품은 예술가 혹은 작가가 현재의 실체를 왜곡하고 변형할 수 있었기 때문에 탄생한 것이다. 이와 유사하게 과학의 발전도 기존의 지식과 실재를 왜곡하고 변형한 것에서 이루어진 것이다.[7] 보다 현실적인 수준에서 말하면, 우리가 실내 장식을 할 경우

방을 보고 어떤 색상이 어울릴지 여러 색상을 상상하면서 우리의 이미지를 왜곡할 수 있다. 심리학자들은 또한 이러한 왜곡의 과정이 소문이 퍼지는 과정에서 일어나는 거의 보편적인 현상이라고 주장한다. 이야기의 퍼짐과 어떤 사건의 재수집은 시간이 좀 지나면 사라지며, 다음과 같은 유사한 패턴을 보인다. 즉, 일부 사항들은 빠뜨려지고 동시에 어떤 일부 사항들은 좀 더 섬세해진다.[8] 왜곡은 또한 다른 사람의 의도나 의미를 마음으로 읽도록(독심) 이끄는 기제로, 우리가 보고 들은 것을 정확하게 체크하기보다는 우리 자신의 심상으로부터 다른 사람의 의도나 의미를 해석하게 한다.

일반화Generalization: 우리의 일반화 능력은 필수적인 기제다. 만약 우리가 일반화할 수 없다면 일상생활은 매일 완전히 새로운 경험이 될 것이다. 일반화는 우리가 세상에 대해 배우는 방식들 중 하나다. 우리는 한 가지 혹은 그 이상의 경험에 기초하여 광범위한 결론을 도출한다. 일반화는 각각의 새로운 경험을 새롭게 접근하는 것을 피하기 위한 중요한 과정인 반면, 또한 다른 사람과 그들의 행동에 대해 고정관념을 갖게 만드는 과정이기도 하다. 우리는 한두 가지 경험에 기초하여 사람을 범주화할 수 있으며, 우리의 사전 판단은 새로운 사람을 기존의 일반화에 적합하도록 다루는 방법에 영향을 미친다.

공감

이 단계에서 여러분은 친화감을 형성하기 위한 기법들을 다루고 있는 이 장의 다음 절로 빨리 넘어가고 싶은 유혹을 받을 수도 있다. 그렇지만 기법들을 적용하거나 심지어 그 기법들에 대해 생각하기 전에 고려해야 할 매우 중요한 문제가 있다. 그것은 친화감을 형성하기 위한 어떤 노력 없이는 피상적이고 인공적인 것에 지나지 않는다는 점이다.

나의 경험을 예로 들어 설명해 보기로 하자. 몇 년 전에 나는 3일간에 걸쳐 팀을 이루어 과제를 수행해야 하는 연수과정에 참여한 적이 있다. 우리 팀원 중에 한 명이 회합 전에 읽어야 할 상황 설명문을 읽고 오지 않았다. 나머지 팀원들은 과제의 규모와 이용 가능한 제한 시간을 알고 있었기 때문에 바로 과제 수행에 착수하였다. 그러나 상황 설명문을 읽고 오지 않은 한 명의 팀원은 읽을 시간을 갖자고 제안했고, 팀 리더를 당장 선출하는 것을 거절하였으며, 과제를 분담하는 방식에 대해서도 동의하지 않았다. 그 팀원의 태도는 자신이 따라잡을 수 있도록 지연전술을 시도하는 것처럼 보였다. 그렇지만 불행하게도 그 팀원이 오히려 오만한 태도를 보이자 그 지연전술은 매우 방해가 되는 것으로 인식되었고, 팀원들이 그를 싫어하게 만들었다. 그래서 다른 팀원들은 그를 무시하기로 했다. 그러나 우리가 하나의 팀으로서 발전하고 일하는 방법을 분석하는 것이 연수교육의 목표 중 하나였기 때문에 나는 그를 참여시키는 것이 바람직하다는 결정을 하였다. 그래서 나는 스스로 그를 공감하고 그와 친화감을 형성하는 개인적 과제를 설정하였으며, 이틀에 걸쳐 눈에 띄지 않게 꾸준하게 실천하였다.

친화감을 형성하는 과정이 눈에 띄지 않게 교묘하게 이루어졌기 때문에 다른 팀원들은 어떤 일이 일어나고 있는지 알지 못했다. 그렇지만 3일째가 되었을 때 두드러진 변화가 있었다. 하나는 그가 나에게 다가선다는 것이었다. 그는 커피를 마시거나 점심을 먹을 때 나를 찾았으며, 우리가 다른 강의실로 이동할 때마다 내 옆에 자리를 잡았다. 이와는 별도로 더 중요한 점은 그의 전반적인 태도가 조용하고 부드러워졌다는 것이다. 최종적인 전체 발표회 날이 되었을 때 그는 자신의 초기 행동이 과제를 준비해 오지 않아 방해가 되었다는 것을 팀원들에게 인정하였다.

만약 내가 그와 친화감을 형성할 마음이 없고 다른 사람들과 어울리면서 그를 무시했더라면 그 결과가 어떻게 되었을까? 나는 이러한 경험으로부터 친화감 형성의 힘이 결과에 큰 영향을 미친다는 것을 배웠다. 대부분의 비즈니스 결정은 기술적 가치보다는 친화감에 기초하여 이루어진다는 것이 이미 여러 군데에서 제안된 바 있다.[9] 내가 경험한 예에서 친화감의 형성은 개인뿐 아니라 팀에게도 훨씬 더 좋은 결과를 가져왔다.

이러한 경험은 친화감이 다른 사람들로 하여금 바라는 방향으로 반응하도록 영향을 미칠 수 있다는 하나의 예다. 대니얼 골먼은 이것을 성취하기 위한 능력을 정서지능에 토대를 둔 학습된 능력인 정서적 역량emotional competence이라고 기술하고 있다. "정서적 역량의 핵심에는 두 가지 능력이 있는데, 하나는 다른 사람의 감정을 읽는 공감이고 다른 하나는 그러한 감정을 솜씨 있게 다루는 사회적 기술이다"[10]

중요한 것은 친화감 형성이 이러한 두 가지 능력 모두에 달려있다는 점이다. 다른 사람에 대한 진정한 공감 능력 없이 사회적 기술만으로는 바라는 결과를 가져오지 못할 것이다.

또한 중요한 것은 여러분이 공감과 동정을 혼동하지 말아야 한다는 점이다. 동정은 "아 저런, 미안합니다."라고 말하는 것이라면, 공감은 "그 일은 당신에게 매운 힘든 것이었어요."라고 말하는 것이다. 동정은 여러분이 어떻게 느끼는가를 표현하는 것이라면, 공감은 여러분 자신이나 여러분의 감정에 주의를 기울이지 않고 다른 사람들이 어떻게 느끼고 있는가를 이해하고자 노력하는 것이다.

유명한 심리학자 칼 로저스Carl Rogers는 아마도 내담자와 치료자의 관계에서 '핵심 조건'의 중요성을 강조한 것으로 가장 유명한 인물일 것이다. 그는 존경, 공감 및 진실성의 조건들이 치료적 변화를 일으키는 데 중요하다고 보았다. 칼 로저스는 후에 교육으로 관심을 돌려 그의 치료적 작업의 원리들을 교사들이 하는 일에 적용하였다. 젊은이들이 빠르게 변화하는 세상에 대처하도록 하기 위해서는 자기주도적이고 자기술선적인 학습자가 될 필요가 있다. 칼 로저스는 이러한 학습자가 되는 데는 '성장 지향적이고 사람과의 촉진적 관계'[11] 속에서 가장 잘 달성될 수 있다고 보았다.

다른 사람에 대한 존경을 표시하고, 자기 자신에 대해 진실되며, 공감을 나타내 보이는 이러한 조건들이 모두 친화감을 형성하고 후속되는 습관들과 관련하여 중요하다. 여러분이 얼마나 효과적으로 주의 깊게 경청하고 다른 사람들에게 영향을 미치며 리더십을 발휘하는가는 여러분이 얼마나 다른 사람에 대해 공감하는가에 달려 있다. 칼 로저스의 후기 저작을 통해 얻을 수 있는 결론은 어떤 직업에 있어서든 다음과 같이 점이 중요하다는 것이다.

> "……사람들과의 관계를 포함하고 있는 직업이 많이 있다. 그러한 직업에서는 고객과의 대인관계적 만남의 질이 업무의 효과성을 결정짓는 데 가장 중요하다." [12]

그러므로 앞에서 예로 든 연수과정에서의 나의 경험은 친화감을 형성하기 위해서 기법의 활용이 강력한 영향을 미친다는 것을 단지 증명하는 것은 아니다. 기법은 내가 집단 속에 개인을 포함하고 그의 파괴적인 행동을 이해하기 위해서 진정한 관심을 가졌기 때문에 효과적이었던 것이다. 따라서 습관 5(친화감 형성)와 후속되는 나머지 습관들의 기법에 기본이 되는 중요한 점은 관계의 질이다. 그리고 그 질은 한 개인으로서 여러분 자신의 개방성과 진실성, 여러분이 다른 사람에 대해서 보이는 존경심, 그리고 가장 중요한 여러분의 공감적 이해 능력에 달려 있다. 만약 여러분이 다른 사람에 대해 진정으로 공감적 관계를 가진다면 기법에 대해 생각할 필요가 없으며 친화감은 어떻게든 생길 것이다. 기법은 여러분이 다른 사람과의 관계에 문제가 있을 때, 그리고 또 다른 사람과 관계를 맺기 위해서 어떤 조치가 필요할 때에만 그 역량을 발휘한다. 북미 인디언들의 "어떤 사람을 이해하려면 그 사람의 모카신을 신고 1마일을 걸어보아야 한다."는 격언처럼 말이다.

친화감 형성의 1단계: 신체언어와 조화 이루기

실제로 친화감을 형성하기는 매우 어려운 것이 아니다. 우리는 누구나 무의식적으로 친화감을 형성할 수 있다. 의식적으로 친화감을 형성하려면 높은 각성 — 날카로운 감각적 예민함 — 과 약간의 연습이 필요하다.

친화감을 형성하기 위한 모든 단계의 기본이 되는 것은 사람들은 자신과 뭔가 좀 비슷한 사람들에게 반응을 보이는 경향이 있다는 사실이다. 우리는 생각이 비슷하고, 좋아하는 것이 비슷하고, 갖고 있는 가치가 비슷하다고 여길 때 그 사람에 대해 친밀감을 느낄 것이다.

한 단계 더 나가서 이 원리를 취해 보면, 우리가 공통된 점이 없다고 여기는 사람들에게조차 친밀감을 느낄 수 있다면 친화감을 형성하기 더욱 쉽다. 다른 사람의 모카신을 신고 걸어 보아야 한다는 격언은 우리 자신을 그 사람의 입장에 놓고 그의 기분이 어떠한지 느낄 필요가 있다는 것을 시사한다. 신체적 수준에서 우리 자신을 상대방의 입장에 놓는다는 것은 문자 그대로 상대방의 신체적 행동에 관해 뭔가 연결함으로써 행해질 수 있다. 이것이 친화감을 형성하기 위해 취할 수 있는 쉽고 간편한 방법일 수 있다.

여러분이 점점 더 다른 사람을 주시하기 위한 능력이 발달함에 따라 사람들이 얼마나 다양한가를 인정하게 될 것이다. 여러분은 자신의 신체를 사용하는 방법에 있어서 사람마다 독특한 특징이 있다는 것을 알게 될 것이다. 즉, 사람마다 취하는 습관적 자세와 책상에 앉는 방식이 다르고, 전에는 몰랐지만 항상 그 사람만의 목소리 톤과 음색을 갖고 있다는 사실을 알게 될 것이다.

일단 여러분이 그러한 차이를 알게 된다면 여러분은 다른 사람의 신체적 행동의 어떤 측면과 조화를 이루기 위한 선택을 할 수 있다(잠시 멈추어 생각해 보기 18 참조). 신체적 행동의 조화는 사람들이 친화감 속에 있을 때 어떻게든 시도하는 것이다. 만약 여러분이 사람들로 가득 찬 술집이나 음식점을 보게 되면 사람들이 잘 어울리고 있다는 것을 본능적으로 알게 될 것이다. 사람들은 비슷한 방식으로 앉아 있고, 동시에 팔이나 다리를 꼬거나 풀며, 거의 모두가 마치 춤을 추는 것처럼 자연스러운 리듬을 타며 움직이고 있을 것이다.

여러분이 신체와 조화 이루기를 할 때 신중하게 임하기 때문에 그저 흉내 내거나 모방하는 것이 아니다. 오히려 이해와 신뢰의 분위기를 형성하기 위해서 기본적인 동기유발이 필요하다. 신체와 조화 이루기는 세밀하고 주의를 기울이면서 정중하게 행해져야만 한다. 그리고 만약 신체와 조화 이루기가 세밀하고 우아하게 행해진다면 상대방은 그러한 사실을 눈치채지 못할 것이다.

내가 여러 연수과정에서 신체와 조화 이루기의 원리를 설명할 때한 참석자가 "오, 제가 신체와 조화 이루기를 시도한다면 환자/고객/학생이 분명히 알게 될 텐데요."라고 반응을 하였다. 따라서 다른 사람이 자신의 신체적 행동의 측면이 정교하게 조화를 이루고 있다는 사실을 전혀 알지 못하도록 다양한 방식으로 실전 훈련을 실시하였다.

잠시 멈추어 생각해 보기 18 　　**신체와 조화 이루기에 의한 친화감 형성**

조화 이루기는 어떻게든 사람들과 어울리고자 할 때 무의식적으로 행하는 것이며, 또한 다른 사람과 신뢰의 분위기를 형성할 필요가 있을 때마다 날카로운 감각적 민감성을 갖고 의식적으로 행할 수 있는 것이다. 따라서 다른 사람에 관해 더 많은 것을 알기 위한 여러분의 새롭게 확장된 감각적 민감성으로 다음과 같은 조화 이루기를 연습해 보라.

자세: 사람들이 앉아 있거나 서 있는 방식, 무게가 어느 쪽에 치우쳐 있는지 주시하라. 다른 사람이 앉아 있으면 그 사람 앞에 서 있기보다는 자연스럽게 앉게 되는 것처럼 친화감을 형성하기 위한 보다 정교한 방법으로 자신의 자세를 조정할 수 있다. 머리의 방향이나 어깨의 위치와 자세를 주목할 수 있다. 내가 인터뷰를 행할 때 처음 행하는 일은 상대방이 어떤 자세로 앉아 있는가를 주시한 다음 그 자세에 맞추어 나의 앉는 자세를 취하는 것인데, 지금은 이것이 거의 틀에 박힌 일상적인 일이 되었다.

타인과의 교류

제스처와 움직임: 사람들이 두 팔을 내뻗는 방법과 특정한 자세를 취하는지를 주시하라. 만약 상대방이 두 팔을 화려하게 움직인다면 이는 조화를 잘 이루고자 하는 시도임에 틀림없다. 그러나 여러분은 그저 손으로, 심지어는 손가락으로 움직임을 보임으로써 보다 작은 조화 이루기를 할 수도 있다. 이것은 여러분이 이해하였는지를 점검하기 위해서 누군가가 말한 것을 요약할 때 특히 효과적일 수 있다. 만약 여러분이 말과 함께 자세를 반복한다면, 이는 여러분이 상대방이 말한 것을 이해하려고 노력하고 있다는 강한 인상을 전달할 뿐만 아니라 상대방의 경험과 조화를 이루고자 노력하기 때문에 여러분은 정말로 이해하게 될 것이다.

목소리: 여러분이 조화를 이루기 위해 선택할 수 있는 목소리는 크기, 말의 속도, 억양 등 얼마든지 달리할 수 있다. 목소리의 크기와 속도 및 억양을 잘 구사한다면 이는 친화감을 형성하기 위한 매우 효과적일 방법일 수 있다. 나는 친구와 함께 특정한 정보가 어떻게 저장되는가를 알아보기 위해 데이터베이스 전문가를 찾아간 적이 있다. 그 전문가는 말을 또박또박 끊어 얘기하는 데 선수였다. 그의 문장은 마치 총이 화염을 뿜어 내듯이 순간적으로 격렬하게 작열하는 불꽃같았다. 우리가 질문을 할 때마다 그는 자세한 설명도 없이 너무나 간단히 대답했다. 그리고 나는 세 사람의 면담이 양방적 대화로 발전되고 있음을 깨달았다. 그는 나보다 내 친구에게 더 많은 설명을 해 주었고 그의 질문에 내 친구에게 대답하도록 했으며, 우리가 필요로 했던 상세한 설명을 내 친구에게 요구하였다. 그가 주도적이었기 때문에 나는 수수방관하면서 대화가 흘러가게 내버려두었다. 그때 나는 무슨 일이 일어나고 있는가를 주시했다. 그는 자기 나름의 말의 전달 속도, 간결함, 크기로 내 친구와 조화를 이루고 있었던 것이다. 그는 전혀 알지 못했지만 목소리의 조화 이루기로 친화감을 형성할 수 있다는 것을 잘 보여 주는 좋은 기회였다.

내가 진행한 연수 기간 동안에 이와 유사한 예가 소개되었다. 한 간호사가 환자에게 유연하게 말을 하는 의사로부터 강한 인상을 받은 이야기를 꺼냈다. 그 의사는 매일 많은 환자들을 진료했는데, 환자에 따라 말하는 방식을 연결함으로써 각 환자에게 반응하고 있다는 것이었다. 하루 종일 그 의사와 함께 일하는 간호사는 환자들이 그 의사로부터 각자 존중받으며 처치를 받고 있다는 사실을 인식하고 있다는 것을 주시할 수 있었다.

호흡: 여러분이 처음 조화를 이루고자 시도할 때 가장 어려우면서도 가장 강력한 것이 호흡하기다. 사람들이 친해지려면 호흡이 일치해야 한다. 공모자conspirator라는 말은 원래 함께 호흡하다breath together라는 뜻을 가진 라틴어에서 유래한 것이다. 사람의 호흡 속도를 평가한다는 것이 처음엔 어려운 도전일 수 있다. 사람의 가슴을 응시한다는 것은 아주 점잖지 못한 행동으로 비칠 수 있기 때문이다. 따라서 호흡 속도를 알아보기 위한 보다 미묘한 방법, 예컨대 말하는 속도와 어깨를 올리고 내리는 것을 살펴보면 단서를 얻을 수 있다. 사람의 기분이나 상태가 호흡에 영향을 미치기기 때문에 기분이나 상태를 살펴보는 것이 그 사람의 경험을 이해하기 위한 매우 좋은 방법이기도 하다.

다른 사람의 신발을 신고 걸어 보라는 것은 친화감을 형성하기 위한 가장 간단하면서도 가장 빠른 방법을 이해하기 위해 유용한 은유 표현이다. 다른 사람의 신발을 신고 걸어 보는 것은 문자 그대로 복도나 거리를 따라 걸으면서 누군가와 대화를 유지하기 위해 애쓰는 경우에서처럼 첫 번째 단계일 수 있다. 만약 여러분이 누군가와 언어적으로 상호작용을 하면서 동시에 그와 친하게 잘 어울린다면, 여러분은 제때 그와 함께 걸을 수 있도록 스스로 걸음 속도를 조절하게 될 것이다. 방금 사용한 '잘 어울린다'는 말조차도 우리가 해야 될 일이다. (그리고 그 반대 또한 사실이다. 나에게는 어깨 너머로 대화를 유지하면서 항상 모든 사람들보다 앞에 서서 성큼성큼 걸어가는 친구가 있다. 나는 몇 발자국 뒤에서 그 친구를 따라 걸어가는 게 보통인데. 이때 그 친구를 좇아가며 동시에 대화를 하려고 하니 기진맥진하게 된다. 만약 여러분이 이와 유사한 경험을 갖고 있다면 그 기분이 어떠했는지 생각해 보라.)

때때로 사람들은 평소의 편안한 방식에서 벗어나게 될 경우 조화를 이룬다는 것(즉, 어울린다는 것)이 어렵다고 말한다. 사람들은 앉기, 서기, 움직이기, 말하기 등 평소 해 오던 방식대로 해야만 편안함을 느낀다. 그러나 모든 행동 양상은 습관적으로 습득한 것이며, 자신의 바꿀 수 없는 일부가 되도록 익숙해지게 연습한 것에 불과하다. 만약 우리가 또 다른 행동방식으로 관계를 개선해야 한다면 다른 행동방식을 또한 배워야 한다. 처음엔 우리 자신의 편안한 지대에서 벗어난다는 것이 낯설고 힘들 수 있지만, 관계 개선에 도움이 될 수 있다면 약간의 변화와 연습은 충분히 가치 있는 일이다.

잠시 멈추어 생각해 보기 19 **다른 사람의 입장이 되어 보지 못하는 것은 친화감이 결여되어 있다는 표시다**[13]

리처드가 초등학교 교장이었을 때, 어느 날 교실의 상황을 도와달라는 전화를 받았다. 다비드는 수업활동에 참여하기 꺼려할 때마다 특별한 전략을 구사하는 학급으로 이동하여 교육을 받는 1학년의 키가 작은 소년이었다. 다비드는 가까이에 있는 책상이나 의자 밑을 엉금엉금 기어다녔고 이러한 그의 행동을 달래기 위한 어떠한 시도에도 저항하곤 했다. 리처드가 도움 요청을 받고 달려간 그날, 다비드는 낮고 긴 의자 밑을 기어다녔고, 두 명의 교사들이 나오라고 여러 차례 촉구했는데도 완강히 거절하고 나오지 않았다. 학급의 나머지 학생들은 다음 활동을 위해 강당으로 이동하였고, 교사들은 다비드를 물리적으로 끌어내고 싶지 않아 리처드에게 도움을 요청하였던 것이다. 리처드는 그 상황을 점검하였고, 교사들이 이미 해 볼 수 있는 모든 노력을 기울였다는 것을 알고 상상할 수도 없는 어떤 시도를 하기로 결정을 내렸다. 그는 차가운 돌 마루 위에 있는 다비드 옆에 누웠다. 리처드가 밑에 있는 작은 소년과 함께하기엔 긴 의자가 너무 낮았지만, 리처드는 신체 자세를 연결하면서(맞추면서) 최대한 다비드 옆에 가까이 누웠다. 두 사람은 함께 누웠고, 리처드는 다비드를 쳐다보면서 보조를 맞추며 호흡을 하였다. 얼마의 시간이 흘렀고 — 리처드는 얼마의 시간이 흘렀는지 알지 못했다 — 리처드는 직관적으로 두 사람의 연결이 형성되었다고 느끼자, 다음 움직임을 보였다. 리처드는 작은 소년에게 "난 여기가 매우 편안하지 않아. 점점 추워지고 있단다. 그래서 난 지금 나가야겠어."라고 말했다. 리처드는 긴 의자에서 나와 일어섰다. 다비드는 아무 말 없이 긴 의자 밑에서 기어 나와 리처드 옆에 섰다. 리처드는 다비드의 손을 잡고 함께 조용히 걸으며 학급의 나머지 학생들과 함께 활동하기 위해 강당으로 들어갔다.

친화감 형성의 2단계: 언어와 조화 이루기

여러분은 사람들이 걷고 말하고 서고 제스처를 사용하는 방법에서의 차이점을 알아차리기 시작할 때 또한 사람들이 언어를 사용하는 방법에서의 차이점을 알아차리기 시작할 수 있다. 비록 우리가 동일한 언어를 말할 때조차도 말을 사용하는 우리 자신의 독특한 방식을 갖고 있을 것이다. 그리고 사람들이 사용하는 단어와 문장의 선택은 그들의 사고방식에 가까이 다가섬으로써 친화감을 형성하기 위한 보다 나은 기회를 제공한다.

여러분이 습관 1(자기성찰)을 채택한 이래로 자신의 사고 안락지대comfort zone를 보다 잘 알게 되었을 것이다. 즉, 여러분은 그림을 통해 사고하는 것이 더 좋은지, 소리를 통해 사고하는 것이 더 좋은지, 감정을 통해 사고를 처리하는 것이 더 좋은지, 혹은 여러분 자신과 말을 많이 하는 것이 더 좋은지를 알게 되었을 것이다. 여러분이 자신의 사고방식과 학습방식이 독특하다는 것을 알게 되면, 사람들마다 각기 다른 사고 안락지대를 갖고 있다는 것을 인정할 수 있을 것이다. 여러분은 사람들이 사용하는 언어에서 그들의 사고방식에 대한 단서를 준다는 것을 인정함으로써 여러분의 인식을 더욱 확장시킬 수 있다. 이것은 친화감을 형성하기 위한 보다 좋은 기회를 제공해 준다. 왜냐하면 상대방의 언어 패턴과 연결함으로써 그의 사고방식에 다가설 수 있기 때문이다.

예를 들어, 그림으로 사고하는 것을 좋아하는 사람은 "무슨 얘기인지 알겠어요." "서로 쳐다보고 있으니 반가워요." "그건 저에게 분명하지 않아요. 저는 그것을 분명하게 알고 싶어요."라는 말을 자주 사용하는 경향이 있다.

반면, 소리나 듣기로 사고하는 것을 좋아하는 사람은 "제가 듣기엔 당신의 목소리가 크고 명확해요." "이런 말 그만 합시다." "들어 보니 좋은 생각입니다만, 제 생각으로는 효과가 없을 것 같아요."라는 말을 사용하는 경향이 있다.

그리고 감정을 사용하여 사고를 처리하는 것을 좋아하는 사람은 "어휴 힘들었어요." "그 문제를 이해할 수가 없어요." "차례대로 처리해 나갑시다."와 같은 말을 사용하는 경향이 있다.

어떤 구체적인 감각적 사고 패턴을 선호한다는 것을 드러내지 않는 사람들도 있다. 이들은 구체적이지 않은 언어, 예를 들어 '증명하다' '계획하다' '안다' '발견하다'와 같은 단어를 사용하는 경향이 있다. 그러나 사람들은 대체로 한 가지 근거에만 기초해서 결정을 내리지 않는다는 것을 명심하라. 사람들은 뭔가 좋아 보이고, 좋게 들리고, 좋은 감정이 들 때 결정을 내린다.

그러므로 언어 패턴은 친화감을 형성하기 위한 연결을 위해 또 다른 기회를 선사한다. 성공하는 교사들은 학생들의 서로 다른 사고방식과 학습방식에 맞추어 자신의 수업을 조절할 줄 알며, 또한 다음 목표를 향해 한 단계 더 나아갈 줄 안다. 성공하는 교사들은 학생들이 사용하는 언어 패턴에 주목하고 그들 자신의 언어를 학생들의 언어에 연결할 수 있도록 유연성을 보인다. 여러분이 상대방의 입장에서 동일한 언어로 말할 수 있다면 서로 대화가 열리고 이해가 빠르며 친화감이 형성될 것이다.

잠시 멈추어 생각해 보기 20 〉〉 **언어 패턴과 조화 이루기에 의한 친화감의 형성**

시각적

"만일 내가 당신에게 비전을 가진 보다 매력적인 사람이 될 수 있도록 매우 훌륭하게 의사소통하는 방법을 보여 준다면, 당신은 적어도 그걸 보고 싶지 않은가요?"

시각적 처리를 선호하는 사람들과 친화감을 형성하게 되면 사람들이 세상을 바라보는 방식, 즉 그들의 세계관을 보다 분명하게 이해하게 된다는 이점이 있다. 다른 관점에서 사물을 바라보는 방법을 알게 되면 보다 큰 그림의 광경을 포착할 수 있다. 이런 관점을 지녀야 모든 사람들이 정말 밝은 미래를 향해 나아가는 방법을 이해하기가 더욱 쉽다.

청각적

"만일 내가 당신에게 사람들이 귀를 쫑끗 세우고 당신의 말을 들을 수 있
도록 의사소통하는 방법에 관해서 말해 준다면, 당신은 적어도 그걸 듣고
싶지 않은가요?"

청각적 선호도를 가진 사람들과 잘 조화를 이루는 것은 어렵지 않다. 누군가
와 조화를 이루는 것은 그 사람의 언어 패턴에 맞추어 말한다는 것을 의미한다.
여러분이 말하는 언어는 감미로운 음악을 창조할 수 있고, 오케스트라 연주의
일원이 되어 멋진 화음을 낼 수 있다.

촉각적

"만일 내가 당신이 정말 심층적인 수준에서 사람들과 친화감을 형성하고
그들이 현실을 파악하는 방법을 알 수 있도록 당신에게 사람들과 접촉하
는 구체적인 방법을 제시해 준다면, 당신은 적어도 그에 대한 감을 잡고
싶지 않은가요?"

여러분이 사람들과 공통의 입장을 발견할 때 일이 보다 순조롭게 나아가고
있다는 느낌을 가질 수 있고, 또한 새로운 연결이 이루어지고 있다는 것을 발견
하게 되어 앞날이 공원에서 산책하는 것과 같이 산뜻하고 평온하게 잘 풀릴 것
이라는 느낌을 가질 수 있다.

불특정적

"만일 내가 당신에게 어떤 사람은 일에 대한 그들의 이해를 매우 분명하

고 정확한 방식으로 처리한다는 것을 생각해 보라고 한다면, 이는 당신의 호기심을 끄는 것인가요?"

사람들이 생각하는 방법을 아는 것은 때때로 여러분의 마음을 가로지르는 질문들에 대한 대답을 배우기 위한 매우 효과적인 방법이라는 여러분의 인식을 확장시켜 주는 데 도움이 될 수 있다. 그것은 심지어 여러분이 사람들과 의사소통하는 방법을 변화시킬 수도 있는데, 이는 그들이 사용하는 감각에 맞는 언어 패턴을 구사함으로써 가능하다.[14]

(출처: Stenhouse Consulting)

조화 이루기: 안락지대에서 벗어나기

어떤 새로운 행동을 할 때처럼 여러분이 처음 조화 이루기를 시도할 때는 어색하고 부자연스러운 느낌을 줄 수 있으며, 결국 여러분은 자신의 안락지대를 벗어나게 될 것이다. 여러분이 처음 조화 이루기를 시도할 때는 평소 익숙했던 자세나 태도의 습관을 멈추고 뭔가 다른 행동을 해야 한다. 존 홀트가 지적한 것처럼 낡은 습관을 교정하기보다는 새롭고 올바른 습관을 우리의 신경근육계에 형성하기가 더 쉬운 경우가 많다.[15]

여러분 자신의 행동을 조절할 필요성은 새로운 상황에 직면하고 익숙하지 않은 사람들과 함께 할 때 더욱 커진다. 대학에서 나는 직업 환경에서의 개인적 기능을 개발하도록 요구되는 초등교육과 학생들을 가르쳤다. 학생들은 자신의 정상적 행동을 어린아이들에 맞추어 조절해야만 한다는 큰 문화적 충격을 받았다고 자주 언급했다. 학생들은 자신의 수준을 — 표상적이기보다는 물리적으로 — 낮추고, 언어와 목소리의 톤을 조절해야 할 필요성을 인정했다. 일부 학생들은 이런 조절에 시간이 좀 걸렸고 연습 과정이 필요했다.

나의 딸 레이첼이 초등학교 6학년 — 대부분 레이첼만큼이나 키가 크고 건장한 남학생들 — 의 담임교사를 맡다가 전 학년을 대상으로 하는 음악 교과전담 교사로 역할이 바뀌었을 때 같은 사항이 발생했다. 레이첼은 저학년 아이들을 가르쳐 볼 생각을 해 본 적이 정말 없었고, 따라서 6학년에서 1학년에 이르기까지 모든 학년의 아이들에 대해 어떻게 대처해야 할 것인지 확신하지 못했다. 그렇지만 어느 날 레이첼이 나와 통화를 하던 끝에 "그런데요 엄마, 제가 마침내 저학년 아이들을 이해하게 되었어요!"라는 기쁜 소식의 말을 덧붙였다.

앞의 두 가지 예에서 중요한 점은 그들이 얼마나 잘 조절하느냐가 아니라, 자신과 매우 다른 사람들과 함께 해야 하는 새로운 상황에서 자신의 행동에 대한 조절이 요구된다는 점을 의식적으로 아는 것이다. 두 가지 예에서 다른 사람들은 아이들이었지만 우리가 만나는 새로운 사람들 누구에게나 그 원리는 똑같이 적용된다.

친화감 형성의 3단계: 보조 맞추기와 이끌기

여러분이 학생들과 동료교사들과의 생산적인 작업 관계를 매일 유지하기 위해서는 친화감의 형성이 일관되고 지속될 필요가 있다. "어떤 사람을 이해하려면 그 사람의 모카신을 신고 1마일을 걸어 보아야 한다."는 아메리카 원주민의 격언이 그 사람의 모카신을 신고 서 보라는 뜻을 암시한다기보다는 오히려 그 사람의 모카신을 신고 몇 걸음을 걸어 보라는 뜻을 암시하고 있는 것처럼, 최고의 효과를 위해서는 친화감을 형성하기 위한 연결이 규칙적으로 일어나는 하나의 과정일 필요가 있다. 이와 같은 방식으로 여러분은 다른 사람들과 보조를 맞추게 될 것이다. 즉, 여러분은 다른 사람들의 계속되는 경험 속에서 그들과 나란히 하게 될 것이다.

여러분이 친화감을 형성하게 되면 일상적인 작업 관계에 이득이 될 것이며, 또한 여러분이 다른 사람에게 영향을 미칠 필요가 있는 상황에 직면할 때 정말 큰 도움이 될 것이다. '잠시 멈추어 생각해 보기 19'의 리처드나 뒤에 나올 '잠시 멈추어 생각해 보기 21'의 레이첼처럼 여러분은 다른 사람들이 여러분이 이끄는 대로 잘 따르도록 영향을 미칠 필요가 있을 수도 있다. 관리자의 지위를 성취하는 교사들 중에는 사람들이 그들의 리더십을 믿고 따르도록 하려면 관리자가 되는 수밖에 없다고 생각하는 경우가 더러 있다. 그들의 리더십에 대한 반응은 추종적일 수 있지만, 친화감이 없다면 반대와 불화 혹은 불만을 초래할 수도 있다.

로즈가 중등학교에서 부장교사로 승진했을 때 여러 부장교사들의 대표로 임명되었다. 로즈는 이러한 임명에 대한 저항이 있을 것이라 인식하고 임명되기 전에 학기를 유효 적절하게 사용하였다. 로즈는 다른 교사들이 대화에 참여할 기회를 매번 제공하면서 그들의 역할에 대해서 묻고, 그들의 의견을 부서 운영에 반영하며, 그들이 무엇을 좋아하고 싫어하는지 찾아냈다. 로즈는 부장교사 대표를 맡아 본 적이 있고 자신이 부장교사 대표로 임명되면 제일 먼저 저항할 것이라고 생각했던 한 교사와 특히 열심히 일했다. 어느 날 그 교사는 복도에서 로즈에게 열정적으로 "로즈 선생님, 제가 방금 당신이 고려해 보았으면 하는 뭔가를 생각해냈어요. 만약 우리가 ……하면 어떨까요?"라고 말했을 때 자신이 그 교사로부터 지지를 받고 있다는 것을 알게 되었다. 동료교사들에 대한 보조 맞추기에 대한 로즈의 투자는 부장교사 대표를 맡기 전에 이미 보상을 받았다.

어느 작업 관계에서든 가장 만족스러운 결과는 상호 동의에 의한 결정이 이루어질 때다. 만일 여러분이 어떤 상황에서든 상호 동의에 도달하길 희망한다면, 연결하기(조화 이루기)와 보조 맞추기가 필수적이다. 다음 두 가지 사항이 성취될 때 상호 동의가 이루어질 것이다.

- 여러분이 다른 사람들의 경험과 연결하고 보조를 맞춤으로써 다른 사람의 사고와 감정을 보다 잘 이해하게 될 때
- 다른 사람들이 여러분이 그들의 입장을 이해하고 있다는 것을 인식할 수 있을 때

조화 이루기와 보조 맞추기는 또한 상대방이 아주 강렬한 정서 상태에 있을 경우 강력한 도구가 된다. 조화 이루기와 보조 맞추기는 여러분이 상대방의 경험을 이해하고 있다는 것을 증명해 주기 때문에 효과적이다. 그리고 상대방이 여러분의 이해를 인식하게 되면, 여러분은 그 사람이 좀 더 고요한 정서 상태가 되도록 이끌 수 있을 것이다. 만약 상대방의 목소리가 크고 제스처가 심하며 눈을 크게 뜨고 빤히 쳐다보는 경향이 있다면, 여러분은 이에 맞추어 조화를 이룰 수 있다. 여러분이 조화를 이루지 말아야 할 것은 상대방의 실제적인 정서 상태다. 오히려 여러분은 그의 감정에 공감하고

있다는 것을 증명해 보이면 된다. 일단 여러분이 조화를 이루고 보조를 맞추게 되면 그다음엔 좀 더 고요한 정서 상태를 증명해 보이기 위해 목소리를 낮추고, 신체의 긴장을 풀고, 편안한 호흡을 하는 등 여러분의 행동을 변화시킬 수 있다. 여러분이 처음에 그의 입장을 이해하고 공감하고 있다는 것을 보여 주었기 때문에 상대방은 여러분이 이끄는 대로 잘 따를 것이다.

이 시점에서 여러분이 그 반대도 분노나 강한 정서를 다루기 위한 방법이라고 믿도록 연수교육을 받아 왔다고 생각하는 것은 당연하다. 고요한 상태에 머물고, 부드러운 목소리로 말하며, 상대방을 진정시키는 것이 확실하게 보다 좋은 방법일까? 그러나 생각해 보라. 여러분은 어떤 일에 매우 화가 나고 상처를 받았지만 "자, 그것에 대해 걱정하지 말자."라고 말하는 태도를 갖고 침착성과 고요함을 유지한 적이 있는가? 그리고 그때 기분이 어떠했는지 기억하는가?

내가 함께 일했던 고등학교 교장과 운영위원회의 한 임원 간의 관계로부터 기억하고 있는 한 예가 있다. 그 임원은 매우 경험이 많은 사람이었는데, 교육적이기보다는 전문적인 성향을 보였다. 자신의 전문적 지식이 교장의 학교운영과 관리에 도움이 되기를 진정 바라는 열정적인 사람이었다. 나는 종종 그 임원이 교장에게 도움이 될 것이라고 확신하는 전략을 활기차게 설명하는 것을 관찰했다. 그 임원의 제안은 비록 교육적인 상황에 맞게 수정되어야 하긴 했지만 언제나 어떤 가치가 있는 것이었다. 그러나 불행하게도―이유야 어쨌든―교장은 그의 관점을 인정하지 않거나 그의 제안을 가치 있는 것으로 보지 않았다. 교장은 임원의 말을 경청한다는 인상을 주기는 했지만 주목해서 듣지 않는 일종의 소극적 경청이었다. 물론 그 임원은 이러한 사실을 감지할 수 있었고, 자신의 관점을 교장에게 확신시키고자 애를 쓸 때는 보다 감정이 격앙되고 목소리가 화난 날카로운 모습을 보였다. 그렇지만 아무 소용이 없었다. 만약 교장이 임원의 에너지와 열정 그리고 흥분에 조화를 이루고 보조를 맞추기만 했더라면 상호 이해를 발전시킴으로써 이성적인 논쟁의 길을 활짝 열 수 있었을 것이다. 그러나 그러지 못했다. 교장은 여전히 수동적이고 임원은 점차 격앙되어 그들은 교착 상태에 빠졌다. 나는 이러한 시나리오가 계속해서 재연되고 있다는 것을 목격하였다. 이 예는 누군가를 다른 상태로 이끌고자 한다면 ― 기분을 안정시키는 것이든, 동기를 부여하는 것이든, 이해하도록 돕는 것이든, 긍정적 결정을 내리게 하는 것이든 ― 최고의 출발점은 그들의 입장에 서보라는 것이라는 점을 나에게 생생하게 보여 주었다. 조화 이루기와 보조 맞추기는 여러분이 그들의 신발을 신고 걷고, 그들의 피부 속에 들어가고, 그들의 심상을 이해하게 해 주기 때문에 그들의 입장을 이해하는 데 도움이 된다.

잠시 멈추어 생각해 보기 21 ／／ **의사소통의 유연성 기르기와 저항하지 않기**[16]

나의 딸 레이첼이 신경과민을 극복하고 자신감 넘치는 전문적인 교사가 되는 데 몇 년이 걸렸다. 그녀는 초임 때 작은 규모의 초등학교에서 근무하면서, 특히 학부모를 상대로 자신이 전문적인 역량을 발휘할 수 있을지 불안해했다. 실제로 학부모를 상대하면서 그녀는 한 명을 제외한 대부분의 학부모들이 친절하고 지원적이며 자녀의 안녕에 관심이 많다는 것을 알게 되었다. 한 명의 학부모는 특히 공격적인 태도를 가진 어머니였는데, 교장선생님과 사회복지사와 자주 논쟁을 했고, 말썽꾸러기인 자신의 딸에 관한 불평이나 요구를 하기 위해 교실을 찾아오는 경우가 많았다. 레이첼은 다가오는 그 어머니를 보았을 때 공격적인 비난에 직면하지 않으려고 어디론가 숨어 버렸다고 고백했다. 그러나 시간이 지남에 따라 레이첼은 루이즈의 성장과 발전에 점차 관심을 갖기 시작했고, 학부모 만남의 날이 다가왔을 때 어머니와 함께 아이의 복지 문제에 대한 제기할 필요성을 깨달았다. 루이즈는 과체중이었고, 교복을 입지 않은 유일한 아이였으며, 옷이 더럽고 몸을 씻지 않아 급우들로부터 조롱거리가 되었다. 루이즈는 점차 배척과 따돌림을 당해 운동장에서 혼자 서 있곤 했으며, 보다 최근에는 책상에 앉아 있을 때 양팔에 머리를 묻고 엎드려 절망적인 표정을 지으며 눈물을 흘리곤 했다. 교장선생님과 사회복지사는 이전에 루이즈의 어머니와 면담을 한 적이 있지만 루이즈의 불행한 상태에 미치는 영향에 대한 논의는 없었다. 그러나 사태가 점차 악화되었고, 루이즈의 학업성취 능력은 부정적 영향을 받기 시작했다.

나는 레이첼로부터 "엄마, 이 문제에 대해 제가 뭔가 해야겠어요. 제가 루이즈의 엄마에게 루이즈가 얼마나 불행한가를 어떻게 하면 인식시킬 수 있을까요?"라는 협조 요청의 전화를 받았다. 그래서 우리는 친화감의 형성, 루이즈의 복지에 대한 부모의 관심과 조화 이루기, 루이즈의 상황을 개선하기 위해 교사와 부모가 함께 할 수 있는 방법의 실천 등 가능한 접근방법에 대해 대화를 나누었다.

며칠 지나지 않아 레이첼로부터 다시 전화가 걸려 왔다. 레이첼은 일이 어떻게 되었는지 그 경과를 마구 쏟아 내기 시작했다. 면담이 끝났을 때 루이즈의 어머니는 레이첼과 이야기 나누는 것이 즐겁고, 서로서로 이해하는 느낌을 가졌고, 레이첼과 함께 잘 지낼 수 있으며, 예전에 교장선생님과 면담할 때는 긴장이 되었지만 레이첼과 면담할 때는 긴장을 하지 않는다고 말했다는 것이다. 더욱 중요한 것은 다음 날 루이즈가 깨끗한 교복을 입고, 머리를 감고, 전반적으로 단정한 용모로 학교에 왔다는 것이었다.

실질적인 관점에서 보면, 루이즈의 어머니는 세탁기가 없었고 비용 때문에 세탁소를 이용하기 어려운 문제가 있었다. 레이첼과 면담을 하면서 그녀는 이 문제에 대한 재정적 도움을 받을 수 있는가에 대해 사회복지사로부터 알아보기로 했다.

나의 견해로부터 추론해 보건대, 두 명의 경험 있는 전문가(교장선생님과 사회복지사)는 불행한 아이의 상태를 개선하기 위해 다른 성인(루이즈의 어머니)과 열린 자세로 소통하지 못했던 것 같다. 그렇지만 경력이 짧은 젊은 여교사(레이첼)는 아이의 삶에 긍정적인 변화를 야기할 수 있는 ― 가능한 한 깊고 지속적인 영향을 미칠 수 있는 ― 협상을 위한 기본자세와 태도를 취했던 것 같다.

전문 기술로서의 친화감 형성

교사가 친화감을 형성하기 위해 연마될 수 있는 기술을 갖고 있다는 것은 유용하고 중요하다. 줄리안 엘리엇Julian Elliott과 그의 동료들은 교사들은 더 이상 그들의 전통적인 권위에 의존할 수 없으며 오히려 전문 기술의 계발과 연수에 강조점을 두어야 한다고 주장하였다. 특히 교육실습생들이 학생들의 행동관리 분야에 대해 더 많이 공부해야 한다고 생각한 것은 과거의 교사들이 갖고 있던 권위적인 지위가 부족했기 때문이다. 그렇지만 동시에 교육실습생들은 성인들과의 전문적인 대인관계를 발전시키기 위한 교육을 거의 받은 적이 없다. 그래서 그들은 불가피하게 전문 기술을 계발하기 위해 경험을 쌓는 데 의존하게 된다.

그러나 전문적인 대인관계 기술의 계발은 암묵지暗默知, tacit know-ledge(역주: 누구나 이해하고 다른 사람에게 전달할 수 있는 형태의 객관적 지식인 형식지形式知에 비해 암묵지란 어떤 유형이나 규칙으로 표현하기 어려운 주관적이고 내재적인 지식을 의미한다. 이것은 개인이나 조직의 경험, 이미지 혹은 숙련된 기능, 조직 문화 등의 형태로 존재한다. 예를 들어, 고려청자를 만들어 낸 도공의 지식은 형식적인 문서로 구체화된 지식이 아니라 도공의 내면에 체화된 암묵적인 형태의 지식이다.)라는 데 어려움이 있다. 비록 좋은 대인관계를 계발하기 위해 열심히 학습해 온 경험 많은 교사들이라 하더라도 그들이 무엇을 하고 있는지 정확하게 기술하기는 어렵다. 더욱이 엘리엇과 그의 동료들은 연구를 수행하기 위해 교사들과 인터뷰를 했을 때, 경험 많은 교사들조차도 정서와 스트레스 혹은 좌절을 불러일으키는 힘든 상황에서 부적절하게 반응할 때가 많다는 점을 인정했다.[17]

이러한 이유들 때문에 신임교사들이 전문적인 대인관계의 계발에 있어서 '무엇이 작용하고 있는가'의 경험을 수집할 수 있도록 일련의 전문 기술을 가진다는 것은 유용한 일이다. 또한 경험 많은 교사들이 전문 기술에 의지하여 친화감을 형성하기 위한 그들의 능력을 위협하는 스트레스나 정서에 적절하게 반응할 수 있다는 것을 아는 것이 유용하다. 앞에서 여러분은 많은 교육실습생들이 어린아이들의 발달수준에 맞추고 목소리 톤을 적절하게 조절하기 위해 열심히 학습해 왔다는 것을 살펴보았다. 또한 여러분은 리처드가 모든 다른 방법이 실패했을 때 어떤 기술을 창의적으로 이용할 수 있었다는 것을 살펴보았다.

교사들에 대한 많은 요구 때문에 일부 교사들은 관계 구축을 위한 시간이 별로 없다고 느낄 수 있다. 다루어야 할 교과 진도를 나가야 한다는 압력이 친화감을 형성하기 위한 시간을 보내는 것을 방해한다. 그렇지만 이는 결국 생산적이지 못한 결과를 가져온다. 오히려 성공하는 교사들은 친화감을 형성하기 위한 습관을 기르는 데 시간과 노력을 투자한다.

여러분은 직업교육대학에서 수학을 가르치고 있는 앤서니가 학생들과 관계 구축을 위한 고려를 많이 하지 않을 것이라고 생각하기 쉽다. 그러나 앤서니는 동료직원들에게 긍정적 행동관리의 모범을 보여 주고 있으며, 친화감 형성에 시간을 투자하는 것이 가치 있는 일이라는 것을 이미 알고 있다. 그는 강의 첫 6주 동안에는 관계 구축에 올인하며 이것은 나머지 기간 동안의 환경 설정에 도움이 된다고 말한다. 행동의 기본 규칙을 설정하고 나면 그는 다음과 같은 기풍ethos을 유지하기 위해 창의성을 발휘한다. "때때로 집단들이 너무 커서 당신이 모든 집단과 동일한 관계를 형성하기 어렵다. 그래서 당신은 하나의 작은 팀으로서 학생들과 함께 일하는 방법을 생각해 내야만 한다."[18]

나는 또한 팀 브릭하우스Tim Brighouse가 한 강의에서 친화감을 형성하는 능력은 성공하는 교사들을 정의하는 하나의 요인이라고 말한 것을 기억한다. 그는 루이스 부인이라 불리는 한 초등학교 교사를 회상하면서 그녀를 아마도 번호판 혹은 커프 링크스로 식별할 수 있을 것이라고 말했다. 그녀는 자신을 드러내기 전에 먼저 '비인간적'이기보다는 '인간적'인 모습을 보여 주는 모든 행동을 나타내 보려고 애를 썼다. 중등학교의 성공적인 교사들조차도 200~300명의 서로 다른 학생들을 가르쳐야 함에도 불구하고 수업시간의 교실에서는 물론 쉬는 시간의 복도에서 학생들의 이름을 불러 주기 위해 얼굴과 이름을 익히려고 애를 쓴다. 그러나 모든 교사들은 최선의 노력을 기울이지만 친화감을 형성하기 어려운 학생들과 직면하게 마련이다. 팀 브릭하우스는 성공하는 교사들이 이러한 문제를 극복하기 위한 창의적인 방법을 어떻게 찾아내는가에 대해 다음과 같이 기술하였다.

> "성공하는 교사들은 관계하기 어려운 학생들을 만나게 될 때 그들의 사
> 적인 관심과 관련이 있는 물건을 찾기 위해 주말에 외출한다. 성공하는 교
> 사들은 월요일에 복도에서 그들과 마주쳤을 때 '션, 나 이걸 보고 너를 생각
> 했어.'라는 식으로 말한다."[19]

결론

성공하는 교사들은 성공적인 대인관계가 전문성에 중요하며, 친
화감 형성이 그러한 대인관계 형성에 기본이 된다는 것을 알고 있
다. 친화감은 좋은 의사소통을 위한 필수조건일 뿐만 아니라 사람
들에게 영향을 미치는 능력에도 기본이 되는 중요한 전문 기술이
다. 만일 여러분이 관계 구축의 기본이 되는 친화감을 소홀히 한다
면, 다른 사람들과 생산적으로 소통하고 관계를 맺을 것이란 기대
를 하지 않는 것이 좋다.

성공하는 교사들은 의사소통의 내용에 초점을 두면서 친화감 형
성의 과정을 의식적으로 인식할 수 있다. 그들은 친화감이 상호 의
사소통을 촉진해 주는 관계 형성의 핵심이라는 점을 인정한다. 친
화감 형성을 위해서는 약간의 연습이 필요하기도 하며, 다른 사람
들보다 관계 형성이 좀 어렵고 힘든 사람도 있다. 그러나 이것은 대
인관계에 흥미를 자아내는 요소가 되며, "내가 이 사람과 친화감을
형성하려면 어떤 노력을 할 수 있을까?"라는 물음을 제기한다.

모든 직업전문적인 관계—학생들, 학부모들, 동료교사들, 혹은

타
인
과
의
교
류

교육행정가들과의 관계 ― 는 친화감 형성의 여부에 달려 있다. 성공하는 교사들은 모든 관계에 있어서 기본이 되고 중요한 것은 조정하거나 권위주의를 행사하거나 지배하려는 접근방식이 아닌 친화적인 접근방식이라는 점을 인정한다. 조정하거나 권위주의를 행사하거나 지배하려는 접근방식은 효과를 가져오지 못한다. 그렇지만 친화감은 본질적으로 대인관계에 긍정적인 영향을 미칠 수 있다. 뿐만 아니라 친화감은 다음 습관인 영향력을 미치는 행동을 연습하고 행사하는 데에도 중요하다.

성찰 친화감 형성: 연습이 중요하다

일반적으로 말해서 우리는 다른 사람들과 의사소통을 할 때 그 과정보다는 내용에 초점을 둔다. 우리는 비언어적(신체언어) 의사소통과 관련해서 일어나는 모든 것을 완전히 알지는 못한다. 그래서 우리는 의식적인 수준보다는 무의식적인 수준에서 비언어적 의사소통에 주목하는 것이 보통이다. 따라서 무의식적인 것을 의식화시키는 것이 첫 번째 도전 과제일 수 있다.

여러분은 일상과제로서 다른 사람의 행동의 한 가지 측면을 주시해 볼 수 있다. 하루는 사람들이 말을 할 때 손을 사용하는 다양한 방법을 주시할 수 있고, 다른 하루는 사람들이 앉아 있거나 서 있는 방법을 주시할 수 있으며, 또 다른 하루는 사람들의 얼굴 표정을 주시할 수 있다.

여러분이 조화 이루기를 할 때는 작은 것에서부터 시작하라. 여러분이 그 결과를 관찰할 수 있도록 누군가와 지속적으로 대화하는 장면을 선택하라. 조화 이루기를 위해 다른 사람의 신체언어의 한 가지 측면만을 선택하라. 그 이후에 대화가 어떻게 진행되었는지 생각해 보라.

여러분이 조화 이루기를 위한 언어를 구사하기 전에 먼저 여러분 자신의 언어에 대해 생각해 보라. 여러분의 단어 사용이 여러분 자신의 사고 선호thinking preference를 어떻게 반영하고 있는가를 주시하라. 그런 다음 다른 사람이 사용하는 단어와 구절을 주시하고, 여러분 자신이 사용하는 단어와 구절과 비슷한지 아니면 여러분과 다른 사고 과정을 암시하는 것인지 주시하라.

일단 여러분이 동료들의 신체언어에 대해 뭔가 조화 이루기를 위한 일상적 습관을 갖게 되면, 여러분은 다른 것들도 주시하기 시작하게 될 것이다. 여러분은 다른 사람의 관점을 좀 더 잘 이해하고 있는 자기 자신을 발견하게 될 것이다. 여러분은 행동을 예민하게 관찰하기 때문에 다른 사람이 말하고 있는 것에 대해 자기 나름대로 생각하고 해석하는 이른바 독심mind-reading으로 빠져들지 않을 것이다. 여러분은 다른 사람들이 행동하고 말하는 방식에 대한 상세한 것을, 그것도 이전에는 알지 못했던 상세한 것을 발견한다는 것이 얼마나 흥미로운 일인가를 생각하고 있는 자기 자신을 발견하게 될 것이다.

- 다음 저서의 '관계'에 관한 장에서 친화감 형성에 대한 보다 많은 정보를 얻을 수
  있다.
  Turnbull, J. (2002). *Creative educational leadership: A practical guide to leadership as creativity*. London & New York: Bloomsbury Academic.

- 지니 라보르데(Genie Z. Laborde)는 친화감을 형성하기 위한 방법에 관한 장에
  서 친화감의 중요성을 제시 하고 있다.
  Laborde, G. Z. (1998). *Influencing with integrity: Management skills for communication and negotiation*. Carmarthen: The Anglo-American Book Co. Ltd.

- 대니얼 골먼(Daniel Goleman)은 영향력을 미치기 위한 첫 번째 단계로서 친화
  감 형성을 다루고 있다.
  Goleman, D. (1988). *Working with emotional intelligence*. London: Bloomsbury Publishing plc.

- 제프 패티(Geoff Petty)는 교실관리에서 친화감의 역활에 대해 논의하고 있다.
  Petty, G. (2004). *Teaching today* (3rd ed.). Cheltenham: Nelson Thornes Ltd.

| 미주 |

1 Laborde, G. Z. (1998). *Influencing with integrity: Management skills for communication and negotiation*. Carmarthen: Crown House Book Co. Ltd. p. 27.

2 Knight, S. (1995). *NLP at work: The essence of excellence* (3rd. ed.). London: Nicolas Brealey. p. 123.

3 Gladwell, M. (2000). *The tipping point: How little things can make a big difference*. London: Abacus. p. 83.

4 Laborde, G. Z. (1998). *Influencing with integrity: Management skills for communication and negotiation*. Carmarthen: Crown House Book Co. Ltd. p. 196.

5 Bandler, R. & Grinder, J. (1975). *The structure of magic 1*. Palo Alto, Cal.: Science and Behaviour Books, Inc. p. 14.

6 Aronson, E. (1972). *The social animal* (6th ed.). New Work: W. H. Freeman & Co. p. 120.

7 ibid p.16.

8 Gladwell, M. (2000). *The tipping point: How little things can make a big difference*. London: Abacus. p. 202 참조. 여기서 그는 Gordon Allport의 연구를 인용하고 있음.

9 Knight, S. (1995). *NLP at work: The essence of excellence* (3rd. ed.). London: Nicolas Brealey. p. 122.

10 Goleman, D. (1998). *Working with emotional intelligence*. London: Bloomsbury Publishing plc. p. 24.

11 Rogers, C. R. & Freiberg, J. (1994). *Freedom to learn* (3rd. ed.). Upper Saddle River, NJ: Prentice-Hall. p. 167.

12 Rogers, C. R. (1962). The interpersonal relationship: The core of guidance. *Harvard Educational Review*, 32, 416.

13 신경언어프로그래밍(NLP)의 전제 중 하나.

14 연수 자료의 사용을 허락해 준 Stenhouse Consulting에 감사를 표함.

15 Holt, J. (1989). *Learning all the time: How small children being to read, write, count, and investigate the world, without being taught*. New York: Da Capo Press. p. 36.

16 신경언어프로그래밍(NLP)의 전제 중 하나.

17 Elliott, J. G., Stemler, S. E., Sternberg, R. J., Grigorenko, E. L., & Hoffman, N. (2011). The socially skilled teacher and the development of tacit knowledge. *British Educational Research Journal*, *37*(1), 83–103.

18 Turnbull, J. (2012). *Creative educational leadership: A practical guide to leadership as creativity*. London and New York: Continuum International Publishing Group. p. 13.

19 Brighouse, T. (2005). Teachers: A comprehensive success. The Wales Education Lecture, Cardiff, 2 October.

경청은 우리가 당연히 해야 하는 것
이고 쉽게 행할 수 있다고 생각한다.
그렇지만 그렇게 생각하는 것은 잘못
이다. 로버트 피셔Robert Fisher는 그의
저서에서 경청은 어려운 일이며 자기
훈련이 필요하다고 하였다.[1] 경청은 단
순히 듣는 수동적 과정이라기보다는
적극적 과정이다. 주의 깊은 경청은 모
든 감각을 포함하는 활동이다. 주의 깊
은 경청은 또한 여러분이 행하는 질문
의 질을 결정한다. 여러분 자신의 관심
으로부터 다른 사람의 관심으로 초점
을 이동하는 것은 여러분이 다른 사람
들의 관심을 다루기 위한 질문을 활용
할 수 있다는 것을 의미한다. 그 질문
이 보다 나은 상호 이해를 도모하는 것
이든 아니면 한계 신념에 도전하는 것
이든 간에 말이다. 이와 관련하여 학습
을 위한 경청은 교사들이 학생들을 자
극하고 격려하기 위해 활용해야 할 중
요한 기술이다.

주의 깊은 경청
9 Habits of Highly Effective Teachers

저명한 심리학자들은 비효과적인 경청이 효과적인 의사소통에 가장 큰 장벽이 된다고 주장하였다.[2] 나의 경험에 따르면, 능숙한 경청은 틀림없이 교직 내에서 과소평가되어 왔다. 교사들이 토론 수업을 다루는 데 보다 자신감을 가짐에 따라 상황이 달라지긴 했지만, 로버트 피셔Robert Fisher는 전통적인 교사의 역할이 말하는 것은 교사이고 교사의 말에 주의를 기울이는 것은 학생이라는 생각을 아직도 강조하는 경향이 있다고 말한다.[3]

불행하게도 교사들 상당수가 능숙한 경청을 위한 좋은 역할모델이 되지는 못할 것이다. 교실에서 교사가 지배적으로 말을 하기 때문만은 아니라, 콜린 리치스Colin Riches가 다음과 같이 기술한 바와 같은 이유 때문이기도 하다.

"우리는 삶을 영위해 가면서 우리의 생각과 완전히 다른 뭔가에 대해서 경청을 해야 하고 관심의 표현을 해야 할 때마다 부적절한 경청 습관을 키우고 경청하지 않는 기술의 전문가가 되어 간다!"[4]

반면, 성공적인 교사들은 진정한 경청이란 수동적인 과정이 아니라 능동적인 과정이라고 인식한다. 습관 6(주의 깊은 경청)을 채택하는 성공적인 교사들은 상대방인 말한 것만을 듣는 것이 아니라 더 나아가 말하지 않은 유의미한 비언어적 행동 지표들도 주목한다. 그들은 그 자체의 친화감rapport만으로도 좋은 관계를 형성하고 유지하는 데에 영향을 미칠 수 있다는 것을 알고 있다. 더욱이 성공적인 교사들은 주의 깊은 경청이 함께 일하는 사람들의 자존감에 크게 기여할 수 있다는 것을 알고 있다.

주의 깊은 경청을 위한 출발점

당연히 습관 6(주의 깊은 경청)을 위한 출발점은 당신이 정말로 경청하지 않고 있다는 표시의 행위들을 멈추는 것이다. 낸시 클라인Nancy Kline은 우리가 경청하고 있다고 생각하지만 사실은 다음과 같이 하고 있다고 서술하고 있다.

"우리는 상호간에 말을 방해하고, 간섭하고, 함께 불평하고, 늦게 대답하고, 딴 곳을 응시하고, 한숨을 쉬고, 하품을 하고, 손가락을 튕기고, 신문을 읽고, 혹은 자리를 떠난다. 우리는 충고하고 또 충고한다."[5]

나의 경험에 비추어 볼 때, 서투른 경청의 효과를 보여 주는 것이 연수과정에서 가장 효과적인 연습 중의 하나다. 두 명씩 짝을 짓게 한 후에 나는 각자에게 다른 지시를 하곤 한다. 한 사람에게는 매우 관심 있거나 강렬하게 느꼈던 주제에 대해 2분간 말을 하게 하고, 다른 한 명에게는 잠시 집중해서 경청을 하다가 눈 접촉을 피하고, 말을 중간에 끊고 끼어들고, 관심을 기울이지 않고 외면하며, 시계를 쳐다보는 등 경청하고 있지 않다는 메시지를 보내는 어떤 행동을 하게 했다. 이 연습은 보통 웃음의 결과를 가져오지만, 진지한 의도가 담겨 있다. 또한 일관된 결과를 가져오는데, 그것은 말의 흐름이 끊어지고 화자의 역할을 한 사람은 말하고자 하는 것을 전달하기 위해 애를 쓴다는 점이다.

그렇지만 이 연습에서 정말 흥미로운 점은 내가 화자에게 청자가 제대로 경청하지 않을 때 기분이 어떠했는가를 물어보았을 때의 대답이다. 다음과 같은 대답이 일반적이다.

- 망연자실
- 내가 중요하지 않은 것을 말하고 있다는 느낌
- 짜증이 남
- 모욕감
- 무가치감
- 화가 남

이것은 물론 실생활의 장면이 아니라 연습실에서 이루어지는 가상의 환경이다. 단지 역할극이긴 하지만, 여러분도 화자가 진정으로 느꼈던 그 놀랄 만한 강렬한 정서를 진정으로 느낄 수 있을 것이다. 그리고 더욱 놀라운 것은 행했던 다른 사람들도 경청을 멈추었다는 사실이다.

앞의 대답 목록을 다시 읽어 보라. 여러분은 다른 사람들에게 이와 같은 정서를 촉발하길 정말 원하는가? 특히 이들이 민감한 사람이라고 생각해 보라.

'경청하지 않고 있다'는 메시지를 보낼 수 있는 미세한 주의산만 요소들을 모두 제거함으로써 여러분 자신을 주의 깊은 경청을 할 수 있도록 준비시키는 것이 훨씬 더 낫다. 따라서 습관 6(주의 깊은 경청)의 힘은 결코 과소평가되어서는 안 된다. 낸시 클라인은 이에 대해 다음과 같이 말하고 있다.

> "여러분이 누군가의 말을 경청할 때, 여러분이 듣고 있는 자세와 태도는
> 상대방에게 영향을 미친다. 주의 깊게 경청을 하면 상대방을 더욱 유능하게
> 만든다. ……여러분의 주의력, 여러분의 경청은 중요한 것이다."[6]

경청: 수동적이기보다는 적극적 과정

대부분의 사회적 상호작용이 다른 사람의 말을 경청하면서 동시에 상대방이 무엇을 말하고자 하는지 머릿속으로 생각한 다음 말할 기회를 처음 얻었을 때 생각한 것을 말하는 청자를 포함한다는 것은 의심의 여지가 없다. 다른 한편, 습관 6(주의 깊은 경청)은 여러분의 모든 주의를 상대방에게 기울이면서 보다 몰두하여 주의 깊게 경청하도록 하는 것이다. 사람들이 처음에는 적극적으로 경청하려고 노력하지만 매우 지루해지는 순간을 맞이할 수 있다는 것은 놀라운 일이 아니다. 습관 6(주의 깊은 경청)은 여러분 자신의 생각과 다음에

뭐라고 말할 것인지에 내부적으로 관심을 두는 것에서부터 여러분이 보고 있고, 듣고 있고, 느끼고 있는 것에 초점을 두면서 동시에 여러분 자신의 신체언어를 통해 적절한 메시지를 보내고 있는가를 체크하는 쪽으로 전환하기 위해 전력을 기울일 것을 요구한다. 연수에 참가한 많은 사람은 왜 콜린 리치스가 경청은 배우기 가장 어려운 기술이라고 외쳤는가를 알게 된다.[7]

여러분은 내가 적극적 경청 과정을 기술할 때 보는 것과 느끼는 것을 포함한 것에 의아해할 것이다. 경청은 결국 오로지 듣는 것만이 아니란 말인가? 그렇다. 이는 여러분이 효과적인 의사소통의 요소들을 생각해 본다면 정말 놀라운 일이 아니다. 어떤 사람이 누군가에게 의미를 전달하고자 하는 것이 의사소통의 전부다. 심리학자들은 효과적인 의사소통의 요소들을 다음과 같이 평가하였다.

자세, 몸짓, 눈 맞춤: 55%

목소리 톤, 억양: 38%

내용:[8] 7%

이와 같이 의사소통의 93%가 비언어적 요소에 의해 전달되는 것이라면, 경청에 있어서 모든 감각을 적극적으로 활용하지 않을 경우 우리는 상당히 많은 것을 놓치고 있는 것이다. 아무튼 우리는 두 개의 눈과 두 개의 귀, 그리고 한 개의 입을 갖고 있으며, 그것이 적극적 경청에 있어서 우리가 사용할 필요가 있는 비율이다.

여러분이 습관 2(삶에 대한 학습)를 개발하게 되면 다른 사람의 비언어적 메시지의 미묘한 점을 보다 의식적으로 인식하게 될 것이다. 여러분이 자신의 감각 능력을 개발하게 되면 다른 사람의 외적 행동에 대해 훨씬 더 주시하는 방법과 그 행동이 순간순간 어떻게 변화되는가를 알게 될 것이다. 또한 여러분은 다른 사람의 비언어적 행동에 대한 여러분 자신의 해석에 기초하여 추측하지 않도록 배우게 될 것이다.

그리고 여러분이 습관 5(친화감 형성)를 습득하게 되면 사람들이 사고과정의 표시로서 행동하기 위해 사용하는 언어적 패턴을 인식할 수 있게 될 것이다. 또한 여러분은 사람들이 그림이나 음악을 통해 어떻게 사고를 표현하고, 감정을 어떻게 처리하며, 자신에게 어떻게 정신적으로 대화를 나누는가에 대한 단서를 보다 잘 얻을 수 있게 될 것이다.

습관 6(주의 깊은 경청)을 채택하게 되면 여러분은 이러한 기술을 모두 구축하고 정말로 주의 깊은 경청 태도, 즉 다른 사람의 암묵적 메시지에 주의를 환기시켜 주는 태도를 발달시킬 수 있을 것이다. 다른 사람의 견해를 보다 잘 이해하도록 도와주는 이러한 주의 깊은 경청 태도는 대체로 여러분의 소통 능력을 향상시켜 줄 것이다. 더 나아가서는 '잠시 멈추어 생각해 보기 22'에서 알게 되겠지만, 주의 깊은 경청은 수동적 습관이 아니라 상대방이 어떤 기분을 가지는가에 적극적으로 영향을 미칠 수 있다. 제대로 경청하지 않으면 상대방의 기분을 나쁘게 만들 수 있는 것처럼 주의 깊은 경청은 본래 상대방의 기분을 좋게 만드는 데에 도움이 될 수 있다.

타
인
과
의

교
류

　나는 평소 대중교통을 이용하여 여행을 해 왔다. 나는 여행이 내가 좀 생각해 볼 필요가 있는 이슈에 대해 읽거나 메모를 하거나 혹은 성찰하기 위해 하루를 보낼 때 시간을 끼워 넣기 위한 좋은 기회라고 생각한다. 내가 일했던 한 학교에서 나는 대개 버스를 이용했다. 나는 한 동료 여교사와 만나게 되는 경우를 제외하고는 승객들이 거의 없어서 내가 편하게 깊이 생각해 볼 수 있도록 해 주는 이른 아침의 버스를 타는 것을 좋아했다. 동료 여교사는 일정한 정류장에서 버스를 탔으며 나를 알아보고는 반대편의 좌석에 앉았다. 처음에 나는 일말의 분노를 느꼈다. 그때가 월요일이었다. 그날 아침 나는 좀 활력이 없었고 정신 차리기 위해 노력하는 중이었다. 나는 1교시 수업에 대해 생각하고 있었고, 그 수업 내용은 전에 다루어 본 적이 없는 것이었다. 그래서 나는 수업시간에 어떻게 다룰 것인지 머릿속으로 시연을 하고 있었다. 그러나 나의 동료 여교사는 약간 고민이 있는 듯이 보였다. 그래서 나는 나 자신의 관심사에 대해 생각하는 것을 멈추고 동료 여교사에게 주의를 기울였다.

　동료 여교사는 자동차가 정비소에서 수리 중이어서 버스를 탔던 것이다. 그녀는 버스를 이용하는 것에 대해 매우 불편해했다. 그녀는 자동차 없이 생활하는 것이 익숙하지 않았다. 그녀는 자신의 과실이 아닌 사고로 인해 짜증이 나 있었다. 그리고 가해자가 자동차 보험을 들지 않아 무사고 경력을 상실해야만 하는 상황이었다. 그리고 정비소 직원들은 매우 불친절했으며, 그녀는 그들이 바가지를 씌우고 있다고 확신했다. 그녀의 남편은 전혀 공감적 이해를 하지 못했으며, 오히려 사고가 그녀의 잘못이라고 생각했다.

　비록 이 슬픈 신세 이야기에 의견 차이가 있긴 하지만 나는 적극적으로 언어적 반응을 보이지 않았다. 그러나 다행히도 나의 경청 기술이 제2의 천성이 되어 나는 고개를 끄덕이고, 간혹 공감의 말도 해 주며, 나의 얼굴 표정을 통해 그녀의 처지에 대한 나의 관심을 보여 줄 수 있었다.

우리는 학교 앞에서 내려 운동장을 가로질러 걸어갔다. 우리가 서로 다른 해당 부서로 가기 위해 헤어져야 할 지점에 도달했을 때 그녀는 나를 바라보며 나의 팔을 접촉했다. 그러곤 "나는 당신과 얘기를 나누면서 훨씬 기분이 좋아졌어요."라고 말했다. 그날 아침 그녀는 처음으로 웃는 표정을 지었다.

나는 부서에 도착했을 때 나 자신에게 빈정대듯이 웃음을 지으며 버스에서 생각해 볼 시간을 잃어버린 것에 대해 생각했다. 반면, 나의 동료 여교사는 밝은 마음으로 하루를 시작했다. 내가 한 것이란 온통 경청뿐이었다.

경청은 보는 것이다

효과적인 의사소통의 93%가 신체언어 body language 요인들과 관련 있다는 연구는 정말 놀라운 것이 아니다. 아무튼 의사소통에는 언어적 채널 외에 보다 많은 채널이 있다. 여러분은 어떤 사람의 신체적 행동, 얼굴 표정, 혹은 목소리를 통해 그의 기분을 직관적으로 파악할 수 있을 것이다. 심지어는 그가 하는 말이 전혀 다른 메시지로 전송될 때조차도 그의 기분을 간파할 수 있을 것이다. 학생들은 교사가 함께 놀아 주거나 함께 행동할 수 있는 사람인가를 결정하는 데 시간이 그리 오래 걸리지 않는다. 이것은 종종 교사가 어떤 말을 하기도 전에 일어날 수 있다. 그리고 어떤 단계에서 여러분은 아마도 다른 사람의 생각을 경험하게 될 것이다. "음, 그가 그렇게 말하긴 했지만 아무래도 그런 뜻으로 말한 것이라고 생각하지는 않아."

어쨌든 신체언어는 우리가 학습한 첫 번째 언어다. 우리는 음성

언어 verbal language를 습득하기 전에 누군가가 우리에게 말하는 것의 의미를 상당히 이해할 수 있다. 내가 손녀인 아기에게 안녕이라고 말하면 아기는 웃음으로 답례한다. 내가 그녀에게 말했을 때 그녀는 까르륵거리는 소리를 낸다. 우리는 '대화'를 하고 있는 것이다. 아기는 내 얼굴 표정과 목소리 톤에 따라 반응하지만, 몇 개월 되지 않아 내가 한 말을 이해할 수 있게 될 것이다.

우리가 성장하여 성인이 되면 사람들이 우리에게 말하는 것에 대해 의심을 갖게 될 경우 이해의 첫 번째 채널로 되돌아가는 경향이 있다. 만약 그렇지 않다면 우리는 자신의 사고와 의견에 빠져들게 되거나, 아니면 너무나 '이성적으로' 사고하여 단지 상대방의 말을 '듣기'만 하게 될 것이다. 그렇게 되면 우리는 그 사람의 얼굴 표정, 목소리 톤, 그리고 심지어는 앉거나 서는 방식과 같은 많은 신체언어를 보지 못하게 될 것이다.

그러므로 매우 효과적으로 경청하기 위해서는 우리가 들을 수 있는 것뿐만 아니라 볼 수 있는 것을 체크해 보아야 한다. 이는 우리가 각기 다른 의사소통의 채널로부터 얻은 메시지들 간의 불일치가 있는가를 감지해야 한다는 것을 의미한다. 어떤 사람의 신체언어가 그가 말하고 있는 것과 일치하지 않을 경우 그가 말하는 것이 '진실성이 없다'는 것을 가리키는 것이다(진실성에 대한 보다 자세한 것은 습관 7에서 다루어짐). 이러한 불일치는 우리에게 상대방이 말하는 것에 대한 믿음에 의문을 갖도록 주의를 촉구한다.

경청은 듣는 것이다

나의 어머니는 마치 모든 사람이 자신이 뭐라고 생각하고 있는지를 알아야 한다는 것처럼 말하는 습관을 갖고 있었다는 것을 내 가족들에게 자주 농담 삼아 말하고 했다. 예를 들어, 어머니는 갑자기 "그래, 나는 그녀에게 그것은 옳지 않다고 생각한다고 말했어."라고 말하곤 했다.

죄송하지만, 누가 당신에게 말했어요? 당신은 옳다고 생각하나요? 못말리게도 어머니는 생각나는 대로 말을 내뱉었으며 옆에 있는 사람들에게 그 말의 의미를 말해 보라고 요구했다.

어느 정도는 우리도 이와 유사한 행동을 한다. 우리는 잘 알고 있는 사람과 대화를 할 때 속기로 글을 쓰는 것처럼 간단하게 말을 하는 경향이 있다. 말하고자 하는 것을 명백하고 자세하게 표현할 필요가 없다. 둘 사이엔 통하는 '공유' 지식을 갖고 있기 때문에 굳이 분명하게 말할 필요가 없다.

여러분은 교무실에서 다음과 같은 대화를 들을 수 있을 것이다.

> "나쁜 아침?"
>
> "예, 평소대로 골치 아파요. 다시 해결해야겠는데. 좀 도움을 받았지만 이 수학 주제를 다루기가 힘들어요. 선생님은 어때요?"
>
> "아주 나쁘진 않아요. 겨우 이해했어요. 운동장이 젖었어요. 오늘 오후는 죽었군요."

만약 사람들이 아주 분명하고 말하고자 하는 의미를 완전하게 표

타인과의 교류

현해서 말한다면, 그 말은 다음과 같을 것이다.

"오늘 오전은 아주 잘 지나갔어요. 전체적으로 수업이 잘 진행되었고 수업목표를 잘 성취한 느낌입니다. 불행하게도 오늘 비가 오네요. 그러면 아이들이 점심시간에 밖에서 놀 수 없잖아요. 학생들이 뛰어 놀 수도 없고 넘치는 에너지를 발산할 수도 없고 말입니다. 따라서 학생들은 오늘 오후수업시간에 잠시도 가만히 있지 않고 활기가 넘칠 정도로 떠들썩할 것이고, 저는 그들의 주의를 집중시키기 위해 씨름해야 되겠지요."

그렇지만 사람들 사이에 공통의 이해가 있을 경우 상세하게 말하지 않아도 되기 때문에 이러한 상세한 얘기는 무의미하고 불필요하다.

물론 우리는 자세하게 말할 필요가 있을 수도 있다. 주의 깊은 경청은 상대방이 말하지 않은 것을 간파할 수 있음을 의미한다. 이런 경우에 그것은 상대방이 의미하는 바를 자신의 버전으로 쉽게 가정하고 상세한 설명으로 메우게 할 것이다. 그러나 여러분이 좋은 의사소통을 하길 원한다면 이해한 것이 정확한 것인지 체크할 필요가 있다.

다른 사람이 말하는 바의 의미를 제대로 이해했는가를 체크하기 위한 한 가지 방법이 질문이다. 그렇다고 사람들이 말하고 있는 모든 것을 체크하는 조사관이 되라는 뜻은 아니다. 예민하면서도 구체적인 질문은 여러 가지 역할을 할 것이다. 질문은 자신의 관점으로 해석하는 것에 토대를 두는 것이 아니라 상대방이 말하고 있는 것으로부터 수반되기 때문에 상대방의 말을 잘 경청하고 있다는 것을 보여 준다. 이처럼 질문은 잘 경청하고 있다는 것을 나타내 주기 때문에 친화감rapport을 형성하는 데 도움이 될 것이다. 그리고 질문은 구체적이기 때문에 상대방이 말하는 바의 의미를 정확하게 이해하도록 해 주며, 이는 좋은 의사소통을 발전시키는 데 도움이 될 것이다.

첫 번째 수준의 질문

우선 알아야 할 점은 대체로 개방적 질문open questions이 폐쇄적 질문closed questions보다 좋다는 것이다. 폐쇄적 질문은 단지 '예' 혹은 '아니요'로 대답할 수 있게 하는 질문으로, 상대방의 말을 더 자세하게 듣고 싶지 않을 경우 사용된다. 따라서 '나쁜 아침이야?'라는 질문은 폐쇄적인 질문으로 단지 '예' 혹은 '아니요'로 답하는 결과를 가져올 수 있으며, 이는 더 이상 대화의 진전을 가져오지 못하고 대화의 종식을 가져올 것이다.

그렇지만 폐쇄적 질문은 언제나 개방적 질문으로 바꿀 수 있다. '오늘 아침 어땠어요?'라는 질문은 개방적 질문으로 '예' 혹은 '아니요'보다 더 많은 대답을 하게 할 것이다. 따라서 개방적 질문을 사용하는 것이 좋은 습관이며, 그 비결은 프레임을 바꾸는 것이다. 아주 간단히 말해서, 만약 여러분이 질문에 무엇, 왜, 언제, 어떻게, 어디에서 혹은 누가와 같은 말을 포함시킨다면 상대방이 단지 '예' 혹은 '아니요'와 같은 대답이 아닌 그 이상의 보다 많은 정보를 제공하게 하는 개방적 질문이 될 것이다.

한 가지 조심해야 할 점은 '왜?'를 사용할 때에 주의해야 한다는 것이다. '왜?'라는 말은 가치가 실려 있을 수 있다. '왜?'라는 말을 예민하게 사용하지만 않는다면 상대방이 뭔가 궁금하여 더 알고 싶어 하는 것으로 들릴 수 있다. 예를 들어, '당신은 왜 그리 행동했나요?'와 같은 질문의 경우다.

'왜?'는 질문을 할 때 널리 사용되기 때문에 상대방의 저항을 가져오는 함정에 빠지지 않도록 항상 유념해야 한다. '왜'라는 질문은 언제나 다른 형태의 질문으로 수정해서 사용될 수 있다. 예를 들면, 다음과 같다.

> "당신이 그렇게 행동하도록 한 것은 무엇인가요?"
>
> "당신이 그렇게 행동하여 어떻게 되었나요?"

정보를 수집하는 질문

개방적 질문은 일반적으로 상대방이 말을 계속 하도록 격려할 것이다. 그러나 여러분은 상대방이 말하지 않은 채 남겨 둔 이야기도 있다는 것을 알아야 할 때도 있을 것이다. 여러분은 상대방이 말하는 것의 의미를 완전히 이해할 수 있도록 보다 많은 정보를 필요로 할 수도 있다. 아니면 여러분은 상대방이 스스로 상황을 이해하도록 도와주어야 할 수도 있다. 이런 경우에 상대방으로 하여금 자신이 의미하는 바를 정확하게 생각하도록 요구하는 표적 질문targeted questions이 좋다. 표적 질문의 예를 들면 다음과 같다.

> "오늘 아침 기분이 좋지 않은 점이 구체적으로 무엇인가요?"
>
> "나쁜 아침인 이유가 정확하게 무엇인가요?"

제한신념에 도전하는 질문

부정적 태도를 드러내기 위해 보다 적극적인 역할을 하는 질문이 있다. 부정성은 침투적일 수 있어서 전염이 될 수 있다. 교무실에 부정적 태도를 가진 교사가 한 명만 있어도 모든 교사의 마음을 부정적 소용돌이 속으로 빠지게 만들 수 있다. 많은 교사들이 꺼리지만, 그들을 괴롭게 만드는 문제를 다루고 싶어 하는 어떤 교사가 있을 수도 있다.

낸시 클라인은 누군가가 뭔가를 하지 못하도록 막는 태도는 '제한적 가정limiting assumptions'에 의해서 지지된다고 기술하고 있다. 교사는 교장선생님이 경청하지 않는다거나 자신을 비웃고 있다거나 어리석다고 생각하고 있을 것이라고 여길 수도 있다. 그러나 이러한 것들은 모두 가정(혹은 달리 표현하면 '제한신념')에 지나지 않는다. 이러한 가정은 어떤 사실적 증거에 기초한 것이 아니다. 그럼에도 불구하고 이러한 가정은 다음과 같이 행동에 강한 영향력을 행사한다.

> "이러한 가정이 여러분의 뇌 속에 일정 부분 자리 잡고 있다. ……이러한 가정은 여러분이 원하고 하고 싶은 것을 하지 못하고 움츠러들게 만든다. 이러한 가정은 여러분의 사고와 삶을 제한한다. 이러한 가정은 단순하지만 치명적이다."[9]

여러분은 그 사람에게 "일단 한번 해 봐!"라고 말할 수 있다. 그러나 낸시 클라인은 말하는 것은 효과가 없으며 질문이 효과적이라고 제안한다. 왜냐하면 질문은 누군가에게 순종하도록 요구하는 말하기와는 달리 생각하도록 요구하기 때문이다.[10]

이와 같이 사람의 태도를 수정하도록 하는 데 도움이 될 질문의 형태를 취하는 것이 도움이 된다. 여러분이 '나는 그것을 할 수 없어.' '나는 할 수 없을 거야.' '나는 해서는 안 돼.'와 같은 말에 직면할 때 다음과 같이 말하도록 시도해 보라.

"만약 내가 이것을 행한다면 어떤 결과가 일어날까?"

이러한 질문에 답할 수 있으려면 할 수 없거나 해서는 안 된다고 생각한 것을 행했을 때 그 결과가 어떻게 될 것인가에 대한 생각으로 전환시켜야 한다. 물론 여러분은 여전히 '오, 교장선생님은 경청하지 않을 거야.'(또 다른 제한신념)와 같은 반응을 보일 수 있다. 이러한 반응은 다음과 같은 반응을 수반할 수 있다.

"그러면 교장선생님이 나의 말을 경청하게 하려면 내가 어떻게 해야 할 것인가?"

대안적인 방법으로, 여러분은 낸시 클라인의 전략을 따라 다음과 같이 질문의 첫 부분에 긍정적 가정을 끼워 넣을 수 있다. 긍정적 가정은 여러분이 원하는 결과를 성취하기 위해 어떻게 할 것인가에 대해 생각해 보도록 이끈다.[11]

"만약 내가 교장선생님이 나의 말을 경청하도록 똑똑하게 말을 잘 할 수 있다는 것을 알고 있다면, 교장선생님께 어떻게 질문을 할 것인가?"

긍정적 전략을 이끌어 내는 질문

성취와 관련하여 낮은 자존감을 표현하는 것에 대한 반응으로 정말 유용한 질문이 있다. 여러분이 생산적인 질문을 하는 것인데. 이러한 질문은 학생들로 하여금 그들의 기존 능력을 확인하도록 도와주는 것과 관계가 있다. 만약 여러분이 다음과 같은 표현에 직면한다면 이에 대한 유용한 반응이 바로 질문이다.

"저는 시험에서 좋은 성적을 받아 본 적이 전혀 없어요."

이것은 제한신념이고 또한 일반화한 것이다. 그래서 여러분은 학생들이 일반화하고 있다는 것을 인식하도록 도와주는 질문을 할 필요가 있다.

그러므로 여러분은 '전혀'라는 말에 주목하여 다음과 같이 반응을 할 수 있다.

"전혀? 전혀 없다고?"

그런 다음, 다음과 같이 계속 대화를 이어갈 수 있다.

"참, 저는 작년에 역사 시험에서 좋은 성적을 얻었어요."
"맞아, 너 작년에 역사 시험에서 좋은 성적을 받았지. 정확하게 어떻게 했지?"
"저는 정말 그 교과에 관심이 많았어요."
"넌 정말 그 교과에 관심이 많았지. 구체적으로 어떻게 했지?"
"저는 열심히 공부했고 좋은 성적을 받았어요."

이와 같은 방식으로 정밀질문precision question을 하면 부정적 사고라인에서 벗어나 성공을 가져올 수 있게 하는 요인들을 확인하는 쪽으로 전환시키는 데 도움이 될 수 있다. 이런 방식의 질문은 '시험에서 좋은 성적을 전혀 받을 수 없다'는 사고라인에서 교과에 관심을 갖고 열심히 공부하면 좋은 성적을 받을 수 있다는 사고라인으로 전환시키는 데 도움이 된다.

일반화시키는 말에는 '전혀'만 있는 것이 아니다. 여러분이 귀담아 들어야 할 일반화를 함축하고 있는 다른 말도 있다. 이때 여러분은 질문을 통해 그와 같은 말을 반복함으로써 환기시킬 수 있다.

> "저는 수학에서 항상 망쳐요."
>
> "항상?"
>
> "모든 사람들이 저를 적대시합니다."
>
> "모든 사람들이?"

주의 깊은 경청을 통해서 여러분은 '할 수 없어요' '해서는 안돼요' '할 수 없을 거예요' '전혀' '항상'과 같은 제한신념을 암시하는 말에 주목할 수 있으며, 이에 대해 질문을 하고 대응할 준비 태세를 갖출 수 있다. 지니 라보르데Genie Laborde는 제한신념의 표현을 인식할 수 있는 여러 가지 방법을 제안했는데, '잠시 멈추어 생각해 보기 23'은 그중 하나의 전략으로, 여러분의 신체기억body memory에 질문을 고정시키라는 것이다.

잠시 멈추어 생각해 보기 23 / 여러분의 신체기억을 사용하기

정밀질문은 매우 효과적이어서 필요로 할 때 즉시 꺼내어 사용하는 것이 중요하다.

여러분의 인지기억cognitive memory 외에 '신체기억'을 활용하면 질문은 두 배의 효과를 가지게 될 것이다. 신체기억이란 무엇인가? 타자를 치는 경우를 생각해 보자. 엄청난 연습과 피드백(틀린 곳이 없는지)을 통해 키보드에 키가 어떻게 배열되어 있는지 의식하지 못한 채 타자를 정확하게 칠 수 있게 된다. 발달시킨 신체적 기능의 경우도 마찬가지다. 추측건대, 만약 내가 여러분에게 구두끈을 매는 방법을 말해 보라고 요구하면 여러분은 손을 사용하지 않고서는 증명해 보일 수 없을 것이다. 그 이유는 구두끈을 매는 방법에 대한 기억이 지금은 생리적으로 체질화되어 있기 때문이다.

여러분은 필요한 뭔가를 기억하기 위해 정밀질문과 함께 신체기억을 사용할 수 있다. 앞의 예에서 여러분은 손가락에서 정밀질문을 기억할 것이다.

- 준비동작으로 오른손을 면전에 갖다 놓고 손바닥이 아래로 가게 한다.
- 큰 소리로 말하고 동시에 특정 손가락으로 타이핑을 하면서 각 질문을 강조하려고 할 것이다.
- 검지(두 번째 손가락)−'구체적으로 무엇이지……?'라고 말하면서 동시에 검지로 타이핑을 한다.
- 이제는 중지(가운데 손가락)−'얼마나 정확하게……?'라고 말하면서 동시에 중지로 타이핑을 한다.
- 다음은 무명지(네 번째 손가락)−'만약 당신이 ……한다면 어떤 일이 일어날까?'라고 말하면서 동시에 무명지로 타이핑을 한다.
- 끝으로 새끼손가락−'전혀? 전혀 없다고?'라고 말하면서 동시에 새끼손가락으로 타이핑을 한다.
- 이번에는 각 질문을 말하고 차례로 각 손가락으로 타이핑을 하면서 다시 그 순서대로 계속 반복한다.
- 그러면 이제 질문들은 신체기억이 될 것이고, 필요할 때 능숙하게 질문들을 던지게 될 것이다.[12]

경청은 감지하는 것이다

여러분은 이 책 전반을 통해서 자기 자신의 심상 지도mental map로부터 타인에 대해 판단해서는 안 된다는 것이 매우 중요함을 강조하고 있다는 것을 알게 될 것이다. 여러분은 지금 적극적 경청을 하기보다는 오히려 단순히 듣고 있다는 것을 인정할 것이다. 여러분이 단순히 듣기만 할 때 자기 자신의 심상 지도를 만들게 될 것이다. 다시 말해서, 다른 사람이 말하고자 하는 의미를 경청하기보다는 단순히 들은 것에 대한 자기 자신의 의미로 해석하려고 할 것이다.

습관 5(친화감 형성)는 친화감을 형성하기 위해서 '다른 사람의 신발로 걷는' 것을 배우기 위한 것이었다. 여기에다 주의 깊은 경청을 하게 되면 우리는 다른 관점에서 사물이나 현상을 볼 수 있고, 어떤 견해 차이가 있는가를 듣기 위해 배울 수 있으며, 또한 다른 입장에서 사물이나 현상을 느낄 수 있다.

따라서 경청의 감지 부분은 여러분 자신의 입장은 물론 다른 사람들의 입장을 경험할 수 있게 해 준다. 다른 경우도 마찬가지이지만 이런 경우에 우리는 자기 자신의 입장을 결정하기 위한 선택을 하게 된다.

첫 번째 입장

첫 번째 입장은 다른 사람이 말하는 것을 듣되 여러분 자신의 입장으로부터 다른 사람의 말을 생각하는 것이다. 여러분은 세상에 대한 자신의 심상으로부터 들은 것을 해석한다. 여러분이 이러한 입장을 취해야 할 때도 있을 것이다. 아마도 여러분이 중요한 원칙을 유지해야 할 필요가 있을 때 그러할 것이다. 그러나 여러분이 관료적이고 융통성 없이 이러한 입장에 갇혀 있다면 독단적이고 완고한 자세를 취할 위험성에 빠지게 될 것이다. 다른 입장들을 융통성 있게 채택할 수 있어야 여러분의 경청과 전반적인 의사소통의 질을 개선할 수 있을 것이다.

두 번째 입장

두 번째 입장은 다른 사람이 말하는 것을 그의 관점으로부터 고려하는 것이다. 이는 여러분이 다른 사람의 입장에서 생각할 수 있고 다른 사람의 경험을 공감할 수 있기 때문에 가능할 수 있다. 여러분은 상대방이 말하는 것을 신체언어와 연결하여 볼 것이고, 상대방의 언어 속에서 그의 사고과정에 대한 단서를 주목할 것이며, 그가 말하는 것에 깔려 있는 신념과 가치를 인식하게 될 것이다. 다른 사람의 입장에서 세상을 보고 듣고 느낄 수 있다는 것은 그가 어떻게 느끼고 있는가를 인식하고, 그에게 동기를 부여하는 것이 무엇인가를 이해할 수 있는 매우 좋은 방법이다.

세 번째 입장

세 번째 입장은 한 발짝 물러서서 연루되어 있지 않은 관찰자의 견해로부터 바라보는 것이다. 이러한 입장을 취하면 여러분은 마치 외부인 혹은 관련되어 있지 않은 사람인 것처럼 다른 사람에 대한 여러분의 관계를 성찰할 수 있다. 여러분은 다음과 같은 질문을 하게 될 것이다.

"이 두 사람이 얼마나 사이좋게 잘 지내고 있는가?"

"두 사람 간의 역동성은 어떠한가?"

"두 사람은 서로서로 주의 깊게 경청하고 있는가?"

"혹시 두 사람 중에 누군가가 첫 번째의 입장을 취하고 있는가?"

"두 사람의 의사소통을 개선하기 위해 필요한 사항은 무엇인가?"

"두 사람이 주의 깊게 경청한다면 어떻게 될까?"

경청을 하면서 다른 입장을 경험할 수 있다는 것은 여러분이 습관 7(영향력 있는 행동)을 발달시키기 위해 나아갈 때 중요한 요인이다. 행동에 영향을 미치는 실전 파트는 다른 사람의 견해를 인정하면서 동시에 여러분 자신의 견해를 명확히 하는 데에 도움이 될 수 있다. 경청의 세 번째 입장은 여러분이 다음과 같이 할 수 있도록 도울 것이다.

- 여러분 자신의 견해와 다른 사람의 견해 차이를 인식하도록
- 비록 다른 사람의 견해가 여러분 자신의 견해와 차이가 있다 하더라도 다른 사람의 견해를 인정하도록
- 여러분이 관계에 영향을 미치고 개선할 수 있는 방법을 인식하도록

학습을 위한 경청

데이비드 폰타나David Fontana는 대부분의 참여자들이 말할 필요를 느끼는 다른 사회적 장면과는 달리 교실에서는 언어의 대부분이 학생들보다 교사에게서 나오며, 또한 학생들보다는 교사가 훨씬 더

많이 질문을 하는 수업에 대한 성찰에 대하여 기술하였다.

> "교실을 성공적인 언어적 환경으로 다룰 수 있는 능력은 하나의 수업기
> 술이며, 그 능력은 주로 다른 교사들과 학생들이 하는 말에 경청하고 자신
> 의 말과 그들의 말이 적절하게 조화를 이루도록 할 준비 태세를 갖고 있느
> 냐에 달려 있다."[13]

학습을 위한 경청listening for learning은 중요하다. 왜냐하면 경청 기술은 교사들의 사회적 상호작용을 위해 중요할 뿐만 아니라 또한 학생들의 학습에 있어서도 중요한 요소라는 사실이 연구에서 밝혀졌기 때문이다. 데이비드 우드David Wood는 학생들의 정보와 설명 기능의 촉진을 돕기 위한 협동과제를 실시한 한 연구 프로젝트에 대해 기술하였다. 흥미로운 연구결과 중 하나는 청자의 역할을 먼저 수행했던 학생들이 화자의 역할을 먼저 수행했던 학생들보다 순서가 되어 화자의 역할을 수행하게 되었을 때 훨씬 더 말을 똑똑히 잘 하였다는 것이다. 학생들에게 화자로서만 경험하게 하기보다는 청자로서의 역할을 수행할 기회를 제공한다면, 경청이 정보를 주고받는 방법을 학습하기 위한 보다 강력한 수단이 된다는 것이 연구의 결론이었다.[14]

성공하는 교사들 중에는 학생들의 경청 기능을 발달시키기 위해서 교실을 '손들기 없음no hands up' 구역으로 설정하는 사람들도 있다. 교사가 말을 할 때 학생들은 질문이 주어질 것이라 예상하지만 누구에게 답하라고 할지는 모르는 가운데 교사의 말을 열심히 들어야만 한다. 교사는 학생들의 이름이 각각 적힌 컬러 색상의 막대가 든 항아리를 갖고 있다. 교사가 질문을 할 때 항아리에서 하나의 막대를

골라 이름이 적힌 학생에게 질문에 답하라고 요구한다. 이러한 방식은 학생들에게 편견 없이 공평하게 질문에 답할 경험을 제공하지만, 무엇보다 중요한 것은 학생들에게 경청의 기능을 발달시키도록 요구한다는 것이다.

교사의 말을 경청하는 것과 관련하여 가장 중요한 요인은 아마도 학생들 자신의 의견으로부터 나온다. 수업이 끝날 때 학생들부터 교사가 받게 되는 피드백은 곧 좋은 교사란 어떤 교사인가에 대한 학생들의 의견이 가장 잘 표현된 것이다. 이런 점에서 로버트 피셔는 "좋은 교사란 어떤 교사인가에 대해 학생들이 종종 언급하는 요인은 학생들이 말하는 것에 관심을 갖고 잘 경청해 주는 것이다."[15]라고 말하고 있다.

결론

성공하는 교사들은 주의 깊은 경청이 좋은 의사소통과 대인관계를 유지하는 데에 중요하다는 것을 잘 알고 있다. 그들은 습관 6(주의 깊은 경청)을 개발함에 있어서 비록 자신의 견해와 다르다 하더라도 다른 사람의 입장을 이해하기 위한 능력을 향상시킨다. 경청에 대한 그들의 접근은 수동적이기보다는 적극적이기 때문에 대인관계에 긍정적인 방식으로 영향을 미칠 수 있다.

성공하는 교사들은 그들의 모든 감각을 활용하여 주의 깊게 경청하기 위해 기울인 시간이 좋은 대인관계를 위한 투자라는 사실을 익히 알고 있다. 습관 6은 사람들이 말하는 것에는 차이가 있다는 것을 주목하며 경청하고, 이해를 도모하거나 사람들로 하여금 부정적 사고의 사이클에서 벗어나도록 하기 위해 정확한 질문을 활용하는 것을 의미한다. 또한 습관 6은 사람들로 하여금 자기존중을 이끌게 함으로써 활력을 가질 수 있도록 경청을 활용하는 것을 의미한다.

성공하는 교사들은 또한 습관 6을 채택하는 것이 수업에도 이점이 있다는 것을 잘 알고 있다. 주의 깊은 경청을 연습할 때 그들은 학생들이 자신의 능숙한 경청 행동을 발달시킬 수 있도록 역할모델을 제공한다. 그들은 말하기보다는 듣기에 더 많은 시간을 할애하기 때문에 학생들로 하여금 자신의 이해를 도모하도록 격려한다. 그리고 경청은 학습에도 매우 중요하기 때문에 그들은 학생들이 주의 깊은 경청 기술을 발달시킬 수 있도록 실천적 전략을 활용한다.

성찰 주의 깊은 경청의 태도

능숙하고 이해심이 많은 경청자가 되기 위한 능력은 좋은 의사소통의 기본 요소다. 이러한 능력은 다차원적이어서 친화감을 형성하고, 다른 사람들이 말하도록 격려하며, 다른 사람들의 자존감을 증진시키는 것을 포함한다. 이러한 능력은 다른 사람들과 관계 맺기의 습관을 발달시키기 위한 토대를 형성한다.

이러한 능력은 과소평가되어서는 안 된다. 여러분의 전체 자아를 수용적 매체로서 활용하고 이용 가능하도록 하게 하는 것은—그저 경청만 하더라도—의미 있는 의사소통을 위한 바탕이 될 수 있다. 이러한 능력은 종종 다른 사람들이 자신의 이해를 도모하거나 자신에 대해 보다 좋게 느끼도록 도와주는 데 필요한 것일 수 있다. 여러분이 누군가에게 말하도록 격려하고 싶을 경우 여러분의 머리를 끄덕거리기만 해야 할 때가 종종 있을 것이다. 여러분이 고개를 끄덕거리면 상대방이 열심히 말을 할 것이다. 고개를 끄덕여라!

의사소통의 93%가 신체언어 요인에서 나온다는 것을 잊지 말라. 주의 깊은 경청의 바탕은 다음과 같은 여러분의 신체언어와 함께 행하는 것과 관련 있다는 것은 놀라운 일이 아니다.

- **편안한 신체 자세:** 안절부절못하거나 주의를 흩트리는 동작을 하지 않아야 한다. 앞으로 수그린 축 처진 태도를 취하지 않고 편안한 자세가 상대의 말이나 행동을 수용하고 있다는 것을 전달한다.
- **신체적 개방성:** 여러분의 신체가 상대의 얼굴을 향하도록 하고, 팔이나 다리를 꼬지 않도록 한다. 이는 상대에 대한 여러분의 신체적 장벽이 없다는 것을 의미한다.
- **살짝 앞으로 기울이기:** 상대가 말하고 있는 것에 관여하고 있다는 것을 표시하도록 상대쪽으로 살짝 기울인다. 이때 지나침이 없도록 하고 상대의 개인적 공간을 침투하지 않도록 해야 한다.
- **자연스러운 눈 맞춤:** 자연스럽게 눈 맞춤을 해야 한다. 상대에게 위협감을 주지 않도록 뚫어지게 응시해서는 안 된다. 서로가 편안함을 느낄 수 있는 태도를 취해야 한다.
- **적절한 얼굴 표정:** 긴장하지 않은 편안한 얼굴 표정과 적절한 웃음은 상대에 대한 관심을 전달한다. 웃음이 적절하지 않으면 상호작용에 신경을 쓰게 된다. 여러분의 얼굴 표정은 상대의 기분에 맞추어 감정을 전달할 수 있는 것이어야 한다.
- **고개 끄덕임:** 고개를 끄덕이는 것은 여러분이 주의를 기울이고 있다는 것을 보여 준다. 고개 끄덕임은 반드시 여러분이 상대가 말하는 것에 모두 동의한다는 것을 전달할 필요는 없으며 주의를 기울여 경청하고 있다는 것을 전달하면 된다.[16]

| 권장도서 |

• 낸시 클라인(Nancy Kline)은 경청과 주의력의 질이 사람들의 사고능력에 어떻게 영향을 미치는가에 대한 강력한 모델을 제시하고 있다. 주의력과 정밀질문 간의 연결을 이해하기 위한 좋은 독서거리는 다음과 같다.

Kline, N. (1999). *Time to think: Listening to ignite the human mind.* London: Cassell Illustrated.

• 로버트 피셔(Robert Fisher)의 다음 저서에는 교사들의 공감적 경험자가 되기 위한 지침과 아이들이 경청하는 것을 배울 필요가 있다는 점, 그리고 '주의 깊은 행동'을 위한 체크리스트를 포함하고 있는 장이 있다.

Fisher, R. (1995). *Teaching children to think* (2nd ed.). Cheltenham: Nelson Thornes Ltd.

| 미주 |

1 Fisher, R. (2005). *Teaching children to think* (2nd ed.). Cheltenham: Nelson Thornes Ltd. p. 137.

2 Rogers, C. R. & Roethlisberger, F. J. (1952). Barriers and gateways to communication. *Harvard Business Review, 30*, 44-49.

3 Fisher, R. (2005). *Teaching children to think* (2nd ed.). Cheltenham: Nelson Thornes Ltd. p. 139.

4 Riches, C. (1997). Communication in educational management. In C. M. Kydd & Riches, C. (Eds.), *Leadership and teams in educational management*. Buckingham: Open University Press. pp. 174-175.

5 Kline, N. (1999). *Time to think: Listening to ignite the human mind*. London: Cassell Illustrated. p. 37.

6 ibid., p. 37.

7 Riches, C. (1997). Communication in educational management. In C. M. Kydd & Riches, C. (Eds.), *Leadership and teams in educational management*. Buckingham: Open University Press. p. 174.

8 Mehrabian, A. (1971). *Silent messages*. Belmont, CA: Wadsworth.

9 Kline, N. (1999). *Time to think: Listening to ignite the human mind*. London: Cassell Illustrated. p. 54.

10 ibid., p. 55.

11 ibid., p. 56.

12 Laborde, G. Z. (1998). *Influencing with integrity: Management skills for communication and negotiation*. Carmarthen: Crown House Book Co. Ltd. pp. 95-105.

13 Fontana, D. (1995). *Psychology for teachers* (3rd ed.). New York: Palgrave. p. 88.

14 Wood, D. (1998). *How children think and learn* (2nd ed.). Oxford: Blackwell Publishers Ltd.

15 Fisher, R. (2005). *Teaching children to think* (2nd ed.). Cheltenham: Nelson Thornes Ltd. p. 204.

16 Nelson-Jones, R. (1988). *Practical counselling and helping skills* (2nd ed.). London: Cassell. pp. 20-21. http://nlpuniversitypress.com

다른 습관들과 마찬가지로 '영향력 있는 행동'은 단순하게 기술을 습득하는 것이 아니다. '영향력 있는 행동'은 다른 사람을 존중하는 개인적 감정이나 태도를 숨기지 않고 표현하는 것에서 시작되는 전문성이다. '영향력 있는 행동' 없는 '자기주장'은 더 군림하거나 요구하는 행동에 가깝다. '영향력 있는 행동'은 자기 스스로를 관리하는 습관과 타인에 대한 진실한 행동 모두를 목적으로 한다.

영향력 있는 행동
9 Habits of Highly Effective Teachers

앞서 살펴본 습관들은 학습전문가로서 여러분의 역할 준비에 관한 것이었다. 여러분은 교사로서의 역할과 정체성을 고민했고, 함께 일하는 구성원을 더 생각해 보고 그들이 생각하는 패턴을 짐작할 수 있게 되었다. 그리고 여러분은 부정적인 스트레스가 쌓이는 것을 피할 수 있을 만큼 변화되었으며, 자신의 시간을 관리하는 방식을 새로운 시각으로 보게 되었다. 또한 여러분은 친화력이 생겼고, 다른 사람의 말을 경청하는 것이 주는 긍정적 효과도 경험하였다.

만약 여러분이 매주 질서정연한 환경에서 일한다면 앞서 언급한 습관들만으로 충분할 수 있다. 그러나 여러분은 교직이라는 복잡하고도 어려운 환경을 선택하였다. 교직은 끊임없이 변화가 발생하고, 다른 사람들과 함께 일해야 하는 환경이다. 또한 사람들의 행동은 예측하기 어렵고, 변덕스러우며, 평범하지도 않다.

나는 연수를 할 때마다 습관적으로 인용하는 짧은 문구가 있다.

그것은 바로 '까다로운 사람 같은 건 없다'인데, 이 문구는 많은 비웃음을 자아내면서 다양한 반응을 이끌어 내곤 한다. 그리고 나는 동료의 비이성적인 행동을 불평할 때마다 적어도 한 번 이상 이 문구를 되새기곤 했다. 어떤 동료는 "아하! 나는 당신이 말했던 까다로운 사람 같은 건 없다는 문구를 생각했다."라고 감탄하면서 끼어들었다.

그러나 나는 이 문구가 습관 7(영향력 있는 행동)을 뒷받침한다고 믿고 있다. 아마도 까다로운 사람이 있는 것이 아니라 거슬리고, 부담스럽거나, 위협적인 행동이 있을 것이다. 습관 7은 다른 사람들의 '까다로운' 행동에 적절하게 대응하는 방법을 개발하는 것이다. 습관 7은 여러분이 잘 지내기 어려운 상대를 만났을 때, 그들과 조화롭고 생산적인 관계를 형성하기 위해 여러분의 행동이 아직까지 충분히 유연하지 않다는 사실을 깨닫게 해 줄 것이다.

여러분이 우연히 맞이한 부담스러운 행동들은 때로 빤히 보이는 행동들이다. 논쟁에 작정하고 덤비는 학부모는 공격적인 성향이 분명하기 때문에, 이때 여러분은 능동적으로 대처해야 하는 상황이라는 것을 직관적으로 알 수 있다. 그러나 경우에 따라서는 행동이 좀 더 미묘하거나, 여러분이 알아채지 못한 것일 수도 있다. 심지어 여러분은 정말로 하고 싶지 않은 것을 하도록 이끌려 왔고, 무시당하거나, 부당하게 비난받았다는 사실조차 깨닫지 못할 것이다. 여러분은 아마도 불편하거나 억울함을 느끼기 시작하거나, 또는 누군가가 여러분을 그런 식으로 대하도록 놔두었다는 것에 화가 날 때 비로소 깨닫게 될 것이다.

전반적으로 습관들은 시간관리, 스트레스 취급, 까다로운 사람과의 관계에 효과적인 행동들이 단순하게 외적인 기술을 습득해서 얻어지는 것이 아니라는 것을 보여 준다. 기술들은 단지 최종 산출물에 불과하다. 실제 지속 가능한 행동 변화는 내적인 것으로부터 나오는 변화다. 즉, 자신의 정체성을 확인하고, 자신의 신념과 가치를 확신하며, 다른 사람을 진정으로 존경하고 연민을 느낄 때 가능하다.

습관 7은 '영향력 있는 행동'을 개발하는 것인데, 이것은 어떤 '내적 상태'로부터 나타나는 행동이다. 따라서 이 습관을 개발하기 전에 나는 '자기주장assertiveness'이라고 불리는 행동을 유심히 관찰할 것을 부탁하고 싶다. 왜냐하면 자기주장은 영향력 있는 행동보다 선행되어야 하기 때문이다. 뒤에서 알게 되겠지만, 자기주장의 기술은 분명 강력한 것이지만 그것이 자칫 '자기 원하는 대로만'으로 잘못 사용될 경우에는 공격적인 행동과 자기주장 사이에서 혼란스러운 덫에 걸릴 수 있다. 또한 자기주장이 강하다는 것은 타인을 진정으로 존중하는 데 익숙하지 않은 것으로 오해받기 때문이다. 습관 7은 자기주장을 기반으로 하기 때문에, 가장 중요한 요소인 일치성congruence에 대한 확신 없이 단지 기술을 받아들이는 피상적인 접근을 피하기 위해서 시작부터 제대로 이해하는 것이 중요하다.

자기주장이란 무엇인가

1970년대 후반부터 주목받기 시작한 '자기주장'에 관한 논의는 매뉴얼 스미스Manual Smith의 저서 『나는 '아니요'라고 말할 때 죄책감을 느낀다When I say No, I feel Guilty』(1975)의 출간을 계기로 본격화되었다. 초기에 자기주장은 자존감과 관련되었는데, 타인을 불공정하게 괴롭히고, 조정하고, 학대하고, 비난하는 기술을 포함한 권리 침해를 신경 쓰지 않고 자신만의 방식 또는 자신만의 관점을 확고하게 하는 것을 옹호하였다.

불행하게도 1980년대에는 자기주장에 관한 세밀한 원리들이 마련되지 않은 채 자기주장을 개발하기 위한 교육훈련이 크게 성장하였다. 이 시기에 자기주장은 공격적인 행동 또는 타인의 권리를 존중하지 않는 자신만의 방식을 고집하는 기술과 혼동되었다. 따라서 자기주장의 개념을 이해하기 위한 가장 좋은 방법은 자기주장에 해당되지 않는 것을 명확히 구분하는 것이다.

• 앨리슨은 교무실에서 이야기를 주도한다. 앨리슨의 동료들은 그녀를 의견이 강한 사람으로 취급하여 참는 경향이 있다. 반면, 앨리슨은 자신과 다른 견해를 무시한다. 그래서 그녀의 생각과 불일치한 경우에는 시간낭비라고 생각하여 어느 누구도 그녀에게 반박하려고 하지 않는다. 한번은 교사의 전문성 개발에 관한 쟁점이 있었는데, 교감조차도 수업방식을 개선하는 데 도움이 되는 특별 연수에 참여하도록 그녀를 설득하는 데 실패하였다. 앨리슨은 어떤 연수도 필요하지 않다고 주장하였다. 따라서 그녀가 모르고 있는 정보도 그녀에게는 제공되지 않았다. 앨리슨은 항상 '그녀의 입장만 고수'하고 학부모의 견해를 받아들이지 않았다. 학부모들이 자녀의 문제로 그녀와 만날 때마다 항상 의견 충돌로 끝이 나곤 했다. 인터뷰 내내 그녀는 대단히 위협적인 태도를 보였다. 그녀는 인상을 찌푸리고 거의 소리를 지르는 정도로 목소리를 높였다.
앨리슨의 행동은 자기주장이 아니고 공격적인 것이다.

• 스티븐은 항상 팀 회의에서 다수의 의견에 따른다. 회의 시간에

그는 항상 조용하게 말해서 아무도 요점을 듣지 못한다. 그는 자신의 수업에 대해 걱정거리가 많지만 언급할 생각조차 하지 않는다. 그는 그러한 행위를 진정한 걱정이 아닌 불평으로 여긴다. 그는 학생들에 대해 비판적인 이야기를 하면 학부모들의 기분이 상할까 봐 매우 간단하게 이야기한다. 스티븐은 권위적으로 인식될까 봐 언제나 조용한 목소리로 말한다. 그러나 사과하듯이 이야기하는 태도는 그가 다른 사람과 이야기할 때 눈조차 맞추지 못하는 사람이라는 생각이 강하게 들게 한다. 타인의 감정을 상하게 하지 않으려는 스티븐의 노력에도 불구하고 동료들은 그의 중립적인 태도에 짜증을 내기 시작했고, 급기야 중요한 토론에 그를 배제하려고 하였다.

스티븐의 행동은 자기주장이 아니고 순종적인 것이다.

• 팻시는 타인의 생각에 반대한다는 것을 공개하지 않는다. 왜냐하면 팻시는 그것이 논쟁으로 이어질까 봐 두렵기 때문이다. 그러나 그녀는 다른 사람이 말한 것이나 실행한 것에 동의하지 않을 때, 어떻게든 자신의 견해를 표현해야 한다는 강한 욕구를 느낀다. 그래서 직원회의에서 고개를 끄덕이며 앞장서서 동의하기도 하지만, 다른 직원과 잡담을 하는 식으로 자신의 견해를 표현하기도 한다. 그녀는 종종 정직하게 자신의 의견을 표현하기보다 냉소적이거나 빈정대는 형식으로 토론에 참여한다. 즉, 그녀는 다른 길로 되돌아가는 식으로 종종 반대 의견을 표현한다. 그녀는 새로운 일을 맡게 되었을 때 계획에 차질이 생길 정도로 늑장을 부리는 것으로 유명하다. 팻시는 그녀와 농담을 할 수 있는 동료들과만 친분을 유지하는 경향이 강하다. 나머지 동

료들은 서로 신뢰를 주고받는 데 매우 조심하게 된다. 왜냐하면 그들은 그녀가 면전에서는 동의하면서도 뒤돌아서는 험담한다는 사실을 알기 때문이다.

팻시의 행동은 자기주장이 아니고 수동공격적인 것이다.

공격적이고, 순종적이며, 수동공격적인 행동은 각각 다른 것이다. 그러나 이 세 가지는 모두 그 기원이 동일하다. 세 가지 행동은 자신의 신념과 가치를 의미하는 자신감이 부족한 사람들이 보이는 공통된 모습이다.

이러한 행동은 또 다른 공통점이 있다. 습관 2(삶에 대한 학습)에서 배운 것처럼, 여러분의 행동은 다른 사람이 여러분에게 반응을 하는 데 영향을 준다. 앞의 사례에서 알 수 있듯이 앨리슨, 스티브, 팻시는 다른 사람에게 긍정적이고 근본적인 영향을 주지 못한다. 이들의 행동은 특정한 상황에서 효과가 있을지 모르지만 그것은 매우 단기적인 것에 불과하다. 장기적으로 이러한 행동들에 대해 사람들은 짜증을 내거나, 회피하거나, 존중하지 않는 반응을 보이게 된다.

반면, 자기주장은 직접적이고, 정직하며, 적절한 방법으로 상호작용을 가능하게 한다. 또한 자신의 권리를 지키면서 동시에 타인의 권리도 존중해 줄 수 있다. 원칙에 토대를 둔 행동은 함께 일하는 사람들의 존경과 신뢰를 얻어 낼 수 있다. '잠시 멈추어 생각해 보기 24'에서 기술한 바와 같이, 이러한 행동은 인권을 존경하는 데서 자라난다. 그러나 권리를 잘못 해석할 경우, 자기주장의 정신을 따르지 않으면서 지배적인 방식으로 행동할 위험성이 있다. 따라서 영향력 있는 행동에 대한 아이디어를 발전시키기 전에 놓치기 쉬운 핵심 요소를 이해하는 것이 중요하다.

타인과의 교류

진정한 자기주장이란 다음과 같다.

- 열려 있고, 유연하며, 진정으로 타인의 권리를 존중하는 것

- 동시에 자신의 권리를 주장할 수 있는 것

- 타인의 권리를 침해하는 방식으로 자신의 권리를 주장하지 않는 것

- 자신의 욕구, 바람, 의견, 감정, 신념 등을 직접적이고, 정직하며, 적절한 방법으로 표현하는 것[1]

이러한 권리들은 무엇인가?

자기주장에서 언급된 권리들은 법령에 명시되어 있는 것과 다르다. 우리는 차별로부터 보호받을 법적 권리가 있고, 고용계약, 근무조건, 출산휴가, 육아휴직, 퇴직수당 등과 같은 고용조건을 보호받을 권리도 있다. 여러분은 이러한 법적 권리들의 세부 사항까지 알지 못한다. 그러나 어딘가에는 명문화되어 있고, 만약 법적 권리가 침해되었을 때 노동조합과 같이 누군가는 여러분을 도와주기도 한다.

권리라는 개념은 오래 전부터 존재해 왔다. 권리는 1948년 인간다운 삶을 고려해야 할 필요성에서 출발한 UN의 세계인권선언에 포함되었다. 1988년 영국 정부가 모든 법정에 임무화한 인권법을 제정함에 따라 유럽인권보호조약도 모든 재판소에서 최대한 법적으로 해석하게 되었다.

다른 사람을 동등하게 대한다는 원칙은 자기주장의 근거로서 타인과 관련된 우리의 행동 권리를 발전시키는 것이다.

자기주장은 비록 확정된 목록은 없지만 다양한 형태로 정의된다. 자기주장의 행동을 개발시키는 원리로 가장 먼저 다음과 같은 권리를 갖고 있다는 것을 인정할 필요가 있다.

- 나이, 인종, 사회적 계층, 성, 장애, 직업 등과 무관하게 동등하게 존중받는 것
- (타인과 다르거나 혹은 같은) 감정과 의견을 표현하는 것
- 타인과 다른 욕구와 바람을 가지는 것
- 죄책감이나 이기심을 느끼지 않고 요청을 거절하는 것
- 타인에게 정직하게 피드백을 주는 것
- 여러분에 대한 비판을 알고 반응할 기회를 갖는 것
- 의사결정을 할 때 생각할 시간을 갖는 것
- 때로는 인간적인 실수를 하거나 잘못을 할 수 있는 것
- 이해할 수 없다고 말하고, 더 많은 정보를 요구하는 것
- 타인의 문제해결책을 찾아 주어야 할 책임이 있는지 판단하는 것
- 인정받기 위해 타인에게 의존하지 않는 것
- 타인을 설득하기 위해 도전적인 태도와 행동을 하는 것
- 다른 사람들과 같거나 또는 다르게 자기 자신에게 충실하는 것[2]

그리고 여러분이 이러한 권리를 모두 인정할 경우 가장 중요한 것은 타인도 여러분과 같은 권리를 갖고 있다는 것을 인정하는 것이다. 따라서 여러분은 자신의 권리는 물론 다른 사람의 권리도 보장해야 할 책임이 있다.

중요한 요소: 일치성

여러분은 '일치성'의 의미를 설명하기 위해 다양한 용어를 선택할 수 있다. 예컨대, 여러분은 '진정성' '진실성' '동조성' '조화성' 등을 사용할 수 있다. 기본적으로 이것은 여러분이 몸짓으로 전달하려는

메시지와 여러분이 말하는 것을 일치시키는 것을 의미한다. 여러분이 습관 6(주의 깊은 경청)에서 확인한 바와 같이, 이것은 다른 사람들이 인지한 우리의 말을 납득시키기 위해 몸짓으로 전달하는 메시지의 조합이다.

여러분은 앞서 소개한 앨리슨, 스티븐, 팻시의 사례로부터 몸짓으로 표현하는 것이 그들의 행동을 규정하는 데 중요한 역할을 한다는 점을 인지했을 것이다. 비록 그들이 우스꽝스러울지 몰라도, 여러분은 아마도 그들의 성향을 파악할 수 있었을 것이다. 공격적인 성향의 앨리슨은 언성을 높이고 인상을 찌푸리는 경향이 있었다. 따라서 여러분은 아마도 앨리슨이 완고한 태도를 보이는 것이 반대 의사를 표현하는 방식이라고 볼 것이다.

반면, 순종적인 행동을 보이는 스티븐은 지나치게 말수가 적고 자신감이 없어서 그가 말하는 것을 아무도 신경 쓰지 않았다. 그가 다른 사람과 눈을 맞추지 못하고 아래를 바라보는 것은 비굴함을 표현한다는 인상을 준다.

수동공격적인 팻시는 아마도 많은 내적 긴장을 갖고 있을 것이다. 그녀는 다른 사람에게 냉소적일 때는 말 그대로 차갑게 대하고, 누군가를 비난할 때는 날카로운 어조로 표현할 것이다.

여러분은 행동하는 것과 말하는 것을 연결시키는 의사소통 채널로 몸짓으로 표현하는 것들을 확인할 수 있다. 일치성은 그보다 더 복잡하다. 진정성과 진실성을 인지하는 원천은 여러분이 자신과 타인을 믿는 내적인 것에 있다. 이것은 여러분 자신과 여러분의 능력을 있는 그대로 인정하는 것과 다른 사람에게 관심을 갖고 진심으로 연민하는 것에서부터 나온다. 다음 절에서 여러분은 자기 자신을 자신감이 넘치고 말과 행동이 일치하는 교직 전문가로서 세상에 드러낼 수 있도록 하는 여러 요소들이 있다는 것을 확인할 수 있을 것이다.

영향력 있는 행동의 핵심

영향력 있는 행동 전략을 펼치기 전에 영향력 있는 행동의 핵심들이 적재적소에 사용되어야 한다. 또한 여러분은 자신을 관리하는 습관이 영향력 확산을 동반하는 습관을 개발하기 위한 준비라는 것을 알아야 한다.

신념과 가치

여러분은 습관 1(자기성찰)을 공부하면서 가르치는 것과 교육하는 것에 관한 신념과 가치를 생각했을 것이다. 여러분은 학생과 동료 교사들과의 상호작용을 통해서 지속적으로 신념을 확인해야 한다는 것을 인지했을 것이다. 이것은 자기주장의 권리에도 해당된다. 권리, 신념과 가치를 확고히 하는 것은 모순되고 불평등한 상황이 발생하였을 때 영향력 있는 행동을 실천할 수 있는 탄탄한 기반이 된다. 여러분은 자신의 행동, 신념, 가치를 조화시키는 전문성으로 신뢰할 만한 인상을 줄 것이다.

예민한 감각

여러분은 습관 2(삶에 대한 학습)에서 학습한 대로 더 이상 개인적인 집착에 빠지지 않고 가능한 감각을 이용해 가용한 정보 인식을 확장시켰을 것이다. 여러분은 보고, 듣고, 느낀 것을 추정하지 않음으로써 타인을 고정관념으로 보거나 섣불리 예단하는 것을 경계하게 되었다. 이러한 지각 덕분에 여러분은 다른 사람이 틀에 박히고 교활하게 행동할 경우에 더욱 민감할 것이다. 영향력 있는 행동을 개발함에 있어서 여러분은 그것에 도전함으로써 자신감의 토대를 만들 것이다.

'마음 상태' 관리

여러분은 자신을 제어할 수 있고, 자신감을 가질 수 있으며, 정신이나 육체 그리고 감정이 조정될 수 있다는 것을 인지할 수 있다. 그리고 여러분은 습관 2(삶에 대한 학습)에서 결과를 제어하는 감각을 주는 내적 평온에 기초한 영향력 있는 행동을 할 수 있는 닻을 내리기 위한 전략을 찾았을 것이다.

육체적 인식

습관 6(주의 깊은 경청)에서 의사소통의 93%가 비언어적인 요소로 이루어진다는 사실을 배웠기 때문에, 여러분은 자신의 태도를 타인이 인식한다는 것을 잘 알게 되었다. 여러분은 사람들이 보여 준 자세, 얼굴 표정, 목소리, 그리고 눈을 맞추는 방식 등과 같은 몸짓으로 공격적이고 순종적이며 수동공격적인 행동을 보인다는 사실을 안다. 여러분은 자신의 마음 상태를 관리할 수 있기 때문에 자기주장을 하고자 할 때 여러분의 몸짓으로 메시지를 확실하게 전달할 수 있다. 여러분은 전달하려는 메시지에 맞게 편안한 자세로 앉아 있거나 서 있고, 목소리를 차분하게 하거나, 적절하게 눈을 맞추며, 얼굴 표정을 지을 수 있다. 여러분은 몸짓이 말에 준하는 권위를 전달할 수 있다는 사실을 배웠다. 사람들은 여러분이 말하려는 것이

언어적인 것이든 비언어적인 방식이든 상관없이 더 잘 알아차린다.

정보 수집

여러분은 다른 사람들이 자기주장을 하지 않을 때 직접적인 표현을 하지 않거나 속내를 숨기려고 하는 것을 안다. 여러분이 다른 사람들과 관계를 형성하기 전에 그들의 진정한 의도를 이해하기 위해서는 더 많은 정보가 필요하다. 습관 6(주의 깊은 경청)을 통해 여러분은 이해한 정도를 확인하기 위한 특별한 질문 기술을 사용하게 되었다. 그래서 여러분은 더 개방적이고 정직한 의사소통으로 발전시킬 수 있다.

유연성

여러분은 습관 2(삶에 대한 학습)를 통해 자신이 전달하고자 하는 의미만으로 다른 사람이 정확하게 인식하지 못한다는 것을 알게 되었다. 만약 여러분이 다른 사람과 친화감을 만들고 잘 지내기를 원한다면, 여러분의 언어와 행동을 인정해야 한다는 사실을 깨달았다. 여러분의 행동이 곧 자신이 아니라는 것을 이해하고, 하나의 패턴에 갇힐 필요가 없다는 것도 알고 있다. 습관 3(스트레스에 대한 대처)을 통해 여러분은 자신의 행동을 강조하기 위한 가능한 행동 변화를 보여 주었다. 그리고 습관 4(여유 갖기)에서는 여러분의 시간을 관리하였다. 다른 사람에 대해 유연하게 반응하는 것은 여러분의 의사소통 능력이 향상되었음을 의미한다.

자존감

여러분이 자신을 어떻게 평가하는가는 신념 체계의 한 부분이다. 다른 모든 신념과 마찬가지로 그것은 여러분의 행동에서 인지된다. 앨리슨의 잘난 척하고 고압적인 행동은 고질적인 부적절함을 나타낸다. 사람들이 나쁘게 생각하는 스티븐의 두려움은 소심하고 비굴한 인상을 준다. 팻시는 다른 사람을 비열한 방법으로 '물러나게' 함으로써 자신의 가치를 높이려고 한다. 자기 자신에 대한 선한 감정은 잘난 척하거나 건강하지 않은 자기애와 다르다. 오히려 자신의 가치에 대한 진정한 평가는 있는 그대로의 자신을 인정할 수 있는 것이다. 만약 여러분이 있는 그대로의 자신을 인정하지 않는다면, 여러분은 다른 사람을 있는 그대로 인정할 수 없을 것이다. 만약 여러분이 다른 사람과 원만하게 지내기를 원한다면 먼저 자기 자신과 잘 지내야 할 것이다.

다른 사람의 행동에 반응하기

여러분은 지금까지 소개한 영향력 있는 행동을 위한 핵심 요소들의 의도를 이해했을 것이다. 이 핵심 요소들은 여러분이 자기주장을 실천하는 데 전략이 될 것이다. 여러분도 확인했듯이, 이러한 본질적인 요소들이 없을 경우 자기주장은 공격적인 행동이 될 경향이 있고, 완벽하게 기술을 실천할 수 있다는 자신감을 가지지 못할 수도 있다. 모든 상황은 상이한 과정이다. 성공하는 교사들은 모든 상황에 적절하게 반응하기 위해 유연성을 개발해야 한다. 특정 상황에서 효과적인 행동에 대해 생각해 볼 필요가 있다.

예컨대, 비난에 대해 효과적으로 대처하는 것은 매우 어렵다. 그 것은 앨리슨과 같이 아집이 센 누군가와 함께 일할 때 나타난다. 여 러분이 앨리슨과 수업자료를 공유하는 것에 동의했는데 그것을 학 교로 가져오는 것을 깜빡 잊어버렸다고 가정해 보자. 만약 앨리슨의 스타일을 알고 있다면, 그녀는 심하게 비판적일 것이고 심지어 여러 분의 능력 전반에 대한 비판으로 이어질 것이다. 어떤 사람들은 효 력이 있건 없건 질문하지 않고 비난을 받아들이는 반응을 보일 것이 다. 아니면 대안으로 속이 빤히 들여다보이는 모든 책임을 회피하는 감정적 반응을 온통 보일 것이다. 습관들은 여러분이 대안적인 반응 을 할 수 있도록 돕는다. 〈표 6〉은 비난에 대한 적절한 자기주장을 정리한 것이다.

타
인
과
의

교
류

표 6. 비난을 받아들이는 절차

1단계	주의 깊게 듣기	다른 사람의 관점에 가치를 부여하기
2단계	감정적으로 반응하지 않기	• 공격적: 강하게 부인하기 • 수동공격적: 부루퉁하거나 말을 안 하기 • 순종적: 모든 것을 믿기
3단계	이해하고 있는 것을 확인하기	진실을 확인하기 위해 질문하기 • 구체적으로 무엇인가? • 정확하게 어떠한가? • 결코…… 결코 아닌?
4단계	비난의 진실을 확인하기	이것은 • 완전히 사실인가? • 부분적으로 사실인가? • 완전히 거짓인가?
5단계	자기주장으로 반응하기	〈완전히 사실일 때〉 분명하게 말하기: "그래, 내가 수업자료 가져오 는 것을 잊어버렸다."

		어떻게 느꼈는지 설명하기: "나는 비난에 기분 나빴다."
5단계	자기주장으로 반응하기	다른 사람에게 어떤 영향을 줄지 묻기: "이것이 당신을 어렵게 만들 것인가?"
		〈부분적으로 사실일 때〉 부분적으로 사실이라는 것에 동의하기: "당신이 맞다. 나는 가끔 잊어버리곤 한다."
		나머지를 부인하기: "그러나 나는 평소 기억력이 좋은 편이다"
		〈완전히 거짓일 때〉 완고하게 비난을 거부하기: "아니요, 나는 동의하지 않습니다. 이것은 내가 멍청하다는 의미 아닌가요?"
		개인적으로 긍정적인 진술을 더하기: "나는 지적인 사람입니다."
		왜 그들이 그렇게 생각했는지 묻기: "무엇이 당신을 그렇게 생각하게 했나요?"
6단계	비난으로부터 배운 것을 고려하기	당신의 행동을 바꾸는 것을 희망하는지 결정하기

무엇보다 가장 중요한 것 – 실천에 옮기기!

스티븐이나 팻시와 같은 사람들이라면, 자신이 생각하는 것을 말하지 않는 스타일이기 때문에 비난할 개연성이 낮다. 이러한 경우에는 오해가 발생할 수 있고, 입 밖으로 분노를 표현하지 않은 채 속으로 부글부글 끓게 될 수 있다. 만약 그 분노를 초기에 표현하지 않는다면 나중에 훨씬 더 파괴적인 형식으로 겉으로 드러날 것이다. 스티븐의 사례에서, 그만 그런지 모르지만 분노를 표현하지 않으면 그의 일반적인 부적절감에 영향을 미칠 수 있기 때문에 해로울 수 있다. 팻시는 험담을 하면서 좋지 않은 감정을 불러일으키는데, 이는 업무관계나 분위기를 망치게 할 것이다.

습관 2(삶에 대한 학습)에서 언급된 예민한 감각은 말하지 않고 그냥 있는 것에 더욱 여러분의 주의를 기울이게 할 수도 있다. 그리고 습관 6(주의 깊은 경청)에서 강조한 특별한 질문기술의 사용 능력은 타인이 여러분에게 개방적으로 다가오는 좋은 기회를 갖게 할 것이다. 이렇게 하여 여러분은 사람들이 의견을 표현할 수 있도록 독려하는 개방적이고 안전한 분위기를 만드는 것을 배울 수 있다.

다른 사람이 인정하거나 혹은 다른 사람과 다른 여러분의 의견을 주장하는 방법으로 터놓고 정직하게 표현한다면, 개방적이고 건설적인 토론이 어떻게 만들어지는지 증명할 수 있을 것이다. 다른 모든 행동과 마찬가지로 이 능력은 다음의 경우와 같이 어떤 신념에서부터 나온다.

- 나와 다른 사람은 모두 다른 의견을 가질 권리가 있다.
- 나와 다른 사람은 모두 자신의 의견을 진술하고 반대할 권리가 있다.
- 반대가 항상 갈등을 유발하는 것은 아니다.
- 의견들은 언제나 옳은 것과 그른 것으로 양분되지 않는다. 단지 다를 뿐이다.[3]

이러한 신념들은 여러분이 사용하는 말의 형태로 증명될 것이다. 예컨대, '나'를 사용하는 진술은 사실과 여러분의 의견을 구별시켜준다.

"제 생각으로 그것은……."

"제 경험에 비추어 저는 ……을 알았습니다."

"제가 보기에 그것은……."

"저는 그것을 약간 다르게 봅니다……."

물론 다른 사람들이 반대 의견을 표현하더라도 그들의 의견을 인정하는 것이 중요하다. 이 점에 있어서 회피하는 것이 최선이라는 의미로 흔히 사용되는 단어가 있다. 그것은 매우 간단한 단어이지만, 매우 강력한 부정적인 영향을 준다. 나는 회의에서 이러한 단어가 정기적으로 사용되는 것을 듣는데, 그것은 진행을 막아 버리고 유익한 토론에 장애가 된다.

어떻게 이 간단한 단어가 큰 효과를 가져오는가? 다음 대화에서 여러분이 보일 반응을 생각해 보자.

"네, 저는 당신이 말하는 것을 들었습니다. 그러나……"

첫 번째 부분은 다른 사람이 말하는 것을 인정하지만 곧바로 '그러나'가 뒤따라 나온다. 이는 다른 관점을 진술하기 위해서 앞에서 인정한 것을 상쇄시키는 효과가 있다. 내 경험에 비추어 볼 때, 회의에서 '네-그러나'가 계속 이어지면 누구도 양보할 준비를 하지 못하게 된다.

하나의 대안으로 다음의 문구가 어떻게 들리는지 생각해 보자.

"저는 당신의 생각을 압니다. 그리고 당신은 그것을 ……이런 식으로 생각했지요?"

이는 다른 사람의 관점을 인정하는 것이다. 이때 인정을 상쇄시키는 '그러나'와 같은 어구는 사용하지 않는다. '그러나'를 '그리고'로 대신하면 매우 다른 효과를 만들어 낸다. 여러분은 그들의 관점을 묵살한다는 인상을 주는 '그러나'를 사용하지 않았기 때문에 다른 사람들이 여러분의 관점을 신중하게 생각하게 만들 수 있을 것이다.

가끔 '말하기 어렵다는 것'을 입증하는 또 하나의 짧은 단어가 있다. 그것은 '아니요'다. '잠시 멈추어 생각해 보기 25'는 '아니요'라는 단어 때문에 어색하고 어려움을 느끼는 이유를 다시 생각해 보는 계기가 될 것이다. 그러나 때로는 '아니요'라고 말하지 않는 것이 여러분을 분노하게 하거나 압박감을 느끼게 할 것이다. 그리고 자기주장이 필요한 다른 상황에서 '아니요'라고 말하지 않고 압박받는 상황에서 벗어날 수 있는 전략이 있다.

잠시 멈추어 생각해 보기 25 │ 의사결정을 하는 데 걸리는 시간

때로는 동료가 요청한 어떤 것이 잘 되도록 그 요구에 무조건 동의하려는 본성을 느낀다. 이것은 우리가 함께 일하는 누군가에게 '아니요'라고 말하는 것과 상당히 다르다. 우리는 그들이 기분 나쁘지 않기를 원하거나, 우리가 거절한 것이 원만한 업무관계에 해를 끼칠지 모른다는 두려움을 느낀다.

이러한 성향은 우리 스스로를 어렵게 만든다. 내가 처음으로 연수를 맡았을 때 나는 이러한 덫에 걸리곤 했다. 내가 특정한 날에 특정한 과정을 강의할 수 있는지 전화를 받았을 때 나는 곧바로 '예'라고 말하는 경향이 있다. 답을 한 후 다시 생각하고, 나는 종종 나의 즉각적인 답변을 후회하였다. 나는 다이어리를 다시 살펴본 후에야 다음과 같은 사실을 깨달았기 때문이다. 나는 해당 시간 안에 그 과정을 준비하기 위해 나를 상당히 압박해야 하고, 세션 사이에 충분한 시간이 없었다. 이유가 어떻든 나의 즉각적인 답변은 나 자신에게 또 하나의 스트레스가 되었다.

그래서 나는 새로운 전략을 개발하였다. 어떤 요청 전화를 받을 때마다, 나는 먼저 세세하게 캐물었다. 나는 전화를 건 사람에게 생각할 시간이 필요하다고 말했고, 몇 가지를 확인한 후 한 시간 이내에 다시 전화를 걸었다. 그 사이에 나는 나에게 좋은 결정과 모든 쟁점을 생각할 시간을 가졌다. 그리고 약속한 대로 전화를 다시 걸어 나의 결정을 알려 주었다.

급변하는 세상에서 우리는 빠르게 결정하는 능력이 효과적인 전문성을 위해 반드시 습득해야 하는 특성이라고 맹신한다. 다른 누군가가 우리의 의사결정을 물었을 때 우리는 바로 답을 해야 한다고 생각한다. 그러나 '언제까지 알기를 원하세요?'라는 질문을 함으로써 여러분은 바로 결정할 필요가 없다는 것을 알 수 있다. 속도가 의사결정을 판단하는 기준은 아니다. 여러분이 모든 쟁점을 확인할 시간을 갖는 것과 여러분에게 좋게 느껴지는 결정을 시험해 보는 것이 더 자기주장에 가깝다. 내 경험에 비추어 볼 때, 여러분이 다른 사람에게 정해진 시간 내에 분명하게 여러분의 결정을 알려 주겠다고 약속하는 한, 사람들은 대개 그것에 동의한다. 그것은 여러분이 할 수 있는 최선이 아닌 결정을 서두르는 것보다 훨씬 더 나은 방법으로 서로 윈윈 할 수 있다.

적절한 자기주장 접근법

여러분이 중요하게 생각하는 신념이 여러분의 행동에 어떻게 영향을 주는지를 확인하였다. 우리의 모든 행동은 우리가 품고 있는 신념이 뒷받침하고, 자기주장은 인간의 권리에 관한 특정한 신념으로부터 개발된다.

우리는 신념을 공개적으로 표현한다고 생각하지는 않지만 그것은 우리가 사용하는 언어 속에서 발견된다. 그리고 신념은 분명히 우리의 혼잣말에서 잘 드러난다. 혼잣말은 머릿속에서 자신에게 말하는 방식이다. 우리는 자신에게 발생한 것에 대해 어떻게 느끼는지 곰곰이 생각하고, 다른 사람에게 말하고자 하는 것을 마음속으로 연습하며, 중요한 쟁점에 대한 생각을 통해 정리한다.

우리가 알지 못하는 대부분의 시간에 우리는 혼잣말을 한다. 그렇기 때문에 우리는 혼잣말이 얼마나 부정적인지 알지 못한다. 심리학자들은 혼잣말의 90% 이상이 부정적이라는 것을 측정하였다. 그래서 여러분은 혼잣말이 어떻게 많은 제한적 신념을 자극하는지 알 수 있다. 습관 6(주의 깊은 경청)은 낸시 클라인이 '제한적 가정 limiting assumptions'이라고 불렀던 것을 극복하도록 돕는 질문 전략에 관한 것이었다. 물론, 여러분 자신을 위해서 여러분은 혼잣말을 통해 '제한적 가정'을 발견할 수 있도록 돕는 전략이 필요하다. 예컨대, '나는 못할 것 같다······.' '나는 할 수 없다.' '나는 안 된다.' '결코 일어나지 않을 것이다.' 등과 같은 어구를 사용하는 여러분을 발견했을 경우가 여기에 해당된다.

여러분은 부정적인 혼잣말이 긍정적이고 원칙적이며 영향력 있는 행동을 실천하는 능력을 제한한다는 사실을 알아야 한다. 따라서 자기주장 행동을 위한 전략을 보유하고 있는 한, 우리는 신념을 제한하는 혼잣말을 점검할 수 있고, 그것의 문제점을 제기할 수 있으며, 더 진실된 방식으로 재구성할 수도 있다.

나는 자기주장에 관한 켄 백Ken Back과 케이트 백Kate Back[4]의 연구를 이용하곤 한다. 그리고 나는 다음과 같은 예시가 부정적인 혼잣말을 극복하고 조화로운 자기주장 태도를 보여 주는 데 가장 효과적으로 도움이 되는 것들 중 하나라는 것을 발견하였다.

1단계

가장 먼저 여러분이 다루어야 하지만 어떻게 해야 할지 확신이 서지 않는 상황을 생각해 보자. 그것은 다른 사람이 '그렇다'라고 말하는 것에 신경이 쓰여서 무언가를 미루고 있는 상황이다. 또는 여러분은 아마도 어떻게 자기주장을 해야 할지 모르는 상황이다.

2단계

이 상황에 대해 여러분이 어떻게 느끼는지 확인해 보자.

- "내 자신이 말하고 있는 것이 무엇인가?" 자신에게 물어보자.
- 여러분이 그것과 씨름하고 있다면, 여러분 자신이 어떻게 느낄지 예상해 보자.
- 다른 사람들이 어떻게 반응할지 예상되는가?
- 여러분이 생각하는 최악의 시나리오는 무엇인가?

3단계

부정적인 혼잣말에 도전하기 위해 자신에게 다음의 연속된 질문을 해 보자.

- 나는 과장하고 있는가?
- 나는 추정하고 있는가?
- 나는 나의 경험에 기초해 일반화하고 있는가?
- 내가 생각해 왔던 어떤 행동이 교활한 것으로 여겨지고 있는가?

4단계

이제 여러분 자신을 재확인해 보자.

- 이 상황에서 여러분의 권리는 무엇인가?
- 다른 사람들의 권리는 무엇인가?

5단계

여러분이 이전에 했던 부정적인 혼잣말을 재구성해 보자.

- 이 상황을 다루기 위한 자기주장 행동이 무엇인지 결정하자.
- 자기주장을 위해 사용할 언어를 결정하자.
- 가령 어떤 것이 여러분을 화나게 한다면, 여러분은 지금 분노가 끓어오르기보다 조화를 추구할 수 있는지 확인하라. 지금 상황이 생산적이라는 것에 대한 여러분의 감정을 확인하자.

6단계

이 상황을 어떻게 다룰 것인지 이야기해 보자.

- 여러분이 사용하려는 단어를 공개적으로 말하라.
- 분명하고 직접적인 언어인지 그리고 상황을 해결하는 데 초점을 두었는지 확인하라.
- 여러분의 진술을 여러분의 몸짓이 사용하는 단어와 일치시켜라.
- 행동으로 옮겨라!

천천히 점진적으로

물론 행동하기 전에 적절한 자기주장 전략을 생각할 시간이 항상 있는 것은 아니다. 우리는 즉각 반응해야 하는 상황에 직면하곤 한다. 그리고 우리는 항상 단정적으로 행동할 수 있다고 느끼지 않는다. 왜냐하면 우리는 준비되어 있다고 느끼지 않거나 충분한 자신이 없기 때문이다. 또는 우리의 정신적·육체적·감정적 상태가 일치하지 않을 때 상황이 불시에 덮치기 때문이다.

한편, 여러분은 정말 어려운 상황과 먼저 씨름함으로써 단호한 행동에 뛰어들기를 원할지도 모른다. 이것의 위험성은 다음과 같다. 만약 그것이 여러분이 희망한 대로 움직이지 않을 경우, 그것은 자신감에 영향을 준다. 그것은 혼잣말을 하며 뒤로 물러나면서, '효과가 없다'라고 스스로에게 답하기 쉽다. 그래서 심지어 '왜 노력조차 않는가?'라고 자신에게 말한다.

그러나 어떤 기술을 개발하는 데 적용되는 단순한 규칙이 있다. 그것은 자기주장을 개발하는 데에도 적용된다. 그 규칙은 바로 '정말 단순하게 작은 것부터 시작하고 실천하라'다.

작은 상황부터 먼저 시작하는 것은 생각의 과정, 언어, 몸짓을 실천하도록 하는 것이다. 자신감이 점점 쌓이면서 여러분은 더 어려운 상황을 극복할 수 있다. 만약 여러분이 만족스러운 결과를 얻어내지 못한다면, 스스로를 비난하기보다 영향력 있는 행동의 핵심을 간과하지 않았는지 살펴야 한다. 자기주장은 권리를 내면화할 때, 그리고 여러분이 사용하는 언어와 권리를 인정하는 것을 반성할 때 발달될 것이다.

'권리 존중'의 모형

자기주장과 권리들은 교사 전문성의 한 측면일 뿐이다. 권리를 채택하고 동일한 방법으로 영향력 있는 행동의 핵심을 실천한다면, 학교공동체의 모든 핵심 구성원과 원활하게 의사소통을 할 것이다. 그리고 경영을 해야 할 때 자신감을 증명할 수 있을 것이다.

교사와 관련된 다른 측면으로 보면, UN의 인권선언이 본래 아이들과 어른 모두에 적용되는 것이지만, 아이들의 권리 조약이 더 강조된다. 그래서 지난 10년 이상 유엔아동권리협약UNCRC이 개발되었다. 54개의 조항에서는 성, 종교, 출신지역이나 부모와 같은 사회적 기원 등에 관계없이 모든 아이들은 안전하고 행복하며 만족한 아동기를 보내야 한다고 피력하였다. 1991년에는 2개국을 제외한 모든 회원국이 이에 서명을 했고 이것은 영국법에 명시되었다.[5]

여러분은 어떤 원칙이 어떻게 협정으로 비준될 수 있는지, 법으로 통합될 수 있는지, 그리고 마침내 행동에 침투할 수 있는지를 자기주장의 예시에서 확인했을 것이다. 아이들의 권리에 관한 것들도 마찬가지다. 예컨대, 영국 웨일스 지방에서 '안녕감well-being'이 효과적인 학교의 중요한 핵심 요소로 강조됨에 따라, 교사들은 학생들의 정서적 건강과 안녕감을 증진하기 위한 기회를 만들어야 했다.[6]

몇몇 학교들은 유엔아동기금UNICEF의 Rights Respecting School Award를 지향하는 것을 학생의 '안녕감' 증진에 초점을 둔 것으로 생각했다.[7] 예를 들어, 칸트레프Cantref 초등학교의 목표는 모든 학교공동체 구성원이 협약의 조문과 정신 범위 내에서 참여하도록 하는 데 있다.

캐시 교장은 학교가 그러한 규칙을 제정하기보다 모든 학교공동체 구성원이 서로의 권리를 존중하는 정신을 따를 것을 서명하도록 했다. 그래서 개별 구성원들의 선언을 학교 입구에 사진으로 전시하였다. 그리고 〈표 7〉과 같이 교사, 학부모, 학생은 학교에 관련된 모든 사람의 행동을 뒷받침하는 권리와 책임을 확인한다는 의미로 가정-학교 협약서Home School Agreement에 서명하였다.

표 7. 칸트레프 초등학교의 가정-학교 협약서

권리	책임	UNCRC 조항
모든 아이는 학습권과 발언권을 갖는다.	• 우리는 아이들을 위해 최선을 다한다. • 우리가 아이들에 영향을 주는 결정을 할 때, 아이들은 자신을 의견을 말할 권리가 있다. • 우리는 아이들이 아픈 경우를 제외하고 매일 아이들이 정시에 학교에 오도록 노력한다.	12조 28조 29조
모든 아이는 안전한 환경에서 휴식하고 놀 수 있는 권리를 갖는다.	• 우리는 아이들이 친구들과 놀고 클럽 및 집단 활동에 참여할 수 있는 안전한 기회를 제공한다. • 우리는 아이들이 자연환경을 존중하고 그것을 지속적으로 배우도록 장려한다. • 우리는 아이들이 자신과 다른 사람 그리고 환경을 보살피도록 장려한다.	15조 31조
모든 아이는 행복하고 건강한 삶을 영위한 권리를 갖는다.	• 우리는 아이들의 건강을 위해 영양가 높은 음식, 물, 과일 등을 제공한다. • 우리는 아이들의 인성, 재능, 정신, 신체가 함께 성장하도록 한다.	6조 24조
모든 아이는 보살핌을 받고 위험으로부터 보호받을 권리를 갖는다.	• 우리는 폭력, 학대, 방치로부터 아이들을 보호한다. • 우리는 아이들이 특별한 도움을 필요로 할 때 돌봐 준다.	19조 23조

모든 아이는 사랑받고, 가치를 인정받고, 존중받을 권리를 갖는다.	• 아이들은 굴욕감을 느끼거나 상처받는 방식으로 벌을 받지 않는다. • 우리는 아이들에게 어떻게 자신과 친구, 부모, 교사, 지역사회를 존중하는지 보여 준다. • 우리는 아이들이 자신과 다른 문화를 존중하도록 돕는다. • 우리는 아이들이 자유로운 사회에서 평화롭고 책임감 있게 살아가도록 준비해 준다.	2조 3조

아이들의 권리를 이해하는 것은 그들의 학습으로 통합된다. 예를 들어, 집단학습을 들 수 있다. 집단학습은 실질적인 의미를 탐구하는 권리 중 하나이고, 아이들이 일상에서 경험한 특별한 권리를 어떻게 생각하는지를 기록하여 학급단위로 전시된다.

그러나 명시적으로 권리에 대한 서명도 중요하다. 아이들에게 학급에서 권리를 이해하고 탐구하는 시간이 주어질지라도, 원칙이 학교의 일상에서 생생하게 살아 있는 것이 중요하다. 아이들은 아동권리의 원칙에 관련된 언어와 행동의 모델이 되는 교사와 다른 어른들로부터 배운다. 또한 아이들은 모든 권리에는 책임이 따른다는 교훈을 배운다. 칸트레프 초등학교에서는 이러한 책임을 매우 분명하게 제시하였다.[8]

표 8. 칸트레프 초등학교: 아동의 권리와 책임

권리	책임
나는 학습권과 발언권이 있다.	그리고 열심히 공부하고, 다른 사람의 말을 잘 듣고, 최선을 다할 책임이 있다.
나는 안전한 환경에서 휴식하고 놀 권리가 있다.	그리고 다른 사람을 다치게 하거나 피해를 주거나 괴롭히지 않을 책임이 있다.

나는 행복하고 건강한 삶을 영위할 권리가 있다.	그리고 나의 놀이와 활동에 모든 사람을 포함시킬 책임이 있다.
나는 돌봄을 받고 위험으로부터 보호받을 권리가 있다.	그리고 친절하고 예의바른 말과 행동을 할 책임이 있다.
나는 사랑받고 가치를 인정받으며 존중받을 권리가 있다.	그리고 다른 사람을 존중하고 협력할 책임이 있다.

결론

　성공하는 교사들은 습관 7을 '영향력 있는 행동'의 원칙으로 받아들인다. 그들은 다른 사람을 진심으로 걱정하는 것을 보여 주는 개방적이고 유연한 방법으로 다른 사람과 상호작용할 수 있는 영향력 있는 행동을 시행하였다. 동시에 성공하는 교사들은 다른 사람의 관점을 무시하지 않는 방법으로 자신의 의사를 표현한다.

　성공하는 교사들은 사람들의 행동이 때로는 교묘하고, 거들먹거리며, 불공정하게 비판적일 수 있다는 것을 알고 있다. 그들은 그러한 행동을 인지했을 때, 그에 대해 단호하게 도전할 준비를 한다. 그리고 그러한 행동에 휘말리지 않고 저항할 수 있다. 그들은 자기주장과 공격적인 행동, 순종적인 행동의 차이를 분명히 알고 있다. 그들은 자신이 항상 자기주장적이지 않고 가끔 그리 생산적이지 않은 행동에 의지한다는 것을 알고 있다. 또한 그들은 자신의 행동을 되돌아봄으로써 자신의 능력을 지속적으로 개발하고, 공정한 행동의 역할모델이 될 수 있다는 사실을 알고 있다.

　성공하는 교사들은 그들 자신의 인간적이고 사회적 권리를 유지하는 것과 같이 다른 사람에 대한 책임을 알고 있다. 그들은 교육 전반에서 아이들과 젊은이들의 '안녕감'을 추구해야 하는 자신들의 역할을 인정한다. 그들은 자신들의 말과 행동이 학교공동체의 구성원에게 윤리적이고 원칙적인 본보기가 된다는 것을 알고 있다.

성찰 여러분의 가치는 무엇인가

다음은 내가 연수받는 사람들에게 완수하도록 요구한 가장 힘든 활동이다. 가장 힘든 활동이라고 말한 것은 질문들이 어렵다는 의미가 아니다. 그것은 단지 연수받는 사람들이 일반적으로 모든 질문에 반응할 수 있도록 독려하고 종용하는 정도다. 처음에는 부끄럽고 불편해하면서 상당수의 사람들이 "나는 어떤 것도 생각할 수 없다."라고 말한다. 또한 그렇게 일반적이지는 않지만, 건강하지 못한 수준의 자존감을 보여 주는 개인으로부터 나온 반응은 가끔은 자만이거나 심지어 자기자랑일 수도 있다.

여러분의 자존감 정도는 스스로를 자신 있게 대하고 다른 사람을 존중하는 능력과 직결된다. 낮은 자존감은 다른 사람과 상황에 위협을 느끼도록 할 것이고, 결과적으로 내성적인 행동이 될 것이다. 과장된 행동은 불안감과 낮은 자존감을 감추기 위한 것으로 공격적인 행동을 초래할 것이다. 여러분의 진가를 진실로 생각할 수 있는 것은 거짓된 겸손이나 과장을 하지 않는 것이다. 오히려 자신감이 있고, 정서적으로 안정되며, 전문가다운 여러분의 신념을 확인하는 것이다.

다음 각 질문에 대한 여러분의 반응을 작성해 보자.

- 여러분은 어떤 기술을 발전시켜 왔다고 자부하는가?
- 여러분의 삶에서 가장 완수하기 어려운 것은 무엇인가?

- 여러분 자신에 대해 특별히 좋아하는 것은 무엇인가?

- 여러분은 어떤 전문성을 개발해 왔는가?

- 여러분이 가장 잘하는 것은 무엇인가?

- 여러분을 기분 좋게 하는 것은 무엇인가?

- 여러분은 다른 사람들과 일하면서 발전/이익에 기여한 것이 무엇인가?

이상의 질문에 답을 작성한 후 여러분 자신에게 큰 소리로 말하라. 예컨대, '나는 내가 발전해 왔다는 것에 자부심을 느낀다……'와 같은 차분하고 자신감 있는 문장을 완성하라.

| 권장도서 |

• 켄 백(Ken Back)과 케이트 백(Kate Back)은 자기주장의 다양한 기술에 관한 실천 가이드를 제공하고 있다.
Back, K. & Back, K (1991). *Assertiveness at work* (2nd ed.). Maidenhead: McGraw-Hill Book Company Europe.

• 일치성의 개념은 칼 로저스(Carl Rogers)의 인간중심이론에 소개되어 있다. 그는 치료의 목적을 고객들이 현실과 이상 사이에서 인지부조화를 스스로 해결하도록 돕는 것이라고 기술하고 있다. 그는 인간중심치료의 원리를 교육을 포함한 영역에 적용하였고, 학습자중심 교육은 그의 이론을 반영한다.
Rogers, C., & Freiberg, J. (1994). *Freedom to learn* (3rd ed.). Upper Saddle River, NJ: Prentice Hall.

• 비록 성공적인 행동으로서 자기주장이 현재 두각을 나타내고 있지만, 기술들은 전문성 개발과 관련되어 여전히 유용하다. 습관에서 강조했듯이, 가장 중요한 요소는 행동들이 개인의 일치된 상태에 토대를 둔다는 것이다. 이 점에 있어서 이후 대중화된 정서지능의 원리를 반영한다. 특히 대니얼 골먼(Daniel Goleman)은 자기인식, 자기관리, 공감이라는 정서지능의 세 가지 요소가 함께 경영에 관련된다고 설명한다. 따라서 그의 저서들은 당신의 이해를 도울 것이다.
Goleman, D. (1998). *Working with emotional intelligence*. London: Bloomsbury Publishment plc.

• 젊은이들의 안녕감은 내가 코칭하고 있는 주제 가운데 하나다.
Turnbull, J. (2009). Coaching for learning: A practical guide for encouraging learning. London: Continuum International Publishing Group.

타인과의 교류

| 미주 |

1 Open University (1992). *Handling stress: A pack for groupwork*. Milton Keynes: The Open University.

2 Back, K., & Back, K. (1991). *Assertiveness at work* (2nd ed.). Maidenhead: McGraw–Hill Book Company Europe.

3 ibid., p. 52.

4 ibid., p. 81.

5 http://www.education.gov.uk/childrenandyoungpeople/headthandwellbeing/b0074766/uncrc [2012년 8월 5일 접속]

6 Welsh Assembly Government (2010). *Thinking positively: Emotional health and well-being in schools and early years settings*. Information document No. 089/2010

7 http://www.unicef.org.uk/rrsa [2012년 8월 5일 접속]

8 칸트레프 초등학교 관련 자료를 다시 사용할 수 있게 허락해 주신 캐시 교장선생님께 감사드린다.

성공하는 교사들의
9 가 지 습 관

영향력의
확   산

9 Habits of

Highly Effective

Teachers

| 개요 |

얼마 전 데이비드 레이놀즈David Reynolds는 팀 일원으로서 교사의 새로운 역할을 소재로 하는 '굿바이 론 레인저Goodbye Lone Ranger'라는 제목의 글을 쓰고 있었다.[1] 교사들은 교실에서 홀로 주요한 업무를 수행하던 방식에서 벗어나 보조 교사, 학습 코치, 청소년 전문가 등 다양한 범주의 전문가들과 함께 팀을 이루어 일하게 되었다. 교사들은 수많은 경험을 통해 리더의 역할을 수행해 왔기 때문이다. 습관 8은 집단이나 팀의 일원으로 일하면서 역동적인 사람들을 이해하는 방법을 개발하고, 생산적인 팀 활동을 자극하는 기술과 태도를 인지하는 것으로 앞서 소개한 습관들에 기반을 두고 있다. 성공하는 교사들은 리더십이 단순한 관리와 다르다는 점을 알고 있다. 또한 성공하는 교사들은 학습자를 이끄는 교사의 전문적 역할이 리더십 행동 개발에 적합하다는 사실도 인지하고 있다.

영향력 있는 리더십 행동
9 Habits of Highly Effective Teachers

교사들은 항상 담당 교과목의 리더들이었다. 그러나 어린 학생들과 함께하는 교실에서 리더로서의 교사의 역할은 변화되었다. 우리는 학습의 개념을 좀 더 이해하게 되면서 '무대 위의 박식한 사람sage on the stage'과 같은 교육적인 모델로부터 멀어졌다. 우리는 학습자가 더 통제권을 갖고 있을 때, 학습자가 자신의 학습과정을 이해할 때, 그리고 교사가 학습과정에서 '조력자guide on the side' 역할을 할 때 학습이 더 효과적이라는 것을 알고 있다.

이러한 변화가 교실에서 교사의 역할에 영향을 주었듯이, 조직개편과 같은 직무환경의 변화는 전문직으로서 교사의 역할에 영향을 주었다. 그래서 교사가 달라진 현실을 이해하는 것은 중요한 쟁점이 되었다. 달라진 현실은 교사의 역할이 자율적이고 개인적인 차원에서 벗어나 다차원적이고 전문적인 업무환경의 주역으로 이동되었다는 것을 의미한다.

지금까지 소개한 습관들은 자기관리와 친화감을 형성하고, 주의 깊게 경청하며, 자기주장을 함으로써 타인을 대하는 기술을 개발하는 것이었다. 이러한 기술들을 집단이나 팀 단위 작업에 적용하기 위해서는 사람들이 집단으로 일을 할 때 작용하는 요인들을 확인해야 한다. 따라서 습관 8(영향력 있는 리더십 행동)은 집단의 역동성을 이해하는 것이고, 완벽하게 작동하는 효과적인 팀과 단순한 집단의 차이점을 이해하는 것이다. 그것은 이미 학습한 기술을 팀 기능 향상과 집단작업에 영향을 미치도록 적용하는 것이기도 하다.

가장 중요한 것은 성공하는 교사들이 자신의 잠재적인 리더십 역할을 이해하고 있다는 것이다. 습관 8을 받아들임으로써 성공하는 교사들은 리더십과 관리의 차이를 인지하였다. 즉, 리더가 단순히 관리 책임만 지는 사람이 아니라는 사실을 깨달았다. 공식적으로 리더의 역할을 맡은 사람들은 적절한 리더십 기술을 소유하고 있거나 혹은 소유하지 않을 수 있다. 그때 습관 8은 리더십을 본질적으로 기술, 능력, 영향력의 정도와 관련된 것으로 이해하는데,[2] 성공하는 교사들은 이것들을 학습하고 받아들인다.

집단에서 일하기

교사로서 여러분은 현실적으로 다른 사람들과 지속적으로 상호작용할 수밖에 없다. 여러분은 종종 이 모든 것으로부터 멀어지기를 바라면서 혼자 있을 수 있는 어떤 공간을 찾으려 할지 모른다. 그러나 교직을 선택한 우리들 대부분은 다른 사람들과 함께 일해야 하는 업무환경을 재설정하게 될 확률이 크다.

물론 무리 속에서 살면서 일하는 것을 좋아하는 것은 인간의 특성 가운데 하나다. 침팬지와 고릴라를 조상으로 하는 우리는 초기 진화 단계에서 집단생활의 좋은 점을 발견했다. 사실 집단생활은 우월한 인간 지성의 진화 단계를 설정한 요인 중 하나로 주장되었다. 두뇌의 힘은 단지 자연을 억제하기 위해 필요했지만, 다른 사람들과 함께 생활하기 시작하면서 두뇌는 점점 현명해졌다. 즉, 다른 사람이 생각하는 것을 생각하기 시작했다. 그리고 다른 사람이 생각하는 것을 생각하면서 한 걸음씩 나아가기 위해 사고하였다. 스티븐 핑커Stephen Pinker가 말한 것처럼, 두뇌의 힘이 계속되는 한 자기 분수를 아는 것은 계속될 것이다.[3]

그럼에도 불구하고 집단 효과와 집단 크기의 관계는 흥미롭다. 인류학자인 로빈 던바Robin Dunbar는 여러 영장류 집단과 1086년에 영국에서 발간된 인류멸망보고서Doomsday Book에 기록된 영국 마을의 인간 집단을 연구하였다. 기록을 확인한 결과, 역사를 통틀어 유인원과 인간 집단 모두 최대 150명의 범위 내에서 집단이 안정적으로 유지되었다는 것을 확인하였다. 그러나 로빈 던바의 가설은 단순히 절대적인 숫자가 아니라 관계의 질의 중요성에 관한 것이다. 영장류와 인간이 가장 큰 두뇌로 진화했다는 사실과 우리가 복잡한 사회적 관계를 유지할 수 있다는 것 사이에는 관련성이 있는 것으로 나타났다. 주로 의식적 사고를 담당하는 두뇌의 외부피질의 상대적 크기는 특히 우리가 엄청나게 복잡한 사회적 관계를 유지하도록 돕는다. 그러나 로빈 던바는 사회적 네트워크를 통해 수백, 수천의 친구를 가진다는 과장된 주장에 의문을 제기하였다. 실제 관계에서 그것은 단지 누가 누구인지를 기억하거나 또는 그들이 어떻게 각각 우리와 관련되는지를 기억하는 차원의 문제가 아니기 때문이다. 오히려 효과적으로 관계를 유지하기 위해 어떻게 정보가 사용되는지가 중요한 문제다. 그리고 이것을 할 수 있는 능력에는 한계가 있는 것 같다.

> "우리가 신뢰할 수 있고 친밀감을 느끼는 개인적으로 알고 있는 사람의 수는 150명을 넘지 못한다. 우리가 하나의 종으로 존재하는 한 계속 150이라는 숫자에 머무를 것이다. 왜냐하면 우리의 마음은 150명 이상을 수용할 용량이 부족하기 때문이다".[4]

그래서 큰 집단이 항상 좋은 것은 아니다. 이것은 더 큰 조직을 지향하는 것이 더 근대화된 것이라고 생각하는 것과 관련된다. 큰 회사와 큰 학교는 아마 규모의 경제적 이익을 극대화하려고 할 것이다. 그러나 그것에 관련된 사람들을 반드시 만족시킨다고 할 수 없다. 성공적인 조직관리는 모든 구성원을 조직의 전반적인 목적과 가치에 일치시키고, 작은 단위의 네트워크로 조직을 정리하는 것이다.

집단의 크기는 집단이 어떻게 효과적일 수 있는지, 그리고 구성원이 어떻게 처신하는지와 관련된 중요한 요소다. 우선, 집단행동이 누군가를 일대일로 다루는 것과 어떻게 다른지를 고려해야 한다. 그다음으로는 집단의 크기와 상관없이 완벽하게 작동하는 팀과 단순한 집단의 차이를 만드는 요소를 고려해야 한다.

영향력의 확산

여러분은 아마도 일상생활 속에서 다양한 공식적 또는 비공식적 '멤버십'을 갖고 있을 것이다. 그리고 아마도 여러분의 행동이 집단에 따라 다르다는 사실을 이미 알고 있을 것이다. 예컨대, 직장 팀에서의 행동과 가정에서의 행동은 다를 것이다. 팀 또는 집단에서의 행동에 대해 생각하는 유용한 시작점은 여러분이 현재 구성원으로 있는 집단에서 자신의 행동을 고려하는 것이다.

- 먼저, 여러분이 구성원으로 있는 모든 집단을 생각하라. 리스트를 작성해 보거나, 크기가 다른 동그라미를 그려서 다이어그램 형태로 표현할 수도 있다. 여러분의 리스트 또는 다이어그램은 아마도 가족, 친구, 스포츠 또는 직장에서의 공식적인 팀을 포함할 것이다. 여러분이 생각하고 있는 각 집단의 차이를 표시하라.
- 각 집단에서 여러분의 역할을 묘사한 단어로 꼬리표를 붙여라.
- 이제, 각 집단에서 여러분의 행동에 대해 조금 더 생각하라. 그리고 그것을 정직하게 묘사해 보자. 여러분의 행동은 소속된 집단에 따라 다른가? 만약 그렇다면, 어떻게 다른가? 현재 집단에서 사용한 행동이 다른 집단에서도 나타나는가? 예컨대, 여러분은 어떤 집단에서 리더의 역할을 더 맡고 있는 반면, 다른 집단에서는 구성원 역할을 하고 있지 않은가?
- 마지막으로, 만약 여러분이 어떤 집단에서 행동을 바꾼다면 어떤 일이 발생될지 생각하라. 여러분에게 또는 집단에게 어떤 변화가 발생할 것인가? 여러분의 행동을 바꿀 수 있는 집단은 어느 집단인가? 만약 있다면 어떻게 바꿀 것인가?

집단 과정

몇 년 전에 나는 평생교육대학에서 강의한 적이 있었다. 총 10주 과정으로 운영되었는데, 나는 미숙하게도 첫 주에 전체 내용을 다 루려는 열망으로 가득 차 있었다. 그래서 나는 매주 새로운 학생들 이 과정에 들어올 때마나 다시 교재를 봐야 하는 것에 종종 좌절감 을 맛보았다. 첫 주부터 왜 학생들이 한 팀으로 손발을 맞추지 않는 지 이해할 수 없었다.

그때 나는 집단 또는 학급은 이미 만들어진 것이라고 생각했고, 내가 집중해야 할 것은 과정의 내용 전달이라고 생각했다. 나는 집 단의 역동성이 필요하다는 것 또는 집단 풍토에 영향을 미치는 예상 하지 못한 일들이 발생할 수 있다는 것을 전혀 의식하지 못했다.

몇 년이 지난 후, 나는 브루스 터크만Bruce Tuckman의 소집단 이론을 배우면서 많은 것을 깨우쳤다(〈표 9〉 참조). 소집단 이론은 모든 것이 딱 맞아떨어졌다. 나는 깊은 인내심을 배웠다. 습관 5(친화감 형성)에 서 소개했던 앤서니와 같이, 나는 본격적으로 과정을 시작하기 전에 구성원 간에 자신감을 형성하고 친화감을 만들기 위해 시간을 할애 하였다. 전체 과정 중 2~3주차에는 어려움에 봉착했는데, 나는 이 것이 집단이 혼돈Storming 단계에 접어들었음을 알았다. 단호한 명령 을 할 수 있는 실권을 갖고 있는 한, 나는 수행Performance 단계에서 잔 잔하게 흐르는 물을 통해 항해하듯이 혼돈에서 벗어날 수 있었다.

또한 나는 소집단 이론이 나온 지 10년 뒤에 브루스 터크만이 다 섯 번째 단계로 제시했던 애도Mourning라고도 간혹 불려지는 해산 Adjourning이 중요하다는 것을 발견하였다. 특히 다음과 같이 현상을 이해하는 데 도움이 되었다. 그것은 학생들을 하나로 똘똘 뭉치게 하려고 노력할 때 약간의 손실이나 불확실성이 발생하는 것은 매우 자연스러운 현상이라는 것이다(과정이 끝나갈 때). 우리는 어느 단계에서 다음 단계로 넘어가는 것을 말할 때 '통과의례'라는 용어를 사용한다. 우리는 인생의 전반에 걸쳐 변화의 시기를 표시하는 의식과 예식에 익숙해 있다. 예컨대, 성년식, 졸업식, 결혼식 등이 그것이다. 그것은 반드시 형식적일 필요는 없다. 내가 예전에 가르쳤던 모든 학급에서는 모든 학생에게 "잘 있어라, 너를 알게 되어서 좋았다."라고 말하는 일종의 비공식적인 형태의 의식이 있었다. 나는 그것이 수년간 쌓여진 것이라고 믿는다. 또한 손녀의 어린이집 졸업식에서는 검은 종이로 만든 학사모까지 준비하여 초등학교에 입학하는 것을 표시하였다. 그러나 이러한 의식의 효과를 과소평가해서는 안 된다. 몇 년 전에 이사회 원로들이 참여하는 기획회의를 주재하고 난 뒤, 나는 그들에게 '매우 창조적인 이사회'를 의미하는 VCEVery Creative Executives라는 증명서를 나누어 주었다. 그 당시 원로들은 다소 쑥스러운 미소를 지었다. 그러나 2년 뒤에 원로 중 한 명의 사무실에 방문했을 때, 그녀가 증명서를 눈에 잘 띄는 사무실 알림 게시판에 꼽아 둔 것을 보았다.

　물론 집단 작업은 항상 시작과 끝이 분명한 연속된 과정은 아니다. 다양한 구성원은 집단에 참여하고 떠나는데, 그때 집단은 발전하기도 하고 퇴보하기도 한다. 그러나 브루스 터크만 이론의 가치는 개별 구성원의 행동뿐 아니라 집단의 다른 특성이 있다는 사실을 알려 주는 데 있다. 모든 집단은 집단 풍토가 있는데, 그 풍토는 우리가 집단으로부터 받는 느낌이나 감각을 의미한다. 그리고 모든 집단에는 과정이 존재한다. 그 과정은 집단의 발달 단계에 따라 사람들의 행동이 어떻게 변화하는가를 의미한다. 발달 단계를 전략적으로 평가하는 것은 리더십의 한 부분이다. 또한 리더십의 또 다른 의미는 만약 집단이 완벽하게 기능하는 팀으로 성숙해지려면 리더가 보여 준 리더십 스타일이 성숙되는 과정에 적합한지를 평가하는 것이다.

표 9. 집단 과정

풍토	과정
1단계: 형성(Forming) 일반적으로 불안 업무 또는 서로에 대한 불신 감정을 말하거나 공유하기를 꺼림	경청하는 기술 부족 구조에 가두려고 노력 리더 또는 특정 구성원에게 의존 실질적인 리더 역할을 하도록 노력 구성원의 불참 또는 참여를 꺼림
2단계: 혼돈(Storming) 긴장감 방어 지체하기(질질 끌기), 위험 감수 거부(부담 증거 부족)	직무 또는 다른 구성원에게 직접 부정적인 감정 표출 직무의 가치에 대한 의심 리더를 향한 도전 불규칙한 참여(어떤 사람은 관여, 어떤 사람은 철수)
3단계: 표준화(Norming) 더 많은 협력 집단 정체성의 출현 서로에 대한 애착을 느끼기 시작	공개적이고 건설적인 방법으로 감정과 의견 표현 상호간 질문과 지원을 통한 구성원 상호 간 직접 교류 리더의 리더십 스타일을 인정
4단계: 수행(Performing) 개방 높은 사기 안전과 신뢰 충만한 에너지 친밀감	모든 구성원의 높은 헌신 직무 성과를 위한 집단 작업에 충실 참여하는 구성원으로서 리더 출현

출처: Tuckman (1965).

집단 풍토

당신은 〈표 9〉에서 조직 풍토가 구성원의 감정 상태에 깊게 관련되어 있다는 것을 확인할 수 있다. 정말로 조직의 사회적 풍토는 우리가 야외에서 경험하는 기후만큼 감정에 영향을 준다. 흐리고 비오는 날은 감정을 축 처지게 하고, 맑은 날은 생기 있게 한다. 즉, 전반적인 조직 풍토는 개인의 감정에 영향을 준다. 부정적인 태도를 갖고 있는 한 사람이 사무실 전체 분위기에 부정적인 영향을 주는 악순환을 가져올 수 있다. 다행히도 반대의 과정이 일어날 수도 있다. 즉, 숙련된 리더는 감성적인 풍토에 영향을 주어 구성원의 사기를 높일 수 있다.

조직 또는 팀의 풍토를 감지하는 능력은 리더십의 핵심 요소다. 이러한 사회적 인지가 부족한 리더는 조직구성원의 감정에 반응하면서 감정을 이입하기 어렵다. 다른 사람이 느끼는 감정을 조율함으로써 리더는 적절한 행동을 할 수 있다. 즉, 두려움을 느낄 때는 두려움을 잠재우고, 분노를 느낄 때는 분노를 누그러뜨리며, 또는 좋은 감정이 생기도록 하는 것이다.[5]

지금까지의 습관들은 여러분에게 감정적 풍토에 영향을 주는 예민한 감각, 친화감, 경청, 정확한 질문, 자기주장 등과 같은 본질적인 요소들을 제공했을 것이다. 그리고 여러분은 다른 사람들의 일반적인 태도를 잘 알아차리기 위해 예민한 감각을 발전시켜 왔을 것이다. 즉, 여러분은 그들이 어떻게 느끼는지에 관한 단서를 찾아낼 수 있을 것이다. 여러분은 친화감을 만들어 낼 수 있고, 누군가가 소외되어 있다는 것을 감지할 때 그를 집단으로 끌어들이는 데 이것을 사용할 것이다. 경청은 항상 조직의 모든 구성원이 스스로를 가치 있는 존재로 느끼도록 만들 수 있는 좋은 요소다. 여러분은 감정을 타진하기 위해 정확한 질문을 사용할 수 있고, 사람들에게 짚고 넘어가야 한다는 감정이 생기도록 할 것이다. 자기주장은 여러분이 자신의 생각과 감정을 공개적으로 표현하고, 동시에 다른 사람의 의견과 감정을 고려할 수 있다는 것을 의미한다.

아마도 이 모든 기술 중 최우선은 당신의 '마음상태'를 관리하는 능력이다(습관 2 참조). 만약 여러분이 먼저 자신의 감정을 이해하고 통제할 수 없다면, 바람직한 리더십을 소유할 수 없고 조직 풍토에 영향을 줄 수도 없다. 대니얼 골먼은 정서지능형 리더십의 네 가지 역량 중 자기인식과 자기관리를 특히 강조하였다(다른 두 가지는 사회적 인식과 관계 관리).[6] 실질적인 자기인식은 지나치게 자기비판적인 것이 아니고 순진하게 희망적인 것도 아니다. 여러분이 자기 자신에게 정직할 때 다른 사람에게도 정직할 수 있을 것이다. 심지어 여러분의 특이한 성격을 비웃는 것까지도 받아들일 수 있을 것이다.[7] 조직에서 여러분의 공식적인 '직위'가 무엇이든, 조직 풍토에 긍정적인 영향력을 주기 위해서는 자기관리와 마음상태 관리가 필수적이다. 대니얼 골먼이 말한 것처럼, 리더들이 할 수 있는 가장 의미 있는 행동은 바로 자신의 마음상태를 통제하는 것이다.[8]

모든 감정은 바이러스처럼 확산된다. 즐겁고 따뜻한 좋은 분위기는 가장 쉽게 확산된다. 웃음은 좋은 감정이 전염되었음을 알려 주는 지표이고, 조직의 감정 온도를 나타내는 지표이며, 구성원의 심경과 마음을 표시해 주는 상징이다.

다른 사람을 웃게 만든다는 것은 항상 농담을 잘 하는 사람만이 가진 능력은 아니다. 웃음은 대부분 친화적이고 편안한 사회적 상호작용에서 나온다. 웃음은 모든 신호들 가운데 가장 전염성이 강하다. 웃음은 자동적으로 또 다른 웃음을 유발한다. 신경학적 용어로, 공유된 웃음은 사람들 간에 가장 직접적인 의사소통이다. 이는 마음을 먹기도 전에 심장에 도달하는 무의식적이고 즉각적인 반응과 같다.[9]

웃음이 조직 풍토에 강력한 영향을 주기 때문에, 여러분이 얼마나 자주 미소와 웃음으로 다른 사람과 소통하는지를 생각해 볼 필요가 있다. 이는 〈표 10〉을 참조하여 확인할 수 있다. 또한 이것은 학생들과 여러분의 관계에도 모두 적용된다. 〈표 10〉에서 확인한 여러분의 응답을 심사숙고할 필요가 있다.

표 10. 웃음 공유하기

	매일	주 1회	마지막으로 했던 것이 기억나지 않음
사무실에서 모든 사람에게 웃으면서 '좋은 아침'이라고 말했다.			
회의시간에 분위기를 밝게 하려고 웃음을 주도했다.			
조직 유대감을 촉구하기 위해 사람들이 나를 보고 웃을 수 있도록 만들었다.			
사무실에서 웃음을 공유하도록 했다.			
퇴근하는 동료들이 따뜻하고 사랑스러운 인사로 일과를 마칠 수 있도록 했다.			

효과적인 팀

집단과 팀의 주요한 차이점 중 하나는 집단이 단순한 개인의 집합체인 반면, 팀은 함께 참여하는 어떤 종류의 공통 목적을 가진다는 것이다. 그러나 수행해야 할 직무가 주어질 때, 관련된 개인들이 자동적으로 효과적인 팀을 구성하거나 심지어 직무를 효과적으로 완수할 수 있을지 확신하기 어렵다. 여러분이 구성원으로 있는 집단을 생각해 보면, 여러분은 아마도 구성원 간에 느슨하게 연결되어 있다는 것을 알게 될 것이다. 반면, 팀을 구성한 다른 사람들은 고유한 문화와 정신으로 연결되어 있을 것이다.

또한 여러분은 공식적으로 리더의 역할에 있는 사람들의 다양한 리더십 스타일을 경험했을 것이다. 어떤 리더는 철저하게 과업을 수행시키는 데 초점을 둔 과업지향성을 보인다. 그들은 결과를 확인하고 결과를 성취하기 위해 과업을 할당하는 것을 리더십의 주요 기술로 여긴다. 반면, 어떤 리더는 앞에서 진두지휘하는 것보다 무리 중 한 명이기를 원하는 인간관계지향성을 보인다. 아마도 여러분은 어떤 팀에서 일하는 것이 다른 팀에서보다 전반적으로 더 좋았던 경험이 있을 것이다. 그 경험은 특별한 리더십 스타일에 의해 동기부여된 것과 연관된다.

존 아데어John Adair는 집단이 성공적인 팀이 되기 위해서는 리더에 의해 충족된 어떤 유형의 필요조건이 있다고 주장하였다. 존 아데어는 자신이 주장한 행동중심리더십action-centered leadership 모형을 통해 리더가 초점을 두어야 하는 세 가지 필요조건을 다음과 같이 확인하였다.[10]

- 먼저, 팀이 되기 위해서는 가치 있는 목표가 있어야 한다. 리더는 팀 구성원에게 분명한 목표를 확인시켜야 한다. 그리고 성취해야 하는 목표는 구성원과 합의된 것이어야 한다. 목표를 성취하기 위해서는 행동계획이 필요하다. 리더는 팀이 목표를 성취했다는 것을 인지할 수 있도록 도와야 한다. 이러한 것들은 과업의 필요조건이다.
- 과업을 성취하기 위해서 팀은 구성원이 서로를 지원하는 문화를 가져야 한다. 심지어 그들의 의견이 다를 때에도 이러한 문화는 필요하다. 그래서 리더는 구성원들이 함께 공유한다는 것을 확실히 하고 협력을 이끌어 내야 한다. 이러한 것들은 팀을 유지하는 데 필요한 사항이다.
- 다양한 팀 구성원은 각자 개인적인 욕구를 가지고 있을 것이다. 리더는 특별한 문제를 갖고 있는 개인을 경계해야 하고, 다른 구성원이 관련되어 있을지 모른다는 사실을 인지해야 한다. 어떤 구성원은 권한과 지위를 지향하는 욕구를 갖고 있고, 또 어떤 구성원은 팀에 헌신하는 욕구를 갖고 있을 것이다. 이러한 것들은 개인의 욕구다.

리더가 갖추어야 할 중요한 기술은 시간이 지나면서 팀의 변화가 필요하다는 것을 알아차리고, 어떤 시점에서는 실제로 변화시키는 것이다. 나는 오래 전에 관여했던 팀을 기억하고 있다. 그 팀은 모든 업무가 진전을 보지 못해서 씨름하고 있었다. 그것은 정말로 절망스러운 경험이었다. 나는 그 원인이 구성원 중 한 명 때문이라는 것과 그녀와 리더 사이에 문제가 있었다는 것을 인지할 수 있었다. 리더가 어떤 제안을 할 때마다 그녀는 그것을 반대하며 논쟁하여 팀을 교착상태로 빠뜨렸다. 리더는 자신의 공헌을 인정받고 싶어 하는 그녀의 욕구를 알지 못했고 공감대를 얻어 내는 기술도 없었다. 그녀는 꽤 완고한 스타일이었고, 직무를 성취하기 위해 팀이 함께 일하도록 만들기 위해 노력해 왔다. 그래서 우리는 리더와 구성원이 각자의 태도와 행동에 갇혀 매우 다루기 힘든 상황에 놓이게 되었다. 애석하게도 그녀가 떠난 후에 팀워크가 나아졌고, 긴장이 풀렸으며, 팀원들 간 손이 맞아 일에 집중하는 자유로운 분위기가 만들어졌다.

신뢰의 풍토

만약 여러분의 팀 구성원들이 자신의 아이디어를 공유하는 데 편안하게 느끼고 학습과 개발에 개방적이라면, 여러분의 동료들은 팀의 중요한 구성요소임에 분명하다. 앞서 소개한 습관들에서 강조했듯이, 교사로서 여러분 직무의 초점은 학생들의 학습과 여러분 자신의 학습에 있다. 그러나 닐 뎀스터Neil Dempster와 조지 바가키스 George Bagakis는 만약 모두를 위한 학습이 목표라면, 안전하고 안심하게 일할 수 있는 환경의 중요성을 강조한다. 여기에서 결정적으로 중요한 것이 바로 리더와 교사 간, 교사와 보조교사 간, 교사와 학부모 간 형성된 신뢰의 풍토[11]다.

로버트 솔로몬Robert Solomon과 페르난도 플로레스Fernando Flores를 참고해 보면, 비록 신뢰는 종종 눈에 보이지 않거나 투명하지만, 지속적인 주의, 활동, 변화의 결과로 발생한다. 신뢰는 기술과 헌신에 의해서 만들어진다. 간단히 말해서, 진실을 말하는 것은 신뢰를 구축

하고, 거짓을 말하는 것은 신뢰를 무너뜨린다.[12]

다른 사람의 아이디어에 대해 개방적이고 수용적인 융통성은 신뢰를 고무시킨다. 자신의 의도나 계획을 상대방에게 드러내지 않는 사람은 자기 영역이나 정보에 대한 소유욕이 지나치게 강하기 때문에 자신의 성장과 완벽하게 작동하는 팀의 발전을 제한한다. 그리고 여러분이 습관 7(영향력 있는 행동)에서 본 것과 같이, 일치성은 특히 신뢰를 생성하는 데 중요하다. 말과 행동에서 참되고 진실한 사람이라는 인상을 준다는 것은 동료들과 학생들로부터 신뢰와 존경을 받고 있음을 의미한다.

'잠시 멈추어 생각해 보기 27'의 예시에서와 같이, 신뢰가 부족할 경우 예상치 않은 비용이 발생하게 된다. 여러분도 이와 관련된 유사한 경험을 했을 것이다. 여러분은 관련된 교사들이 어떻게 상황을 처리할 수 있을 것인지 생각해 볼 필요가 있다. 여러분은 그들이 무엇을 해야 한다고 생각하는가?

잠시 멈추어 생각해 보기 27 // **신뢰의 비용**

- 멜라니는 초등학교 영어교과 코디네이터로 임용되었다. 학교가 지난 시험에서 우수한 성적을 거두지 못했기 때문에 그녀는 수업과 성과를 향상시킬 새로운 계획을 소개하였다. 교장의 전폭적인 지원에도 불구하고, 그녀는 나머지 직원들로부터 상당한 저항을 받았다. 몇몇 원로 교직원은 "항상 영어를 가르쳐 왔던 방식에 무슨 문제가 있는가?"라고 항변하며 변화된 것이 없다고 말했다. 경력이 적은 다른 교직원들은 새로운 계획의 요구에 대처하기에 자신들의 능력이 부족하다고 말했다. 멜라니는 그 계획이 학교 전체에 일관성 있게 접근되고 있는지 확인하기 위해서 개별 교실을 모니터할 것을

요구했지만, 모두들 질질 끌고 꺼려하는 분위기가 있었다. 멜라니에게 이 학교는 아주 생소했다. 그녀는 영어수업 방법을 향상시켜야 한다는 사실을 재빨리 알아차렸고, 이전 경험을 통해 이 특별한 계획이 효과적일 것이라고 확신하고 있었다. 그녀는 동료들로부터 신뢰를 얻지 못하는 것에 좌절했지만, 그녀는 아이들에게 돌아갈 혜택을 위한 계획을 밀고 나가야 할 필요성을 느꼈다.

- 가빈은 재능 있고 에너지 넘치는 역사 교사 중 한 사람이다. 그는 부서에서 역사교과 프리젠테이션 능력을 향상시키기 위한 몇몇 창조적인 프로젝트를 주도하였다. 팀의 나머지 구성원들은 그의 열정적인 아이디어를 받아들였다. 그는 다른 팀에 있는 동료교사로부터 그의 최근 아이디어가 원로 교직원 회의에서 모니터 되고 있다는 사실을 듣게 되었다. 그러나 동료교사는 역사 부장이 그가 제안한 아이디어를 발표하면서 가빈의 이름조차 언급하지 않았다는 사실도 덧붙였다. 개방적이고 공유하기를 좋아하는 가빈지만 이 사실에 분개하지 않을 수 없었다. 그는 자신의 공을 주장하기 위해 누군가에게 이 사실을 말해야 할지 말지 고민하고 있었다. 더욱 심각한 것은 그는 더 이상 팀을 위해 아이디어를 제안하지 않기로 마음먹었고, 그들과 어울리지 않고 혼자 지내야겠다고 생각했다는 것이다.

- 산드라는 월요일 아침에 PPA(계획, 준비, 평가)를 담당하고 있다. 그녀가 교사들과 PPA 시간을 갖는 동안 시간제 교사인 에리카가 그녀의 교실을 맡게 되었다. 산드라는 항상 학생들이 해야 할 과제를 확인하도록 에리카에게 부탁하였지만 잘 되지 않았다. 그녀는 점차 에리카가 다른 일을 하는 데 시간을 쓰는 건 아닌지 의심하기 시작하였다. 산드라가 에리카에게 이에 대해 물었을 때, 에리카는 학생들이 과제를 빨리 하지 못한다고 주장하였다. 산드라는 학생들이 우수하다는 점을 알고 있다. 또한 아이들과 관계도 좋았다. 그래서 과제 분량이 학생들이 충분히 감당할 수준이라는 것을 알고 있었다. 학

생들이 과제를 끝내지 못하고 계속 실패하는 것이 에리카의 수업기술 부족 때문인지 또는 에리카가 다른 일을 하는 데 시간을 할애하기 때문인지 판단할 수 없었다.

행동의 의미는 반응에 달려 있다[13]

모든 일이 그러하듯이, 처음에는 의식적으로 하지만 자주 반복한 후에는 능숙해진다. 자전거를 배우거나 타이핑에 익숙해지듯이 무의식적으로 개발된다. 나는 타이핑하는 법을 오래 전에 배웠고 꽤 빠르게 친다고 생각한다. 그러나 만약 키보드에 새겨진 문자의 순서를 말해 보라고 묻는다면, 답하지 못할 것이다. 내가 키보드 순서를 머릿속으로 기억하기 위해서는 타이핑할 때 사용하는 손가락을 사용해야 한다. 수잔 그린필드Susan Greenfield의 뇌생리학에 관한 연구에서는 반복된 타이핑이 매우 빠른 과정과 행동을 인지하는 신경 네트워크를 발전시킨다고 주장한다.[14] 그래서 나는 머릿속으로 키보드의 순서를 고민하지 않고도 타이프를 칠 수 있는 것 같다.

우리는 이 예시를 교사의 전문적 지식과 관련지을 수 있는가? 전문적 지식은 타이핑을 치는 것보다 훨씬 더 복잡하고 습득하는 데 몇 년이 걸린다. 그러나 우리는 그것을 모두 발전시킬 수 있는 동일한 신경계를 가지고 있다. 그리고 타이핑을 계속한다면 어떻게 작동하는지 더 잘 이해할 수 있다. 만약 잘못된 글자를 타이핑하면 바로 알 수 있을 것이다. 만약 실수를 하면, 내 손의 감각이 나에게 전달해 줄 수 있다. 내 손가락이 올바른 키보드를 눌렀을 때, 내 손의 감각은 신체감각이 피드백을 받는 것과 같은 경험으로 발달되었다. 물론 완성된 결과물에 해당되는 정확한 증거가 있다. 학생들의 반응, 동료들의 논평, 자기평가와 자기반성과 같은 피드백으로 수업 전문성이 개발된다. 테리 앳킨슨Terry Atkinson은 연습과 피드백은 전문적 역량을 획득하는 데 모두 필요하다고 기술하였다.[15]

여러분은 행동에 대한 다른 사람들의 반응이 전문성 향상을 위해 필요한 피드백이라는 것을 알아야 한다. 물론 여러분은 다른 사람의 부정적인 반응에 '단지 힘들어서' 묵살할 수도 있다. 그러나 존 홀트가 설명했던 바와 같이, 그것은 발전을 도모하지 않으려는 하나의 가정일 수 있다.

"만약 여러분이 시카고를 출발해서 보스턴으로 간다고 가정했을 때, 그리고 여러분이 보스턴이 시카코의 정서쪽이라고 생각했을 때, 당신은 가면 갈수록 멀어질 것이다. 여러분의 추정이 틀렸다면, 당신의 행동은 틀릴 수 있다. 더 노력할수록 오히려 상황은 더 나빠질 것이다."[16]

만약 사람들이 여러분에게 긍정적으로 반응했다면, 우리의 행동이 그들과 잘 맞았고 목적에 부합했다는 것을 알 수 있다. 만약 저항에 부딪혔다면, 우리는 그 저항을 극복하기 위해 우리의 행동을 어떻게 조절해야 할지 고민해야 한다.

여러분의 행동과 경험을 반성적으로 되돌아보는 것은 학습의 핵심이다. 학습 이외에도 반성적 고찰은 모든 습관들에 해당되는 또 다른 주제였다. 피드백을 무시하고 똑같은 일을 계속해서는 더 나은 의사소통의 문을 열수 있는 열쇠를 찾을 수 없다. 그러나 올바른 열쇠를 찾으려는 노력은 영향력 있는 리더십 행동의 개발을 도울 것이다. 반성적 고찰은 성공하는 교사가 되는 열쇠다.

물론 반성적 고찰은 정직해야 하고, 진실해야 하며, 비난을 피하지 않아야 한다. 학생/학부모/동료교원들과의 잘 풀리지 않았던 관계에 대한 반성은 여러분 자신에 대한 비판을 의미하지 않는다. 오히려 그것은 여러분이 쟁점에 대한 주인의식을 갖고, 관계 개선을 위해 현실적으로 된다는 것을 의미한다. 그리고 여러분은 다음의 예시와 같은 질문을 사용함으로써 도움을 받을 수 있다.

- 나의 행동은 정확히 어떻게 상황을 악화시켰는가?
- 특히 쓸모없던 말은 무엇이었는가?
- 내가 무엇을 할 수 있었는가?
- 내가 무엇을 말할 수 있었는가?
- 나는 그 상황에서 불편함을 느꼈다. 나는 무엇을 할 수 있었는가?
- 어떻게 더 자기주장적일 수 있었는가?
- 혹시 잘난 척하는 것처럼 보였는가? 그렇다면 어떻게 행동해야 했었는가?
- 혹시 무례하게 말하였는가? 그렇다면 어떻게 말해야 했었는가?

이해하기 쉬운 피드백

리더십 역할의 어려움 중 하나는 동료들이 학습하고 발전하는 데 진정으로 도움을 줄 수 있는 피드백을 하는 것이다. 이것은 수업 평가와 같은 공식적인 상황일 수도 있고, 개인 또는 팀에게 유용한 행동 변화로 느끼는 비공식적인 상황일 수도 있다.

존 홀트는 누군가를 교정할 때 비난처럼 들리지 않도록 하는 것이 바람직하다고 생각하는 것은 우리 자신을 속이는 것이라고 느꼈다. 그는 이것이 독단적이라고 했다. "그것은 단지 예외적인 환경에서, 그리고 감정에 상처를 주지 않고 성인을 교정시킬 수 있는 능숙한 솜씨일 때 가능하다."[17]

물론 우리 모두는 배우고, 개발하고, 성장하기 위해 피드백이 필요하다. 따라서 동료를 돕기 위하여 피드백을 한다. 우리는 수정을 요구하는 대신에 동료들이 발전하기를 진정으로 바라는 피드백의 가치를 인지하도록 독려해야 한다.

피드백 과정의 맥락은 매우 중요하다. 지금까지 언급한 모든 습관들은 도움이 되는 것으로 피드백을 주기 위한 준비에 해당된다. 여러분은 친화감을 형성하고 다른 사람을 진심으로 연민하면서 말하는 것이 중요하다는 것을 알고 있다. 여러분이 그들의 관점에서 경청한다면 그들의 신뢰를 얻을 것이다. 여러분은 그들의 언어와 말하는 스타일을 맞출 수 있을 것이다.

'피드백 샌드위치feedback sandwich(역주: '잘한 점 ― 문제점 혹은 위험선 ―그 외에 다른 좋은 점'과 같은 순서로 피드백을 주는 것이다. 샌드위치의 진짜 내용물인 쓴소리를 효율적으로 받아들이기 위해 앞뒤로 먹기 좋은 빵, 즉 좋은 소리를 얹어 놓는 기법이다. 비록 가식적이지만, 대부분의 사람들은 자신을 인정해 주는 표현을 먼저 들으면 피드백을 훨씬 쉽게 받아들인다.)'는 일반적으로 좋은 피드백을 만드는 공식으로 인정된다. 물론 이것은 여러분의 학생뿐 아니라 동료들에게도 적용 가능하다. 중요한 특성은 샌드위치 속에 넣은 고기가 긍정적이고 무엇인가를 덤으로 얻었다는 의미로 표현된다는 것이다. 즉, 피드백은 사람들의 행동에 대한 직접적인 수정 요구보다 더 좋은 효과를 기대할 수 있다.

상층: 구성원에게 잘한 것을 구체적으로 언급하라.

중간층 채우기: 구성원을 향상시킬 수 있는 것과 관련된 것을 언급하라.

　[비고: 지나친 채우기는 소화하기 어렵다.

　맵고 소화하기 어려운 채우기는 기분을 상하게 한다.]

하층: 구성원의 직무에 대해 긍정적으로 언급하라.

　샌드위치에서 고기는 중요한 요소다. 나는 그것을 장학사인 글로리아와의 면담을 통해 알게 되었다. 그녀는 초임 때 신뢰하지 않는 사람들이 있었다. 그녀는 많은 지적을 한번에 들었을 때 자기도 모르게 예민해졌다. 동료들은 그런 그녀를 어이없어했다. 그녀가 다시 평점심을 찾기까지는 약 2년이 걸렸다. 글로리아는 피드백이 조금씩 주어질 때 더 이해하기 쉽다는 것을 분명히 배웠다.[18]

　모든 행동이 늘 그러하듯이, 피드백은 여러분이 알고 있는 만큼 말하는 것이다. 여러분은 자신의 의도에 대해 정직해야 한다. 여러분은 정말 동료들이 배우고 발전하도록 도우려 하는가? 혹시 우월감을 즐기고 뽐내려 하는 것은 아닌가? 〈표 11〉은 항상 특정 상황에 적용되는 것은 아니다. 그러나 여러분이 정말로 피드백을 해장술처럼 시원하게 만들려면 〈표 11〉에 제시된 원리들을 성찰할 필요가 있다.

표 11. 피드백: 해장술

효과적인 피드백	비효과적인 피드백
행동을 묘사한다.	행동을 판단한다.
분명하게 말한다.	일반적으로 말한다.
직접적으로 말한다.	간접적으로 또는 반발하듯 말한다.

수신자가 할 수 있는 행동을 언급한다.	수신자가 할 수 없는 행동을 언급한다.
진정한 감정을 담아서 말한다.	은폐하고, 부인하고, 잘못 해석하거나 왜곡된 감정을 말한다.
관련된 질문을 묻는다.	답이 포함된 질문을 한다.
바람직한 것을 말한다.	규제할 것을 말한다.
전달자와 수신자의 요구를 모두 고려한다.	전달자의 요구에 의해 왜곡된다.
수신자의 가치를 긍정한다.	수신자의 가치를 부인한다.
솔선수범한다.	언행이 불일치한다.

[실패란 없다, 단지 피드백이 있을 뿐이다.[19]]

결론

성공하는 교사들은 습관들이 리더십의 선결조건인 자기인식과 자기관리를 개발시킨다는 것을 알고 있다. 습관 8(영향력 있는 리더십 행동)은 역동적인 조직과 팀의 사회적 인식을 추가하였다. 우리 인간은 사회적 관계 속에서 살고 일해야 하는 운명이기에 조직과 팀의 행동은 다면적인 사회 현상이다. 집단 구성원들이 함께 일할 때를 이해하는 것은 영향력을 주는 유동적 범주의 행동 발달에 있어서 중요하다.

성공하는 교사들은 리더십이 최고 관리자만의 전유물이 아니라는 것을 알고 있다. 즉, 리더십은 다양한 방식으로 집단의 리더와 같이 행동하는 모든 지위에 있는 사람에게 있다.[20] 복잡한 리더십의 개념은 아마도 명확하게 설명할 수 없을 것이다. 그러나 조직이나 팀의 효과성에 영향력을 주는 행동들이 있고, 그것은 특정 개인의 행동들이다.

성공하는 교사들은 함께 일하는 전문성 있는 팀에 영향을 줄 수 있다. 그들의 진실되고 일치된 태도는 학생과 동료로부터 신뢰를 얻게 하는 요인이다. 이를 토대로 그들은 다른 사람의 욕구와 정직을 결합하여 학생과 동료의 학습과 발달을 도울 수 있는 피드백을 줄 수 있다. 성공하는 교사들은 같은 행동에 매어 있기보다 지속적인 반성적 고찰로 스스로의 효과성을 개발한다.

[성찰] 정글 항해

누군가를 위해 일하는 것은 정글에서 길을 내는 것과 같다. 그들은 열심히 일한다. 그들은 정글 덤불을 마구 자르면서 모든 단계를 분명히 해야 한다. 정글 덤불을 계속 자르느라 그들의 도구가 날이 무뎌졌기 때문에 작업은 점점 어려워진다. 정글은 도구를 다시 날카롭게 정비할 틈을 주지 않고 빨리 침범하여 두렵게 한다. 그래서 그들은 작업을 멈출 수 없다. 정글에는 길을 안내하는 빛이 거의 없다. 단단하게 묶인 나무들 사이로 그들의 길을 안내하는 희망의 빛이 겨우 스며든다. 그들은 지속적으로 독사나 거미들이 불시에 그들을 막아서는 위험을 경계한다. 왜냐하면 그들의 집중은 전체적으로 덤불을 통과해야 하는 당면 과제와 그들을 위협하는 위험요소들과 함께 얽매여 있기 때문이다. 그들은 그들이 나아가야 하는 방향 감각을 잃는다. 그들이 할 수 있는 오직 한 가지는 계속 작업을 하는 것뿐이다.

집단 내 몇몇 사람들은 본래 지도와 컴퍼스를 가지고 오는 선견지명이 있었다. 그들은 출발하기 전에 태양의 움직임으로 시간을 보는 방법을 배웠다. 그들은 다른 사람들에게 지도와 컴퍼스가 어떤 도움을 주는지 말해 주려고 했다. 심지어 그들은 어디로 향하고 있는지 볼 수 있도록 나무에 오를 것을 제안했다. 그러나 다른 사람들은 그들이 시간낭비를 하고 있다고 생각했다. "정글에서 벗어나기 위해 여러분의 에너지를 아껴라." "그것이 유일한 방법이다."라고 울부짖었다.

다른 방법으로 일에 접근하는 사람들 집단이 있다. 그들은 열풍선의 바구니 속에서 정글을 내려다본다. 그들은 열풍선이 운송수단으로 너무 비현실적이라고 여겼지만, 그 속에 있는 사람들은 열풍선에는 적어도 고장 날 엔진은 없다고 생각했다. 그들은 바람에 날리는 것과 같은 외부 압력에 의해 영향을 받았다는 것을 인정한다. 그러나 그들은 바람에 나부끼는 것을 조정하면서 극복했다. 그리고 너무 낮게 떨어지기 시작하면, 적당한 화력의 양으로 다시 끌어올린다. 그들은 대개 이러한 상황을 통제할 수 있다고 느낀다.

열풍선이 주는 주요한 수익은 바구니 안에 있는 사람들이 아래 정글의 규모와 가야 할 방향을 볼 수 있다는 것이다. 그들은 거품이 이는 급류에 돌진하는 깊은 골이 보이는 정글의 모서리까지 볼 수 있을 정도로 높이 있다. 다른 쪽으로는 멀리 버팔로 무리가 밟고 지나가면서 발생한 먼지로 덮힌 넓은 대초원을 언뜻 볼 수 있다. 너무 가까이 날아서 위험을 느낄 때마다 다시 돌아가기 위해 열풍선 덮개를 조정한다.

그들은 정글을 관통하는 길을 만들면서 집단을 무시했다. 그리고 그들은 위험한 곳으로 향하는 것을 볼 수 있다. 만약 그들이 버팔로 무리가 이동하는 쪽으로 가고 있다는 것을 보았다면, 조심하라고 소리쳤을 것이다. 그러나 정글 속 집단은 그들의 간섭에 분개한다. 열풍선에 있는 사람들은 심지어 정글에 있는 사람들이 타고 올라올 줄사다리를 제공하였다. 그러나 정글에 있는 사람들은 도움의 손길을 거부하였다. "아니, 아니."그들은 울부짖었다. "토네이도가 오면 무슨 일이 벌어질지 알고 그래?" "발을 땅에 딛고 있는 것이 더 낫다."라고 말했다.

그래서 정글에 있는 사람들은 나아가야 할 방향으로 밀려오는 식물더미를 자

영
향
력
의
확
산

르는 것을 계속했다. 그들에 합류했던 사람들은 컴퍼스를 사용하는 것과 별을 이용한 항해법을 잊어버렸다. 열풍선에 있는 사람들은 그들의 기구를 관리하면서 풍경을 즐긴다. 그리고 그들이 선택한 길이 가장 최선이라고 계속 생각한다.

| 권장도서 |

• 다음 문헌에서 리더십에 있어서 정서지능의 역할에 대해 설명하고 있다.
Goleman, D. (2002). *The new leaders: Emotional intelligence at work*.
London: Little, Brown.

• 다음 문헌은 교육에 있어서 창조적 리더십 관련 요인에 대한 이해를 높이는 데 도움이 된다.
Tumbull, J. (2012). *Creative educational leadership: A practical guide to leadership at creativity*. London: Continuum International Publishing Group Ltd.

• 일반적 관심을 끌기 위해 로빈 던바(Robin Dunbar)는 자신의 저서에서 학술적 연구를 흥미로운 읽을거리로 바꿔 놓았다.
Dunbar, R. (2010). *How many friends does one person need?: Dunbar's number and other evolutionary quirks*. London: Faber & Faber Ltd.

영향력의 확산

| 미주 |

1 Reynolds, D. (2006). Goodbye Lone Ranger, team leader's in town'. *Western Mail* 16 March.

2 Dilts, R. (1996). *Visionary leadership skills*. Capitola CA: Meta Publications Inc. p. 3.

3 Pinker, S. (1997). *How the mind works.* London: The Penguin Press. p. 193.

4 Dunbar, R. (2010). *How many friends does one person need?: Dunbar's number and other evolutionary quirks*. London: Faber & Faber Ltd. p. 4.

5 Goleman, D. (2002). *The new leaders: Emotional intelligence at work*. London: Little Brown. p. 49.

6 ibid., pp. 253–256.

7 ibid., p. 40.

8 ibid., p. 47.

9 ibid., pp. 10–11.

10 Adair, J. (1979). *Action centered leadership*. Aldershot: Gower. p. 10.

11 Dempster, N. & Bagakis, G. (2009). Leadership and learning: Making the connections. In J. MacBeath & N. Dempster (Ed.,), *Connecting leadership and learning: Principles for practice*. London: Routledge. p. 98.

12 Solomon, R. & Flores. F. (2001). *Building trust: In business, politics, relationships and life*. NY: Oxford University Press Inc.

13 One of the presuppositions of Neuro-linguistic Programming (NLP). It is suggesting there are no failures in behaviour or communication, only responses and feedback. It therefore follows that if.

14 Greenfield, S. (2000). *The human brain: A guided tour*. London: Weidenfield & Nicholson. pp. 69–83.

15 Terry, A. (2000). Learning to teach: intuitive skills and reasoned objectivity. In T. Atkinson & G. Claxton (Eds.), *The intuitive practitioner*. Buckingham: Open University. pp. 69–83.

16 Holt, J. (1989). *Learning all the time: How small children being to read, write, count, and investigate the world, without being taught*. New York: Da Capo Press. p. 152.

17 ibid., p. 138.

18 Turnbull, J. (2012). *Creative educational leadership: A practical guide to leadership as creativity*. London and New York: Continuum International Publishing Group. p. 133.

19 Another of the principals of NLP.

20 Goleman, D. (2002). *The new leaders: Emotional intelligence at work*. London: Little Brown. p. xiv.

영
향
력
의
확
산

습관 9는 우리를 다시 원점으로 돌아오게 하는 측면이 있다. 이 책은 습관들이 전문직의 대인관계 요소에 어떻게 관련되는지를 소개하면서 시작되었다. 나는 개인 수준의 개발을 묘사한 습관들이 전문성 개발을 위한 탄탄한 기초라고 믿는다. 그것들은 자기관리에서부터 다른 사람과 효과적으로 일하는 능력까지를 총 망라한 것이다.

이제 습관 9는 높은 비전을 향하도록 종용한다. 지역사회, 지역, 국가 정책결정기관, 전문가 협회의 맥락에서 교육전문가로서의 역할을 이해하는 것은 어려운 과제다. 교실과 학교에서 이루어지는 교육의 실제는 교육학, 심리학, 사회학 분야의 연구에 영향을 받는다. 현재 우리가 살고 있는 글로벌 사회에서, 글로벌한 것이 어떻게 지역화 되었는지를 알고 있다.

역동적인 지식과 집단 과정에서 비롯된 습관 8과 같이, 습관 9는 체제가 어떻게 큰 규모로 작동하는지를 이해하는 것에서 비롯된다. 그리고 습관 8이 생산적인 집단행동을 옹호하듯이, 습관 9는 우리의 관점을 넓히고 발전될 수 있는 태도와 행동을 제안한다.

본질적으로 습관 9는 마음의 변화를 요구한다. 그것은 우리가 자신을 의사결정 밖에 있는 희생자로 보고, 외부의 어떤 사람이나 어떤 것 때문에 문제가 발생한다는 세계관에서 벗어나는 것이다. 피터 센게 Peter Senge가 충고한 것과 같이, 그것은 우리 자신을 세상으로부터 분리된 존재로 인식하지 않고 전 세계에 연결된 것으로 마음을 변화시키는 것이다. 이것은 지속적으로 우리의 현실과 가장 흥미로운 것을 어떻게 창조하고, 그것을 어떻게 변화시킬 수 있는지를 발견하기 위해 필요하다.[1]

영향력의 확대
9 Habits of Highly Effective Teachers

체제적 사고

지금까지 살펴본 습관들은 암묵적으로 실제적인 탐구 태도를 갖도록 독려하였다. 여기서 실제적 탐구란 '여러분 자신의 행동이 평소 생활하고 일하는 세계에 어떤 영향을 주는지'에 관한 것이다. 앨버트 밴듀라는 이것이 상황을 관리하기 위한 조치를 단행하고 조직화할 수 있는 능력을 가졌다는 신념을 의미하는 자기효능감$_{self-efficacy}$의 기본이라고 보았다.[2] 이것은 우리가 넓은 '체제$_{system}$' 속에서 일하고 있다는 사실을 깨달아야 한다는 의미다. 그러나 습관 9(영향력의 확대)는 누군가가 또는 어떤 것이 문제를 일으켰다고 불평하면서 뒤로 물러앉아 있기보다는 여러분이 자신의 잠재적 영향력을 인지하고 관점의 중요성을 이해할 수 있도록 하는 지위에서 '체제' 관점을 볼 수 있도록 독려할 것이다.

그렇다면 '체제적 사고'란 무엇인가? 이에 대해 조셉 오코너Joseph O'Connor와 이안 맥더모트Ian McDermott는 매우 분명하고 설득력 있게 설명하였다.[3] 우리는 '체제'라는 단어를 상당히 광범위하게 사용하는 경향이 있다. 예컨대, 우리는 신념체제, 가족체제, 정치체제, 경제체제, 복잡한 자연환경체제라는 용어를 사용한다. 실제 우리는 체제 속에서 살고 있다. 심지어 우리는 영국과 웨일스 교육체제라는 표현으로 쓰기도 한다. 그렇다면 체제적 사고는 큰 조직을 이해하는 것인가? 그것이 큰 체제를 이해하는 데 도움을 주지만 그것보다 훨씬 넓은 의미를 가지고 있다. 예를 들어, 우리는 교육체제를 교육이라는 하나의 실제에 포함되는 각 분야의 숫자로 설명할 수 있다. 교육이라는 단일한 실제에서 각각 분야는 일종의 체제다. 예컨대, 여러분의 학교는 부서, 학급, 학년 등 더 많은 하위 체제로 구성된다. 이 모든 요소들은 각기 다른 방식으로 연관되어 있다. 우리는 학습을 위해 이러한 요소들을 따로 선택할 수 있고, 이러한 요소들이 큰 체제 안에서 어떻게 동시에 작동하는지를 이해할 수도 있다.

체제의 핵심은 각 부분이 상호작용하면서 체제 자체를 유지한다는 것이다. 즉, 체제의 모든 부분들은 상호작용을 하면서 서로 의존적이다. 만약 여러분 자신을 하나의 체제라고 생각해 보면, 여러분은 소화체제, 면역체제, 신경체제, 혈관체제와 같은 개별 체제로 구성되어 있다. 각 부분은 체제로서 기능한다. 그러나 만약 어떤 부분에 문제가 발생하거나 또는 특정 체제에 압력이 가해진다면, 전체 체제에 영향을 주게 될 것이다. 여러분이 습관 3(스트레스에 대한 대처)에서 배운 것처럼, 여러분의 신경체제에 스트레스를 주면 잠재적으로 여러분의 몸 체제에 영향을 주게 된다.

또한 체제적 사고는 한 방향으로만 연결되는 것보다 원을 그리

듯 순환되는 인과관계를 확인하는 것이다. 여러분은 자기이해와 행동적 융통성을 개발하는 피드백의 중요성을 강조한 습관 8(영향력 있는 리더십 행동)을 기억할 것이다. 만약 사람들이 우리에게 긍정적으로 반응한다면, 우리는 우리의 행동이 목적에 부합한다는 것을 알 수 있다. 그러나 만약 우리가 저항에 부딪힌다면, 우리는 저항을 극복하기 위해 우리의 행동을 조정할 것이다. 만약 조정한 행동이 적절하다면, 그때 저항은 극복되고 다른 사람의 행동도 변화될 것이다. 그래서 우리는 한 사람의 행동 변화가 다른 사람의 변화에 영향을 주는 순환 고리를 갖게 되는데, 이러한 순환 고리는 다시 첫 번째 사람의 행동에 영향을 준다.

그러나 규모가 크고 복잡한 체제를 생각해 보면, 순환 고리는 그렇게 직접적이거나 즉각적이지 않다. 원인과 결과는 아마 시간과 공간에 따라 분리되어서 그 관계를 인지하기 어려울 것이다. 우리는 이것을 관심과 풍토의 변화로 볼 수 있다. 지구 생태계가 미묘한 균형에 손상을 입었다고 인식되는 단계에 이르기까지 오랜 세월 동안 탄소를 배출해 왔다. 이제 우리는 지구 환경에 손상을 줄이기 위해서 우리의 행동을 조정하라는 피드백을 받고 있다.

또한 규모와 상관없이 체제를 변화시키려는 시도가 있을 때 의도하지 않은 부작용이 있을 수 있다. 이것은 정책과 집행 사이의 간격에서 매우 분명하게 증명된다. 일단 집행된 정부정책이 당초 의도했던 것과 완전히 다른 효과로 나타날 수 있다. 영국 교육체제에서 의도하지 않았던 부작용과 인과관계가 더디게 발생하는 사례를 모두 볼 수 있다. 1944년 이후, 정부가 주도한 가장 광범위한 개혁은 1988년에 소개된 교육헌장이었다. 새로운 학업성취 기준, 새로운 시험, 새로운 학교장학, 학업성취도 시험결과를 공개해야 하는 등 학교에게 매우 도전적인 시기가 뒤따랐다. 1997년 노동당 정부의 뒤를 이어 보수성향의 정부가 출범했을 때, 비록 추가지원이 자리를 잡긴 했지만 새로운 행정체제는 다양한 관점을 취하기보다 도전 과제를 더 분명하게 하였다.[4] 그들의 백서인 '학교의 수월성'에서 학교교육의 성과 기준을 높이는 도전적인 목표를 공고히 하였다. 교사는 7, 11, 14, 16세 학생을 대상으로 하는 국가시험을 계속 관리하였고, 학교 성과는 책무성을 도모하기 위해 조사보고서로 계속 공개되었다.[5]

2006년에는 이러한 장기 정책이 가져온 특별한 부작용을 발견할 수 있다. 많은 사람이 이러한 부작용을 이미 예상하고 있었다. 영국 정부의 장학기관인 교육기준청은 학생들이 수학의 원리를 넓게 이해할 수 있도록 가르치기보다 '시험 준비를 위한 수업'을 하고 있다고 보고하였다. 그래서 성과 기준을 높여 학교를 압박하는 것과 학교교육의 질을 학생의 국가시험 성취 정도로 판단하는 것은 학생들이 시험에 통과하도록 가르치는 것을 의미했다. 이러한 교육적 경험의 축소는 아마도 정책책임자가 본래 기획한 것은 아니었을 것이다.

영향력 있는 체제

'체제'는 중립적이고 기계적인 단어로 보일지 모르지만 우리가 인지해야 할 중요한 것은 체제가 우리의 안에 존재한다는 것이다. 체제는 인간행동에 의해 만들어졌고 그 구조는 미묘하다. 왜냐하면 우리가 구조의 한 부분이기 때문이다. 만약 우리가 구조의 일부라

면, 우리는 우리가 운영하는 범위 내에서 구조를 바꿀 수 있는 권력을 종종 갖는다.[6]

우리는 줄곧 체제가 어떻게 변화되고 갑자기 붕괴되는지 그 증거를 본다. 변화는 극적일 것이다. 왜냐하면 그것은 아주 작은 것에서부터 시작되기 때문이다. 그것은 끓는 지점에 도달하기 전까지 주전자에서 점점 커지는 증기압력과 같다. 베를린 장벽이 무너지는 것과 같은 사건에서도 볼 수 있다. 물론 이 사건 뒤에는 정치적이고 경제적인 이유가 쌓여 왔지만 실제 사건은 빠르고 극적으로 발생하였다. 유사하게, "작은 짐이라도 한도가 넘으면 파국을 가져온다."라는 격언과 같이 작은 일들이 발생할 것이다. 이것은 스트레스가 증가할 때 여러분이 아주 사소한 것에 이성을 잃어버리는 것과 같다.[7]

그러나 만약 극적인 변화가 상당히 작은 사건에 의해 시작되는 원리가 있다면, 그때 비교적 노력하지 않고도 바람직한 변화가 시작될 가능성이 있다. 이런 측면에서, 어떻게 그리고 언제 우리가 체제에 영향을 줄 수 있는지를 아는 데 중요한 세 가지 요소가 있다.

첫째, 사건에 대한 구조적 설명을 이해함으로써 얻게 되는 통찰력이다. 앞서 설명한 '시험을 대비한 수업'의 예에서 보면, 우리가 이것을 복잡하고 정치적인 교육체제의 영향과 같은 구조적 이유로 발생한 행동으로 인식했을 때, 우리는 일상적인 효과를 더 이해하게 된다. 피터 센게는 자신의 통찰력과 타인의 이해를 공유하는 것이 전문가의 역할이라고 제안한다. 구조적인 설명이 분명하고 널리 이해될 때, 그들은 강한 충격을 받을 수 있다.[8]

이러한 이해는 두 번째 요소로 이어진다. 두 번째 요소는 체제를 이해하는 것으로, 여러분이 어떤 변화를 가져올지 깨닫게 되는 것을 의미한다. 체제는 안정성을 유지한다. 심지어 체제가 제대로 기능하지 않을 때도 안정성은 유지된다. 여러분의 학교에서 교직원 간, 부서 간 오해로 의견 충돌이 있을 수 있지만 학교의 기능은 대체로 유지된다. 변화는 저항을 받을 수 있다. 왜냐하면 사람들은 과거에 했던 방식의 일처리와 사고에 몰입하기 때문이다(잠시 멈추어 생각해 보기 28 참조). 불행하게도 안정성의 값은 변화에 대한 저항이다.[9]

체제가 어떻게 안정성을 유지하는지를 이해하는 것은 여러분이 영향력의 핵심을 이해하는 것을 의미한다. 한 예로, 많은 교사들이 말하는 학교에서 가장 영향력 있는 사람은 누구인가? 그 사람과 좋은 관계를 반드시 유지해야만 하는가? 아마도 그 대답은 경비원일 것이다. 어떤 업무 환경에서도 경비원과 친화감을 만들기 위해 노력함으로써 불필요하게 방해받는 경우를 제거할 수 있다. 저항에 대항해서 싸우는 것보다 어디서 개입해야 하는지를 알아야 한다. 이러한 개입은 작은 노력으로 큰 결실을 맺을 수 있음을 의미한다. 이것이 바로 영향력의 원리이다.[10]

셋째, 대규모 또는 복잡한 조직은 각 부분들이 상호작용하면서 하나의 체제로 유지된다. 경비원이 학교조직에 공헌하는 부분을 아는 것이 중요하듯이, 어떤 영향력 있는 직위에 오른다는 것은 모든 부분이 어떻게 함께 상호작용하고 각 부분들이 상호의존적이라는 것을 알게 된다는 것을 의미한다. 나는 코치, 연구원, 주지사의 역할을 수행하면서 다양한 조직에 관여한 바 있다. 그러나 웨일스Wales는 작은 국가이기 때문에 웨일스 교육에 종사하는 사람들은 다양한 사건에서 동일한 사람들을 만나게 된다. 이것은 서로 이야기 하는 것을 훨씬 쉽게 만들고, 전반적인 교육체제가 어떻게 움직이는지를 더 쉽게 이해할 수 있도록 해 준다. 물론, 나는 나의 글쓰기만을 고수하거나 또는 내가 근무하는 대학 안에서만 머물면서 더 광범위한 교육체제에 연관된 직접적인 지식을 얻지 못하는 길을 선택할 수도 있었다. 그리고 나는 조셉 오코너와 이안 맥더모트가 확인한 체제에 영향력을 주는 흥미로운 규칙과 같은 것을 놓쳤을 것이다. '연관성을 더 넓힐수록, 더 많은 영향력이 가능하다. 네트워크는 영향력을 가져온다.'[11]

몇 년 전 중등학교 교사로 재직할 당시, 나는 의료와 사회복지 분야에서 상을 받기 위한 새로운 학습 프로그램의 한 모듈을 담당하고 있었다. 모듈은 소규모의 6학년 학생으로 구성되었는데, 학생들은 대인관계 소통 역량과 개인적 지원에 관련된 역량을 습득해야 했다. 첫날 학생들과 나는 역량을 증명할 수 있는 다양한 방법을 토의하고 생각했다. 그리고 우리는 만약 학생들이 스스로를 또래지원집단으로 만든다면, 학생들은 다양한 기술을 개발할 기회를 갖게 될 것이라는 결론에 도달했다. 학생들은 저학년 학생들을 멘토링 할 기술을 습득할 필요가 있었다. 그리고 학생들은 스스로를 하나의 집단으로 조직화해야 했고, 학교를 통해 서비스를 증진해야 했다.[12]

나는 학생들이 프로젝트에 접근하는 방식에 흡족했다. 그것은 학생들에게 익숙했던 학업 활동과는 다른 방식이었고 학생들은 열정적으로 접근했다. 불행하게도 첫해에는 다른 사람을 돕고자 했던 학생들의 열망을 모든 사람이 인정하지는 않았다. 학생들은 자신들이 수행하는 프로젝트의 신뢰성을 입증하기 위해 접근해야 하는 교직원을 확인했다. 그러나 학생들의 노력은 모호한 무관심과 일반적인 격려 부족이라는 벽에 부딪혔다. 특정 교사가 학생들의 진심어린 열정을 비웃는 경우도 있었다. 나는 종종 학생들의 노력을 지원하고 격려하기 위해 열심히 일해야 했다.

여러분은 다소 이상한 이야기라고 볼지 모른다. 동료 멘토링의 학습 잠재력은 널리 알려져 있고, 학생들이 기술을 개발하여 저학년 학생들을 도울 수 있도록 하는 프로젝트도 많다. 나의 경험은 오래 전 일이었지만 그것이 끝이 아니었다.

내가 학교를 떠난 한참 후에 나는 놀랍게도 학교로부터 다시 연락을 받았다. 학교 측은 나에게 6학년 학생들 대상으로 하루 코스의 동료 멘토링 수업을 해 줄 것을 요청하였다. 그리고 학교 측은 또 하나의 요구사항을 언급하였다. 학교 측에서는 6학년 학생이 참여하는 것에 큰 관심을 두고 있기에 다른 날에도 수업을 해 주기를 바라고 있었다. 또한 내가 동료 멘토링 수업을 매년 해 줄 수 있는지와 8학년을 준비하는 7학년 학생들에게도 가능한지를 물었다.

나는 자신들의 프로젝트가 받아들여지도록 애를 썼던 첫 번째 학생들의 경험에 대해 다시 생각하지 않을 수 없었다. 그리고 내가 다른 학교에 근무하면서 이 문제와 관련하여 과거 동료들에게 비꼬는 듯이 논평했던 것을 반성하지 않을 수 없었다. 그녀는 아는 척하는 표정으로 "아! 그때 당신은 시대를 앞서 갔다."라고 말했다.

실제로 나는 반드시 그런 것만은 아니라고 생각한다. 그것은 단지 학교체제가 타성에 젖어 있었기 때문이었다. 학교체제는 자신들의 동료를 지원하는 책임을 갖고자 했던 학생들의 아이디어를 도모하지 않았다. 학교체제는 지나치게 고착되어 있어서 결과적으로 학생들의 작은 노력은 변화를 만들어 내지 못하고 오히려 저항에 부딪혔다. 그것은 단지 사람들이 힘들어지기 때문이 아니라, 관련된 사람들이 동료 멘토링에 관한 새로운 아이디어와 독립적인 학습방식을 받아들이지 못했기 때문이다. 이러한 새로운 아이디어가 받아들여질 때, 이러한 특정 학교체제에 중요한 변화를 만들 수 있는 영향력이 있다.

기업가처럼 되기

체제가 어떻게 작동하는지를 이해한다면 가치 있는 통찰력을 갖게 된다. 전문가로서 여러분은 구조적이고 전략적인 설명을 해 주는 비전을 가짐으로써 훨씬 더 많은 정보를 갖는 지위에 놓인다. 그러나 물론 지식만으로는 충분하지 않다. 지식만으로는 사람들을 제한된 정신모델에 고착시키는 결과를 초래하게 된다. 제한된 정신모델은 목표를 달성하지 못한 이유 또는 더 심각하게 독립적으로 생각해서는 안 되는 이유를 구조적인 것으로 설명하기 때문이다.

습관 1(자기성찰)은 독립적으로 생각하는 것이었다. 이것은 스스로를 체제의 한 부분으로 생각하는 습관과 관련된다. 이것은 중요하다. 왜냐하면 낸시 클라인이 경고한 것처럼, 그 누구도 독립적으로 생각하는 훈련을 받지 못했기 때문이다.

> "독립적으로 생각하는 것은 일반적인 것이 아니다. 우리 사회의 실제 과정의 모든 단계는 이것으로부터 왔다. 그러나 가정, 학교, 직장 등과 같이 우리의 삶을 형성하는 대부분의 집단에서 독립적으로 생각하는 것은 의심을 받고 위험하게 보일 수 있다."[13]

독립적으로 생각하는 사람들은 현재 사고방식에 도전한다는 점에서 위험성이 있다. 독립적으로 생각하는 것은 다음과 같은 신념에서 비롯된 것이다. 만약 그들이 생활하고 일하는 체제에 통합될 경우, 그들은 다른 사람이 변화를 시작하도록 기대하기보다 체제를 변화시키는 잠재력을 가질 것이라는 신념을 갖는다. 이 신념은 체제적 사고에 영향력을 주는 잠재력을 극대화시키는 기술을 갖는 것을 의미하기도 한다.

그러나 여러분은 이 절의 제목이 왜 '기업가처럼 되기'인가 궁금했을 것이다. 아마도 기업가처럼 된다는 것은 사업을 시작하는 것으로 생각할 수 있다. 그러나 단어들이 일정 기간 동안 의미가 변화한 것처럼, 기업가처럼 된다는 것은 상업적 활동 그 이상의 의미를 갖는다. 이제 기업가처럼 된다는 것은 사고방식과 행동방식에 관한 것으로 이해되어야 한다. 기업가적 행동은 단지 작은 사업체를 경영하거나 시작한다는 틀에 박힌 의미가 아니다. 비단 경영분야에 국한되지 않고 사회 각계각층에서 기업가적으로 행동할 수 있다.[14] 데이비드 커비David Kirby는 교육자들이 학생들에게 기업가적 사고방식을 자극해야 한다고 주장한 바 있다.

우리가 평범한 사람과 다르게 기업가처럼 되려고 노력할 때 어려움이 발생한다. 수많은 연구에도 불구하고 기업가처럼 된다는 것에 합의된 정의는 없다.[15] 사실 뛰어난 기업가들을 생각해 보면, 전형적인 모델이 없다는 결론에 이르기 쉽다. 우리는 아마도 철도에서부터 항공 그리고 미디어에 이르는 다양한 분야에 모험적으로 도전했던 리처드 브랜슨Richard Branson의 사례를 생각할 수 있다. 또는 새로운 사업 방식을 만들어 냈던 더바디샵The Body Shop의 창업자 아니타 로딕Anita Roddick을 생각할 수 있다. 아니타 로딕은 이윤에만 전념하던 전통적인 조직 모형이 아닌 경제적 성공이 이해당사자의 만족, 사회적·환경적 변화와 결합될 수 있다는 신념으로 더바디샵을 설립하였다.[16]

기업가처럼 된다는 것을 설명하는 분명한 모델은 없을지라도, 기업가들이 보여 주는 어떤 특성과 행동 패턴에 대해서는 여전히 자주 논의된다. 그러나 얼마나 많은 형태의 행동 또는 어떤 형식을 취하는지에 대한 합의는 존재하지 않는다.[17] 간단히 말해서, 나는 항상 기업가가 기회를 인식하고 그것을 이용할 수 있는 능력을 겸비한 사람이라고 생각한다. 그리고 나는 이것이 성공하는 교사들이 학생들에게 영향력을 높이고 넓히는 태도라고 생각하기 때문에, 기업가와 관련된 귀인을 확인하는 것과 어떻게 성공하는 교사들이 전체 습관을 그리는지를 고찰하는 것은 유용하다고 생각한다(잠시 멈추어 생각해 보기 29 참조).

잠시 멈추어 생각해 보기 29 // **기업가처럼 되기**

연구자들 사이에서 기업가를 설명하는 귀인에 대한 합의가 부족하고 이와 관련한 연구도 제한적이다. 그럼에도 불구하고 지금까지 주장된 귀인을 살펴보는 것은 유용하다. 따라서 나는 제프리 티몬즈Jeffrey Timmons와 그의 동료들이 제안한 다음의 목록을 받아들였다.[18] 어떤 것은 습관에 내포되어 있는 반면, 어떤 것은 스트레스를 조절하고 피드백을 살피는 것과 같이 명백한 특징이 있다. 가장 중요한 것은 귀인들이 학습되고 습득될 수 있다고 주장한 부분이다. 따라서 여러분의 습관 발달의 단계를 해당 칸에 표시해 본다면 스스로를 되돌아보고 향후 발전을 도모하는 데 매우 유용할 것이다.

표 12. 기업가처럼 되기

	자신이 있다.	더 개발할 필요가 있다.	주의를 기울여야 한다.
헌신, 의지, 인내			
성취와 성장 추구			
목표와 기회 지향			
주도성과 책임감			
문제해결			
유머 감각			
피드백 탐색 및 활용			
내적 통제(목표 성취가 다른 사람이 아닌 자신에게 있다는 신념)			
모호성, 스트레스, 불확실성에 대한 인내			
위험 감수와 위험 분담			
권력과 지위에 대한 낮은 욕구			
진실성과 신뢰성			
결단력, 신속성, 참을성			
실패 조치			
팀 만들기			
높은 에너지, 건강과 정서적 안정			
창의성과 혁신성			
높은 지능과 개념적 사고			
비전 제시와 감화력			

'사회운동' 전문가로서의 정체성

여러분의 정체성은 교육전문가로서 스스로를 생각하는 것에서 부터 비롯된다. 습관 1(자기성찰)은 이러한 것을 제안하면서 시작되었다. 습관들이 자기관리와 타인과의 관계 측면에서 집단의 잠재적 리더십으로 이동함에 따라, 여러분은 분명히 정체성을 복잡하고 다면적인 개념으로 인지하게 되었다. 아마도 우리의 정체성 확립에 가장 큰 영향 중 하나는 우리 자신을 고립된 하나의 개체로 생각하는 것에서 전체의 한 부분으로 보게 한 것이다. 이는 전체가 어떻게 우리의 관점에 영향을 주는지 그리고 결국 우리가 어떻게 외부 세계에 영향을 주는지를 이해하는 것을 의미한다.

과거부터 수업의 두드러진 특성 중 하나는 개인주의였다. 이를 은유적으로 표현한 것이 바로 '대부분의 교사들이 상자 속에서 가르친다는 것'이다.[19] 오늘날 우리는 외부 세계와 단절된 채 교실에 고립되어 머물 수 없다. 지식, 기술, 사회가 빠르게 변화하면서 학생들은 빠르게 우리를 쓸모없는 사람으로 생각할 것이다.

경영과 시장의 과정이 교육에 도입되었을 때, 정부는 학교를 효과적이고 효율적인 조직으로 만들려고 하였다. 결과적으로, 예산 차등, 학교 간 경쟁, 학부모에 대한 책무성은 전적으로 전문성에 영향을 주었다. 편협한 실용주의를 선호함에 따라 교육에 대한 광범위한 사회적, 도덕적 비전은 밀려났다. 교사들은 무엇을 가르칠 것인지 그리고 어떻게 가르칠 것인지를 일방적으로 듣게 되었고, 전문성을 높인다는 것은 예산과 결과를 관리하는 기술을 발전시키는 것을 의미하게 되었다.

세상은 계속 변화하고 우리는 시계를 되돌릴 수 없다. 내가 이 책의 서두에서 언급했듯이, 여하튼 1970년대 진보적인 교육자들의 방식인 '자유방임'으로 돌아가는 것은 적절하지 않다.[20] 오히려 책무성에 대한 요구는 안락한 공간인 교실에만 머물던 교사들을 다른 전문가들, 학부모들, 공공분야에 책임 있는 사람들과 함께 일해야 할 필요성을 인식하게 하였다. 새로운 시대의 특징은 다양한 측면에서 강조된다. 첫째, 학교는 많은 도전에 직면해 있고 미래에 교사들은 새로운 형태의 전문성이 필요할 것이다.[21] 이 책은 단지 그 부름에 응답하는 하나의 형식이었다. 둘째, 수업의 질과 전문성을 높이기 위해서는 일반 대중과 협력할 필요가 있다.[22] 셋째, 주디스 삭스Judyth Sachs는 이러한 사회운동이 발생하기에 적기라고 제안한다.

"만약 수업 전문가가 작가가 되기를 원한다면, 고유한 정체성 또는 전문성에 관한 이야기가 이제 떠오를 때다. 시장은 더 이상 교육정책과 교육실제가 발전하는 적절한 은유 또는 구조가 아니라는 증거가 있다. 교사의 지식과 전문성을 인정하고 보상하는 더 민주적인 조건하에서, 교사 전문성의 정체성을 추구하는 사회운동가는 교사 자신과 모든 사람들에 의한 새로운 형식의 공공성과 전문가의 참여를 조성한다. 교사 전문성의 정체성을 추구하는 사회운동가는 교사들 간 그리고 다른 사람과 함께하는 새로운 연합을 장려한다. 그것은 업무 수행을 새롭게 하고 업무에 대한 유연한 사고를 증진한다."[23]

자기관리와 관련된 습관들을 받아들임으로써 그리고 사고와 행동이 더 유연해지면서, 성공하는 교사들은 교사 전문성의 정체성을 추구하는 사회운동가가 된다. 교육의 큰 그림을 이해하고 기업가처럼 되기 위한 기술을 소유한다면, 그들은 개인적이고 전문적인 자신감을 갖고 행동주도적인 태도를 받아들인다. 왜냐하면 성공하는 교사들은 학습자로서의 개인적 경험만으로 쉽게 포기하지 않기 때문이다. 성공하는 교사들은 학생, 동료, 학부모, 지역사회 등 함께 일하는 모든 집단들과 더 민주적인 관계를 형성할 수 있다. 더욱이 자신의 발전을 위한 몰입은 신뢰할 만한 전문성 주창자임을 의미한다. 성공하는 교사들은 우리가 더 이상 올바른 일을 하기 위해 제도를 벗어날 수 없다는 사실에 한탄하지 않는다.[24] 성공적인 교사들은 오히려 '개인적인 것을 거부하면서'[25] 목적과 열정을 가지고 행동한다. 그들은 절망해서가 아니라 희망에 가득 차 있기 때문이다. 또한 그들은 학생들을 더 성장시키기 위해 단단히 마음먹었기 때문이다.

잠시 멈추어 생각해 보기 30 // **사회운동가로서 교사**

• 마리는 뉴욕에서 있었던 '직면한 역사와 우리 자신'이라는 집중과정에 참석하면서 수업에 대한 자신의 접근이 급진적으로 변화되었다는 것을 발견했다. 그녀의 목적은 역사를 가르치는 새로운 방식을 배우고, 학생들의 관점에서 단순히 교과뿐 아니라 사람들이 배우는 방식을 이해하는 데 막대한 영향을 주는 방법들을 경험하는 것이었다. 이 방법들을 사용하면서 과거는 현재를 이해하는 도구가 되었다. 예컨대, 홀로코스트Holocaust에 관한 학습은 매일매일 일상의 특성을 재시험할 수 있는 렌즈가 되었다. 마리는 열정적으로 방법들을 수업에 도입했다. 그리고 그녀는 샌프란시스코에서 개최된 과정에 재차 참석했다. 그 경험은 큰 깨달음을 주어서 수업에 대한 그녀의 태도 변화를 자극했다. 지금 만약 그녀에게 무엇을 가르치고 있는지 묻는다면, '역사'라고 대답하기보다 '아이들을 가르친다'라고 반응할 것이다.

• 아샤는 치안 판사처럼 되려고 했다. 왜냐하면 그녀는 공공서비스 측면에서 인종집단의 대표성이 충분하지 않다는 것을 알고 있었기 때문이다. 그러나 거기에는 말로 표현하기 어려운 더 심오한 이유가 있었다. 그녀는 '변화시키는 것'에 동기부여가 되었다. 이것은 그녀가 사회에 공헌할 수 있는 오직 하나의 방법인 듯 보였다. 아샤는 판사가 되는 것은 그녀의 경험 밖에 있는 사람들의 삶에 눈을 뜨는 것이라는 사실을 발견했다. 그녀는 학교 밖 학생들의 상황이 어떻게 그들의 학습에 영향을 주는지 인지할 수 있는 통찰력을 갖게 되었다. 이제 그녀는 더 인내하고 학생들을 이해한다. 전문성이 요구되는 보건이나 사회복지 분야의 개입이 있을 때, 그녀는 이제 그것에 공감할 수 있고 학생을 대신해 더 개입할 수 있음을 느낀다.

• Reggio Children(역주: 레지오 에밀리아 시교육청이 레지오 교육철학의 전파와 교류를 위해 설립한 비영리 사업체로 연구, 장학 자문, 세미나, 전시회, 출판, 연구, 시민을 위한 교육을 수행하고 있음)이라는 단체와 접촉하고 나서 안젤라는 이 단체가 아동의 잠재력, 재능, 권리를 실현시키는 데 헌신하는 전 세계 교사 네트워크의 일부분이라는 사실을 알게 되었다. 안젤라는 이탈리아에 있는 레지오 에밀리아Reggio Emilia 학교를 방문하여 어른들이 어떻게 초기 아동기 학습을 진척시키고 교육과정을 활성화하는지를 목격한 후 돌아왔다. 아이들에 대한 전문가인 학부모의 중요성이 크게 자리 잡았고, 아이들의 이익을 위해 학부모와 함께 일하는 방법을 찾는 것이 목표가 되었다. 안젤라와 그녀의 동료들은 학부모들이 학교에 참여하도록 새로운 것을 시도해 왔다. 가족 연산 능력과 문해 능력 세션은 기초기능 담당 기관과 함께 운영되었다. '부모님 모시고 오는 날'은 학생들이 그들의 부모님을 학교로 모셔 오는 것을 독려하기 위해 만들어졌다. 교사들은 학부모들이 아이들의 학습욕구에 대한 이해를 넓힐 수 있도록 일반적으로 아이들이 어떻

게 배우는지에 관한 지식을 공유할 수 있었다.

안젤라가 얻은 영감은 단지 그녀의 학교에 국한되지 않았다. 교원단체 회원으로서 그녀는 이를 전파하기 위한 각종 컨퍼런스에 초대되었다. 컨퍼런스에서는 안젤라의 학교에서 채택한 사례 이외에도 스웨덴과 뉴질랜드의 우수 사례가 공유되었다. 컨퍼런스 및 연수와 별도로, 안젤라는 교원단체에 적극적으로 참여함으로써 개인적으로 그리고 전문가로서의 삶 모두를 지지하는 매우 귀중한 방법을 찾는다. 그녀가 교원단체에 참여하는 것은 자신의 영역 안에 머무를 때보다 더 넓은 맥락에 대한 이해를 줌으로써 모든 연령대에 걸친 정책 변화에 정통할 수 있다는 것을 의미한다. 분과 모임에서 회원들은 새로운 정책 제안을 듣고 질문을 하도록 고무되었다. 안젤라에게 가장 중요한 것은 아이들의 이익을 위하여 지지하는 긍정적인 동지들의 자극이 있다는 것이다.

- 캐롤린은 미국 텍사스 지역 학교를 방문하는 교사 방문단에 참가하기 위해 웨일스 일반교육심의회General Teaching Council for Wales에 재정 지원을 신청했다. 캐롤린은 텍사스 학교의 목회자적 접근에 특별히 관심이 있었다. 그러나 그녀에게 여러 학교 환경이 특히 인상적이었다. 웨일스에 있는 그녀의 학교보다 텍사스 지역 학교가 훨씬 더 넓다는 사실 말고도, 그녀는 학생들의 동기를 유발하기 위한 전시물의 분량에 감명을 받았다. 학기 중에 복도, 체육관, 교실 어디에서나 학생들의 학습을 독력하고 성취를 칭찬하는 배너와 포스터, 그림, 전시물이 노출되어 있었다. 캐롤린은 학교로 돌아왔을 때 그녀의 학교를 새로운 시각으로 보게 되었다. 그녀는 즉시 전시물을 개선할 수 있었다. 또한 그녀는 학교 방문의 장기 효과를 발견했다. 그것은 그녀가 종종 다른 구성원에게 텍사스 여행에서 얻은 영감에 대해 열변을 토했고, 그 영향력이 전체 학교에 파급되었다는 것이다.

• 팜은 9/11 사건이 단지 특정한 지역에서 발생한 문제가 아니라는 것을 깨달 았다. 사건 후유증이 웨일스 지역사회에서도 나타났기 때문이다. 학급 토론 과정에서, 팜과 그녀의 학생들은 지역의 무슬림 커뮤니티 구성원이 극심한 학대를 경험하는 것과 인종주의자들의 조롱이 학교에서 아주 흔하게 나타나 는 것을 걱정했다. 그들은 편견과 종교적 편협성에 대응하는 어떤 긍정적인 행동을 취하기를 원했다. 팜은 팔찌를 아이디어로 제안하였다. 팔찌는 만들 고 착용하기에 재미있기도 했지만 젊은이들을 사로잡는 상징성도 가지고 있 었다. 평화 말라The Peace Mala 팔찌는 화합에 호흡을 맞추고, 평화와 화합, 통 합의 메시지를 담은 전 세계 종교생활을 대표하는 것으로 만들어졌다. 첫 번 째 평화 말라 팔찌는 팜의 학생들이 만들었다. 이 팔찌는 지역사회에 평화, 관 용, 존중을 증진하기 위한 젊은 층의 프로젝트를 지속하기 위해 설립된 '왕세 자 기금 밀레니엄상Prince's Trust Miliennium Award'으로부터 1만 5,000유로의 장 려금을 받음으로써 성공적인 것으로 증명되었다. 또한 교황 요한 바오로 2세 와 달라이 라마는 그 프로젝트에 대해 명확한 지지 입장을 표명했고, 평화 말 라 팔찌는 팜의 학교 전체와 주변 웨일스 학교에서 수업도구로 채택되었다. 또한 런던과 세틀랜드 제도에서도 수업도구로 채택되었다.

2012년 7월에 평화 말라 팔찌의 10주년을 기념하기 위한 성지순례가 개최되 었고, 이 성지순례는 여러 종파와 다문화에 영감을 주는 추수감사절 예배로 마무리되었다.[26]

결론

성공하는 교사들은 선견지명이 있다. 그들은 학생들의 잠재력을 보고, 학생들이 성취를 향해 나아가도록 하는 에너지와 열정을 갖고 있다. 그들은 학생들이 미래에 글로벌 시민이 될 것을 알며, 학생들이 점차 좁혀지고 있는 세계에서 시민의식을 갖추도록 광범위한 교육적 경험을 제공하는 것을 자신의 역할로 인식한다.

성공하는 교사들은 독단적으로 일할 수 없다는 사실을 인지하고 있다. 그들은 광범위한 교육목표를 달성하기 위해서 학부모, 동료, 그리고 다른 전문가들과 함께 건설적으로 노력할 수 있다. 그들은 자신의 학교에 국한된 편협한 관점에서 벗어날 수 있고, 교육전문가로서 그들의 역할을 지역사회 맥락, 국가수준의 교육체제, 교육전문가의 전 세계적 네트워크 안에서 인식할 수 있다.

또한 성공하는 교사들은 글로벌 맥락에서 전문가로서 자신을 위한 비전을 갖고 있다. 그들에게 학교의 벽은 넘어설 수 있는 것이다. 그들은 자신을 원망하지 않고, 자신을 통제의 희생자로 생각하지 않으며, 학교 밖에서 그들에게 영향을 미치는 압력과 영향력을 이해하려고 한다. 그들은 단지 자신의 교실에서 실제적으로 필요한 것을 향상시키는 것뿐만 아니라 교육 실천가들의 글로벌 네트워크에 능통한 공헌자가 되기 위해서 연구와 실제에 관한 지식을 넓히려고 한다.

모든 창조적 과정은 사고와 성찰을 요구한다. 영감은 갑자기 오지 않으며, 아이디어가 꽃을 피우고 성장하는 데는 일정한 배양 기간이 필요하다. 심지어 정원사로서 나는 식물의 성공적인 개화와 성장이 단지 정원사의 육체적 노동으로만 얻을 수 없다는 것을 안다. 정원을 계획하고 가꾸기 위해서 많이 생각해야 한다. 정원은 삶처럼 복잡하고 역동적이다. 정원이 계절과 풍토의 변화에 따라 달라지듯이 우리의 삶은 매일매일이 다르다.

나는 나의 정원에 조바심을 갖곤 한다. 나는 특별히 소중한 식물을 집으로 가져오고 그것이 빨리 만개하기를 기대한다. 나는 식물이 기대했던 만큼 자라지 않고 심지어 죽어 버릴 때 여러 번 실망했다. 그때 나는 토양이 잘못되었는지, 비료를 충분히 주지 않았는지, 물을 너무 많이 주었는지, 지나치게 햇빛이 강한 곳 또는 지나치게 그늘진 잘못된 장소에 두었는지 다시 평가해야 했다.

이제 나는 성공적으로 정원을 가꾸기 위해서 육체적 활동 못지않게 성찰도 필요하다는 것을 배웠다. 만약 내가 어떤 관목을 이동하면 전체적인 균형이 좋아질지를 고려하면서, 그리고 식물에게 특별한 관심과 비료가 필요한지를 확인하면서, 나는 종종 단지 식물을 보는 것으로 시간을 할애한다. 물론 나는 다른 사람들로부터도 배웠다. 나는 전문가들이 쓴 책을 읽었고 성공적으로 정원을 가꾼 경험이 있는 친구와 동료들에게 자문을 구하기도 했다.

이것은 우리의 개인적이고 전문적인 발달과 유사하다. 나의 정원이 외부 변화에 반응하듯이, 우리도 직무환경의 변화에 반응한다. 정원이 변화에 잘 자라도록 관리가 필요하듯이, 우리도 변화에 성공적으로 대처하도록 자신을 관리하는 것이 필요하다. 작업 전에 생각이 필요하듯이, 우리도 성장과 향상을 위한 필수적인 도구로 반성적 고찰이 필요하다.

반성적 고찰은 모든 습관에 필수적인 것이다. 그것은 중요하다. 왜냐하면 만약 우리가 자신의 발전을 고민하는 시간을 갖지 않는다면, 어느 날 우리의 성장이 위축되었다는 것을 발견할지 모르기 때문이다. 반성적 고찰로 학습이 이루어진다. 그리고 우리는 우리와 관련 된 사람들에 의해 이끌어질 필요가 있다.

그래서 나는 여러분이 여러 다양한 측면에서 여러분의 발달을 생각할 것을 제안한다. 이것은 정원이 어떻게 성장하는지를 고려하는 것과 동일하다. 정원이 최적화되도록 하기 위해서 나는 토양을 생각해야 하고 햇빛 또는 그늘을 생각해야 한다. 나는 재초작업과 물을 충분하게 주었는지를 성찰해야 한다. 아마도 나는 관목의 전지 작업과 다듬는 작업을 잘 하기 위해 더 진일보한 기술을 개발할 것이다. 나는 정원이 조용하고, 활기찬 오아시스, 또는 만물이 생동해야 한다고 믿는다. 내가 정원에 대해 갖고 있는 이와 같은 가치들은 강한 영향력을 행사할 것이다.

유사하게도 여러분의 최종적인 성찰은 개인적이고 전문적인 발달을 전체적으로 고려하는 것이다. 우리가 습관 1(자기성찰)에서 여러분의 사고를 움직이기 위해 로버트 딜츠Robert Dilts에 의해 확인된 '수준'을 사용했듯이, 그것은 또한 여러분이 만들고 싶은 변화와 발전을 조명하는 데 사용될 수 있을 것이다.[27]

- 젊은 사람들과 함께 직면한 근무 환경을 새롭게 다시 봐라. 그것이 세상으로부터 여러분을 소외시켰는지 또는 더 넓은 세상이 여러분이 직면한 환경에 반영되었는지를 확인하라. 교실환경은 넓은 세상의 축소판이고 학습은 모든 맥락에서 발생한다는 것을 인지하라. 여러분이 교실환경에서 어떻게 학습의 모든 측면을 도모할지를 생각하라.
- 여러분의 행동이 어떻게 창조되고 자신의 주변 환경에 어떤 영향을 주는지를 생각하라. 학생, 동료, 학부모로부터 받은 반응을 반성적으로 고찰하라. 그들로부터 받은 반응을 여러분의 행동이 목적에 부합되는지 그리고 생산적인 결과를 얻을 수 있는지에 대한 피드백으로 사용하라. 여러분의 행동은

지금의 자신이 아니라 앞으로 변화될 수 있고 적응될 수 있는 어떤 것이라는 사실을 인지하라.

- 행동은 항상 외부 자극에 대응하는 반응이 아니라 여러분의 정신적 인식에 영향을 받는다는 것을 이해하라. 여러분의 행동이 과거 경험에 의해 결정될 필요가 없고 융통성 있고 광범위한 상황에 반응할 수 있다는 것을 인지하는 능력을 가져라. 학습과 성장 기회를 인지하고, 그것을 이용할 수 있어야 한다. 전문성 향상을 위해 솔선수범하고 결과에 대해 책임을 져라.

- 여러분 자신과 여러분을 둘러싼 세상에 대한 기본적 판단이 여러분의 행동을 뒷받침하고 통제한다는 것을 인정하라. 여러분의 행동이 일치되는지 확인하는 방식으로 여러분의 신념과 가치를 명확히 하라. 또한 여러분의 신념과 가치와 조직의 미션이 일치하는지를 확인하라. 불공평하고 모순되는 것에 도전할 수 있는 여러분의 신념과 가치로부터 영감을 받아라. 전문성을 실천하는 데 창조적이고 혁신적이도록 하는 여러분의 신념과 가치로부터 동기를 끌어내라.

- 학생, 동료, 학부모와 관련해서 전문직으로서 확실한 정체성을 가져라. 교육에 대한 여러분의 신념과 가치를 모델로 삼는 전문직 정체성을 사용하여 폭넓은 교육 의제agenda의 한 부분으로서 전문직의 정체성을 경험하라.

마지막으로, '그 밖에 다른 무엇이 없는가?'를 생각하라. 폭넓은 교육운동 속에서 여러분은 어떤 열망을 갖고 있는가? 매일매일 일상을 넘어 여러분의 경험을 끌어올릴 전문직으로서의 삶을 위한 임무와 비전을 생각하라.

여러분의 비전은 무엇인가?

그리고 그 비전을 성취하기 위해 어떻게 할 것인가?

권장도서

- 피터 센게(Peter Senge)의 저서는 체제적 사고에서 여전히 고전으로 통한다.
  Senge, P. M. (1990). *The fifth discipline: The art and practice of the learning organization*. London: Century Business.

- 주디스 삭스(Judyth Sachs)는 수업전문성을 재고하도록 자극한다.
  Sachs, J. (2003). *The activist teaching profession*. Buckingham: Open University Press.

- 존 웨스트-번함(John West-Burnham)은 변혁을 가능하게 하는 개인의 특성에 초점을 두고 교육리더십의 본질과 목적을 다시 생각한다.
  West-Burnham, J. (2009). *Rethinking educational leadership: From improvement to transformation*. London: Continuum International Publishing Group.

습관 9 • 영향력의 확대

| 미주 |

1 Senge, P. (1990). *The fifth discipline: The art and practice of the learning organization*. London: Century Business. pp. 12-13.

2 Bandura, A. (1995). *Self-efficacy in changing societies*. Cambridge: Cambridge University Press. p. 2.

3 O'Connor, J., & McDermott, I. (1997). *The art of systems thinking: Essential skills for creativity and problem Solving*. London: Thorsons.

4 Barber, M. (2001). High expectations and standards for all, no matter what: creating a world class education service in England. In M. Fielding (Ed.), *Taking Education Really Seriously: Four years' hard labour*. London: RoutledgeFalmer.

5 비록 영국의 교육체제는 잉글랜드와 웨일스를 모두 포함하고 있지만, 웨일스 정부가 수립된 이래로 웨일스는 점차 독자적인 교육체제를 발전시켜 오고 있다. 그 차이점 중 하나는 웨일스의 학교들은 더 이상 국가수준의 학업성취도평가(SAT)를 초등학교 단계인 Key Stage 1~2(역주: 영국에서는 초등학교를 1~2학년인 Key Stage 1과 3~6학년인 Key Stage 2로, 그리고 중등학교를 7~9학년인 Key Stage 3과 10~11학년인 Key Stage 4로 구분하고 있음)에서 실시하고 있지 않으며, 교사 평가에 의존하고 있다. 그렇지만 학교순위 비교표는 전국적으로 공표되고 있다.

6 Senge, P. (1990). *The fifth discipline: The art and practice of the learning organization*. London: Century Business. p. 44.

7 O'Connor, J., & McDermott. I. (1997). *The art of systems thinking: Essential skills for creativity and problem solving*. London: Thorsons. p. 19.

8 Senge, P. (1990). *The fifth discipline: The art and practice of the learning organization*. London: Century Business. p. 53.

9 O'Connor, J., & McDermott. I. (1997). *The art of systems thinking: Essential Skills for creativity and problem Solving*. London: Thorsons. p. 18.

10 ibid., p. 21.

11 ibid., p. 15.

12 나는 Turnbull, J. (2004). Educating for citizenship in Wales: Challenges and opportunities. *The Welsh Journal of Education*, *12*(2), 65-82에서 그 프로젝트가 어떻게 연구되었는가에 대해 설명해 두었다.

13 Kline, N. (1999). *Time to think: Listening to ignite the human mind*. London: Cassell Illustrated. p. 28.

영향력의 확산

14 Kirby, D. A. (2003). *Entrepreneurship*. Maidenhead: McMgraw-Hill Education. p. 112.

15 Anderson, A., & Woodcock. P. (1996). *Effective entrepreneurship: A skills and activity based approach*. Oxford: Blackwell Publishers Ltd. p. 12.

16 www.thebodyshopinternational.com

17 Kirby, D. A. (2003). *Entrepreneurship*. Maidenhead: McMgraw-Hill Education. p. 108.

18 Adapted from Jeffrey Timmons et al. 1985, also cited by David Kirby 2003:108

19 Hargreaves, A. (2000). Four ages of professionalism and professional learning. *Teachers and Teaching: History and Practice, 6*(2), p. 160.

20 Turnbull, J. (2004). Educating for citizenship in Wales: Challenges and opportunities. *The Welsh Journal of Education*, *12*(2), 65-82.

21 Furlong, J., Hagger, H., & Butcher, C. (2006). *Review of initial teacher training provision in Wales*. Cardiff: Welsh Assembly Government. p. 23.

22 Hargreaves, A. (2000). Four ages of professionalism and professional learning. *Teachers and Teaching: History and Practice*, *6*(2), 151-182.

23 Sachs, J. (2003). *The activist teaching profession*. Buckingham: Open University Press. p. 135.

24 Saul, J. (1995). *The unconscious civilization*. Toronto: Anansi Press.

25 Hargreaves, A., & Fullan, M. (1998). *What's worth fighting for in education?* Buckingham: Open University Press. p. 107.

26 www.peacemala.org.uk

27 Dilts, R. (1996). *Visionary leadership skills*. Capitola CA: Meta Publications Inc. pp. 18-23. 그의 '변화 수준(level of change)'은 인류학자 그레고리 베이트슨(Gregory Bateson)의 저서 『마음 생태학의 단계(*Steps to an ecology of mind*)』(1972)에서 영감을 얻은 것이다.

성공하는 교사들의
9 가 지 습 관

/

부 록

9 Habits of

Highly Effective

Teachers

자신만의 사고 안락지대

···▶ **만약 여러분이 대부분의 A에 체크했다면, 여러분의 안락지대는 '청각적'이다.**

여러분은 자신의 사고를 소리로 처리하는 것을 선호한다. 여러분은 누군가와 이야기를 나누거나 다른 사람들이 말하는 것을 들을 때 가장 잘 배운다. 여러분은 책에서 읽는 것보다는 누군가가 여러분에게 말한 것에 대해 더욱 확신을 가질 수 있다. 이것이 학습에 대한 여러분 자신의 선호도이기 때문에 여러분은 학생들에게 상당히 언어적으로 수업을 하고 학생들에게 여러분의 말을 귀담아 듣기를 기대한다. 여러분은 학생들이 말하는 내용은 물론이거니와 말하는 방식에 대해서 주의를 기울일 것이다.

···▶ **만약 여러분이 대부분의 B에 체크했다면, 여러분의 안락지대는 '시각적'이다.**

여러분의 사고 과정은 여러분의 마음속에 그림을 그리거나 과거 사건의 기억을 회상하기 위해 그림을 사용하는 것을 포함한다. 여러분은 마음의 눈으로 그림을 볼 수 있을 때 가장 잘 이해한다. 여러분은 빠르게 말하는 경향이 있으며, 여러분이 말하고 있는 것을 머릿속에 그림으로 그려야 하기 때문에 상세한 것을 흘려 넘길 수 있다. 여러분의 학생들은 여러분이 말을 할 때 손을 많이 사용하고 있다는 것을 알게 될 것이다. 손을 많이 사용하고 있는 것은 여러분이 마음속의 그림을 묘사하기 위한 방법이다. 여러분은 학생들을 가르칠 때 시각적 보조도구를 많이 사용할 것이며, 교실 벽에 많은 그림이나 전시물을 게재할 것이다.

···› 만약 여러분이 대부분의 C에 체크했다면, 여러분의 안락지대는 '운동감각적'이다.

여러분은 자신의 사고를 신체적 감각과 동작을 통해서 처리한다. 여러분은 자신을 둘러싼 물리적 세계와 접촉이 필요하다고 여긴다. 많은 것을 노트에 필기하거나 여기저기 돌아다니기도 한다. 여러분은 옳고 그름을 확인하기 위해서 자신의 직관적 감각을 이용한다. 여러분은 대체로 천천히 말하며 깊게 호흡을 한다. 여러분은 뭔가를 이해하기 위해서는 다른 사람들보다 시간이 오래 걸린다고 종종 생각한다. 여러분은 학생들이 교실 여기저기를 움직이는 것을 허용하며 집단활동을 많이 활용할 것이다.

여러분은 하나의 사고 안락지대에 대한 선호가 뚜렷할 수도 있지만, 세 가지 모든 지대에서 점수가 비슷할 수도 있다. 만약 여러분이 하나의 선호가 뚜렷하다면, 여러분 자신의 사고 안락지대가 자신의 교수스타일에서 명백히 드러나는지를 생각해 보라. 여러분은 자신의 스타일을 학생들의 다양한 스타일에 맞추어 조절할 수 있는가? 여러분은 자신의 사고 안락지대와 다른 사고 안락지대를 가진 학생들을 끌어들이기 위해 보다 유연성을 발휘할 수 있는가?

부록 2

여러분의 지능: 모든 것은 마음속에 있다!

⋯▸ 만약 여러분이 A에서 더 높은 점수를 보인다면

여러분은 지능이란 고정적이며 변화될 수 없다고 믿는다. 이 때문에 여러분은 실패에 대한 두려움 때문에 귀중한 학습의 기회를 놓칠 수 있다. 만약 여러분이 뭔가를 처음에 시도하여 행할 수 없다고 한다면 포기하는 경향이 있다.

⋯▸ 만약 여러분이 B에서 더 높은 점수를 보인다면

여러분은 지능이란 고정된 것이 아니라 학습에 의해 증진될 수 있다고 믿는다. 이 때문에 여러분은 도전하는 것을 신경 쓰지 않으며 뭔가 새로운 것을 학습할 기회를 즐긴다. 여러분은 새로운 기능이 매우 습득하기 힘든 것이라 하더라도 열심히 학습하려고 노력한다.

'F' 질문에 대한 답

여러분이 계산한 F의 수가 몇 개인가? 연수 시간에 대부분 3개가 F인 진술문이 주어지는 경우가 많다. 그래서 여러분은 빨리 읽고 2~3개의 F를 결정하는 경향이 있다. 여기서는 6개가 F다.

만약 여러분이 응답한 F가 6개 미만이라면 다시 읽어 보라. 여러분은 '과학적'인 것에 F를 했고 세 개의 '~의'로 되어 있는 것에 F를 했는가?

이 간단한 테스트는 우리가 얼마나 의식적으로 항상 존재하고 있는 정보를 무시하는가를 잘 보여 주고 있다. 정보를 무시하는 것은 아마도 이미 박혀 버린 생각 때문에 혹은 기대하고 있는 것에 대해 조건화되어 왔기 때문일 것이다. 이 테스트에서 첫 두 문장이 F인 것이 명백하고, 이것은 나머지 문장에 대한 기대를 형성한다. 그래서 나머지 문장은 대충 훑어보게 되고 F라는 것을 주목하지 못하고 지나갈 수 있다.

참고문헌

Abbott, J. and Ryan, T. (2000). *The Unfinished Revolution*. Stafford: Network Educational Press Ltd.

Adair, J. (1979). *Action Centred Leadership*. Aldershot: Gower.

Atkinson, L. (2000). 'Trusting your own judgement (or allowing yourself to eat the pudding)'in Atkinson, T. and Claxton, G. *The Intuitive Practitioner*. Buckingham: Open University Press pp. 53-65.

Allport, G. and Postman, L. (1947). *The Psychology of Rumor*. New York: Henry Holt.

Anderson, A. H. and Woodcock, P. (1996). *Effective Entrepreneurship: A skills and activity based approach*. Oxford: Blackwell Publishers Ltd.

Aronson, E. (1972). *The Social Animal* (6th ed). New York: W. H. Freeman & Co.

Ashby, R. W. (1956). *An Introduction to Cybernetics*. London: Chapman & Hall.

Atkinson, T. (2000). 'Learning to teach: intuitive skills and reasoned objectivity'in Atkinson, T. and Claxton, G. *The Intuitive Practitioner*. Buckingham: Open University Press pp. 69-83.

Atkinson, T. and Claxton, G. (2000). *The Intuitive Practitioner: On the value of not always knowing what one is doing*. Buckingham: Open University Press.

Back, K. and Back, K. (1991). *Assertiveness at Work* (2nd ed). Maidenhead: McGraw-Hill Book Co.

Bandler, R. and Grinder, J. (1975). *The Structure of Magic I*. Palo Alto, Cal.: Science and Behaviour Books, Inc.

Bandura, A. (1995). *Self-Effi cacy in Changing Societies*. Cambridge: Cambridge University Press.

Barber, M. (2001). 'High expectations and standards for all, no matter what: creating a world class education service in England'in Fielding, M. (ed). *Taking Education Really Seriously: Four years' hard labour*. London: RoutledgeFalmer. pp. 18-41.

Barnes, E. Griffi ths, P., Ord, J. and Wells, D. (1998). *Face to Face with Distress: The professional use of self in psychosocial care*. Oxford: Butterworth-Heinemann.

Bartlett, S., Burton, D. and Peim, N. (2001). *Introduction to Education Studies*. London: Paul Chapman Publishing.

Bateson, G. (1972). *Steps to an Ecology of Mind*. St. Albans, Herts: Paladin.

Birgerstam, P. (2002). 'Intuition-the way to meaningful knowledge'. *Studies in Higher Education* Vol. 27 No. 2, 431-44.

Brande, D. (1934). *Becoming a Writer*. London: Harcourt, Brace & Co. Ltd.

Brighouse, T. (2005). 'Teachers: A comprehensive success'. The Wales Education Lecture, Cardiff, 2 October 2005.

Brown, L. and Coles, A. (2000). 'Complex decision making in the classroom: the teacher as an intuitive practitioner'in Atkinson, T. and Claxton, G. *The Intuitive Practitioner*. Buckingham: Open University Press pp. 165-81.

Canfield, J. (2005). *The Success Principles: How to get from where you are to where you want to be*. London: Element.

Case, J. and Gunstone, R. (2002). 'Metacognitive development as a shift in approach to learning: an in-depth study'. *Studies in Higher Education* 27(4): 459-70.

성
공
하
는
교
사
들
의

9
가
지
습
관

Castells, M. (1997). The Power of Identity. Oxford: Blackwell Publishers.

Claxton, G. (2008). What's the Point of School? Discovering the heart of education. Oxford and New York: Oneworld Publications.

Coe, C. L., Wiener, S. G., Rosenberg, L.T. and Levine, S. (1985). 'Endocrine and immune responses to separation and maternal loss in nonhuman primates'in Reite, M. and Field, T. (eds). *The Psychology of Attachment and Separation*. London: Academic Press pp. 163-99.

Coffield, F., Moseley, D., Hall, E. and Ecclestone, K. (2004). *Learning Styles and Pedagogy in Post-16 Learning: A systematic and critical review*. London: Learning and Skills Research Centre.

Covey, Stephen, R. (1992). *The 7 Habits of Highly Successful People*. London: Simon & Schuster UK Ltd.

Csikszentimihalyi, M. (1996). *Creativity: Flow and the psychology of discovery and invention*. New York: Harper Perenial.

Csikszentimihalyi, M. (1997). *Finding Flow: The psychology of engagement with everyday life*. New York: Basic Books.

Dawson, S. (1996). *Analysing Organisations* (3rd ed). Basingstoke: Macmillan Press Ltd.

Day, C. (2000). 'Effective leadership and refl ective practice'. *Reflective Practice* Vol. 1 No. 1, 113-127.

Dennett, D. C. (1991). *Consciousness Explained*. London: Penguin Books Ltd.

Dilts, R. (1990). *Changing Belief Systems with NLP*. Capitola CA: Meta Publications.

Dilts, R. (1996). *Visionary Leadership Skills*. Capitola CA: Meta Publications Inc.

Dryden, G. and Vos, J. (2001). *The Learning Revolution: To change the way the world learns*. Stafford: Network Educational Press, Ltd.

Dunbar, R. (2010). *How Many Friends does One Person Need?: Dunbar' s number and other evolutionary quirks*. London: Faber & Faber Ltd.

Dweck, C. (2000). *Self-Theories: Their role in motivation, personality and development*. Philadelphia, PA: Psychology Press.

Dweck, C. (2006). *Mindset: The new psychology of success*. New York: Random House Inc.

Ehrenberg, A. (1991). *LeCulte de la Performance*. Paris: Calman-Levy.

Elliott, J. G., Stemler, S. E., Sternberg, R. J., Grigorenko, E. L. and Hoffman, N. (2011). 'The socially skilled teacher and the development of tacit knowledge'. *British Educational Research Journal* Vol.37, No.1 February 2011, 83-103.

Eraut, M. (1993). 'The characterisation and development of professional expertise in school management and in teaching', *Educational Management and Administration* Vol. 21 No. 4, 223-32.

Eraut, M. (2000). 'The Intuitive Practitioner: a critical overview' in Atkinson, T. and Claxton, G. *The Intuitive Practitioner*. Buckingham: Open University Press pp. 255-68.

Etzioni, A. (ed) (1969). *The Semi-professions and Their Organization: Teachers, nurses and social workers*. NY: Free Press.

Fielding, M. (2001). 'Target setting, policy pathology and student perspectives: Learning to labour in new times'in M. Fielding (ed). *Taking Education Really Seriously: Four years'hard labour*. London: RoutledgeFalmer.

Fisher, R. (2005). *Teaching Children to Think* (2nd ed). Cheltenham: Nelson Thornes Ltd.

Flaherty, J. (2005). *Coaching: Evoking excellence in others* (2nd ed). Burlington MA and Oxford: Elsevier Butterworth-Heinemann.

Flynn, J. R. (1987). 'Massive IQ gains in 14 nations: what IQ tests really measure'. *Psychological Bulletin* 101: 171-91.

Flynn, J. R. (2007). *What Is Intelligence? Beyond the Flynn effect*.

성
공
하
는

교
사
들
의

9
가
지
습
관

Cambridge: Cambridge University Press.

Fontana, D. (1995). *Psychology for Teachers* (3rd ed). New York: Palgrave.

Furlong, J. Hagger, H. and Butcher, C. (2006). *Review of initial teacher training provision in Wales.* Cardiff: Welsh Assembly Government.

Gardner, H. (1993). *Frames of Mind* (2nd ed). London: Fontana.

Gladwell, M. (2000). *The Tipping Point: How little things can make a big difference.* London: Abacus.

Goleman, D. (1996). *Emotional Intelligence: Why it can matter more than IQ.* London: Bloomsbury Publishing plc.

Goleman, D. (1998). *Working With Emotional Intelligence.* London: Bloomsbury Publishing plc.

Goleman, D. (2002). *The New Leaders: Emotional Intelligence at Work.* London: Little, Brown.

Goodson, I. F. (2003). *Professional Knowledge, Professional Lives: Studies in education and change.* Maidenhead: Open University Press.

Greenfield, S. (1997). *The Human Brain: A guided tour.* London: Weidenfi eld & Nicholson.

Gorky, M. (1903). *The Lower Depths.*

Hage, J. and Powers, C. H. (1992). *Post-Industrial Lives, Roles and Relationships in the 21st Century.* Newbury Park, Cal.: Sage Publications Ltd.

Hall, E. T. (1984). *The Dance of Life.* New York: Doubleday & Co. Inc.

Halstead, J. M. and Taylor, M. J. (eds). (1996). *Values in Education and Education in Values.* Abingdon, Oxon.: Routledge.

'Handling Stress: A Pack for Groupwork'. (1992). Milton Keynes: The Open University.

Hare, K. and Reynolds, L. (2004). *The Trainer's Toolkit: Bringing brainfriendly learning to life.* Carmarthen: Crown House Publishing

Ltd.

Hargreaves, A. (2000). 'Four ages of professionalism and professional learning'. *Teachers and Teaching: History and Practice* Vol. 6 No. 2, 151-82.

Hargreaves, A. (2003). *Teaching in the Knowledge Society: Education in the age of insecurity*. Maidenhead: Open University Press.

Hargreaves, A. and Fullan, M. (1998). *What's Worth Fighting for in Education?*. Buckingham: Open University Press.

Hargreaves, A. and Goodson, I. Series Editor's preface to Sachs, J. (2003). *The Activist Teaching Profession*. Buckingham: Open University Press.

Hargreaves, D. (2005). *About Learning: Report of the learning working group*. London: Demos.

Hoff, B. (1998). *The Tao of Pooh*. London: Methuen.

Holt, J. (1989). *Learning All the Time: How small children being to read, write, count, and investigate the world, without being taught*. New York: Da Capo Press.

Hoyle, E. and John P. D. (1995). *Professional Knowledge and Professional Practice*. London: Cassell.

Jackson, P. W. (1968). *Life in Classrooms*. New York: Holt, Rinehart & Winston.

James, T. and Woodsmall, W. (1988). *Time Line Therapy and The Basis of Personality*. Capitola, CA: Meta.

Jensen, E. (2008). *Brain-based Learning: The new paradigm of teaching*(2nd ed). Thousand Oaks CA: Corwin Press.

Kipling, R. (1902). *Just So Stories*, 'The Elephants Child'.

Kirby, D. A. (2003). *Entrepreneurship*. Maidenhead: McGraw-Hill Education.

Kline, N. (1999). *Time to Think: Listening to ignite the human mind*. London: Cassell Illustrated.

Knight, S. (1995). *NLP at Work: The difference that makes the difference in business*. London: Nicolas Brealey Publishing Ltd.

Knight, S. (2009). *NLP at Work: The essence of excellence* (3rd ed). London: Nicolas Brealey.

Korzybski A. (1933). Science and Sanity (4th ed). Lakeville, Connecticut: The International Non-Aristotelian Library Publishing Co.

Laborde, G. Z. (1998). *Influencing with Integrity: Management skills for communication and negotiation*. Carmarthen: Crown House Book Co. Ltd.

LeDoux, J. (1998). *The Emotional Brain*. London: Orion Books Ltd.

Lightman, A. (1993). *Einstein's Dreams*. London: Sceptre.

MacLean, P. D. (1990). *The Triune Brain in Evolution*. New York: Plenum Press.

Macmurray, J. (1961). *Persons in Relation*. London: Faber.

McCulloch, G., Helsby, G. and Knight, P. (2000). *The Politics of Professionalism*. London: Continuum.

McGettrick, B. (2002). 'Citizenship in the four nations'. Paper presented at *Differences in Educating for UK Citizenship*–a conference jointly organized by Academy of Learned Societies for the Social Sciences and University of Glamorgan. Glamorgan Business Centre, 25 October.

McMahon, A. (2000). 'The development of professional intuition',in Atkinson, T. and Claxton, G. (eds). *The Intuitive Practitioner*. Buckingham: Open University Press. pp. 137-48.

Mehrabian, A. (1971). *Silent Messages*. Belmont, CA: Wadsworth.

Midgley, S. (2002). 'Complex climate of human change'. *Guardian Education 10* September.

Morgan, G. (1997). *Imaginization: New mindsets for seeing, organizing and managing*. Thousand Oaks, Cal.: Sage Publications Ltd.

Morgan, C. and Morris, G. (1999). *Good Teaching and Learning: Pupils and teachers speak.* Buckingham: Open University Press.

Morgan, C. and Murgatroyd, S. (1994). *Total Quality Management in the Public Sector.* Buckingham: Open University Press.

Narrowing the Gap in the Performance of Schools Project: Phase II Primary Schools. (2005). DfTE Information Document No. 048-05 Welsh Assembly Government.

Nelson-Jones, R. (1988). *Practical Counselling and Helping Skills* (2nd ed). London: Cassell. http://nlpuniversitypress.com

Norman, S. (2003). *Transforming Learning: Introducing SEAL approaches.* London: Saffi re Press.

O'Connor, J. and McDermott, I. (1996). *Principles of NLP.* London: HarperCollins Publishers.

O'Connor, J. and McDermott, I. (1997). *The Art of Systems Thinking: Essential skills for creativity and problem Solving.* London: Thorsons.

Open University (1992). 'Handling Stress: A Pack for Groupwork'. Milton Keynes: The Open University.

Palmer, P. J. (1998). *The Courage to Teach: Exploring the inner landscape of a teacher's Life.* San Francisco CA: Jossey-Bass.

Phillips, S. U. (1972). 'Participant structures and communicative competence: Warm Springs children in community and classroom'in Cazden, C. B., Hynmes, D. H. and John, V. P. (eds). *Functions of Language in the Classroom.* New York: Teachers College Press.

Pinker, S. (1997). *How the Mind Works.* London: The Penguin Press.

Pinker, S. (2002). *The Blank Slate: The modern denial of human nature.* London: Penguin Books Ltd.

Pollard, A. (2008). *Reflective Teaching* (3rd edn). London: Continuum International Publishing Group.

Pring, R., Hayward, G., Hodgson, A., Johnson, J., Keep, E., Cancea, A., Rees, G., Spours, K. and Wilde, S. (2009). *Education for All: The future of education and training for 14-19 year olds.* London and

New York: Routledge.

Reeves, R. (2001). *Happy Mondays: Putting the pleasure back into work*. London: Pearson Education Ltd.

Reynolds, D. (2006). 'Goodbye Lone Ranger, team leader's in town'. *Western Mail* 16 March.

Riches, C. (1997). 'Communication in educational management' in Crawford, M., Kydd, L. and Riches, C. (eds). *Leadership and Teams in Educational Management*. Buckingham: Open University Press, pp. 165-78.

Rogers, C. R. (1962). 'The interpersonal relationship: the core of guidance'. *Harvard Educational Review* 32 pp. 416-29.

Rogers, C. R. and Freiberg, J. (1994). *Freedom to Learn* (3rd ed). Upper Saddle River NJ: Prentice Hall.

Rogers, C. R. and Roethlisberger, F. J. (1952). 'Barriers and gateways to communication'*Harvard Business Review*, 30, 44-9.

Sachs, J. (2003). *The Activist Teaching Profession*. Buckingham: Open University Press.

Saul, J. (1995). *The Unconscious Civilization*. Toronto: Anansi Press.

Senge, P. (1990). *The Fifth Discipline: The art and practice of the learning organization*. London: Century Business.

Senge, P., Scharmer, C. O., Jawarski, J. and Flowers, B. S. (2004). 'Presence'Cambridge MA: Society of Organizational Learning.

Sennett, R. (1998). *The Corrosion of Character: The personal consequences of work in the new capitalism*. New York: W. W. Norton & Co. Inc.

Smith, A. (1996). *Accelerated Learning in the Classroom*. Stafford: Network Educational Press Ltd.

Solomon, R. C. and Flores, F. (2001). *Building Trust: in Business, Politics, Relationships and Life*. NY: Oxford University Press Inc.

Sternberg, R. J. (1997). *Thinking Styles*. Cambridge: Cambridge

University Press.

Stoll, L. and Fink, D. (1996). *Changing Our Schools*. Buckingham: Open University Press.

Timmons, J. A., Smollen, L. E. and Dingee, A. L. M. (1985). *New Venture Creation: A guide to entrepreneurship*. Homewood IL: Irwin.

Tuckman, B. W. (1965). 'Developmental sequences in small groups'. *Psychological Bulletin* 63, 384-99.

Tulku, T. (1977). *Gesture of Balance*. Berkeley, CA: Dharma Publishing.

Turnbull, J. (2004). 'Educating for Citizenship in Wales: Challenges and Opportunities'. *The Welsh Journal of Education* 12 (2) 65-82.

Turnbull, J. (2009). *Coaching for Learning: A practical guide for encouraging learning*. London and New York: Continuum International Publishing Group.

Turnbull, J. (2012). *Creative Educational Leadership: A practical guide to leadership as creativity*. London and New York: Continuum International Publishing Group.

Turnbull, J. and Beese, J. (2000). 'Negotiating the boundaries: the experience of the mental health nurse at the interface with the criminal justice system'. *Journal of Psychiatric and Mental Health Nursing* 7, 289-96.

Vasagar, J. (2011). 'Stress drives teachers out of schools'. *The Guardian* 25 April 2011.

Watson, J. B. and Rayner, R. (1920). 'Conditioned emotional reactions'. *Journal of Experimental Psychology* 3, 1-14.

Welsh Assembly Government (2012). *Thinking positively: Emotional health and well-being in schools and early years settings*. Information document No. 089/2010.

Whitaker, P. (1997). 'Changes in professional development: the personal dimension'in Kydd, L., Crawford, M. and Riches, C. *Professional Development for Educational Management*. Buckingham: Open

University Press. pp. 11-25.

White, J. (1998). *Do Howard Gardner's Multiple Intelligences Add Up?*. London: Institute of Education University of London.

Whitmore, J. (2002). *Coaching for Performance: GROWing people, performance and purpose*. (3rd ed). London and Boston: Nicholas Brearley Publishing.

Whitty, G. (2000). 'Teacher professionalism in new times'. *Journal of In-Service Education* Vol. 26 No. 2, 281-93.

Wood, D. (1998). *How Children Think and Learn* (2nd ed). Oxford: Blackwell Publishers Ltd.

찾아보기

내용

성
공
하
는
교
사
들
의
9
가
지
습
관

▨ 저자 소개

제키 턴불(Jacquie Turnbull)
중등학교 교사, 대학 강사, 그리고 교사들의 개인적 및 직업적 자질 향상을
전문으로 하는 트레이너로 활동하고 있다. 그녀는 Accende라는 회사에서 전문직
종사자들의 전문성을 신장시키는 프로그램과 Pracademe란 회사에서 교육 분야의
지도자와 예비 지도자를 코칭하는 책임자로 일하고 있다. 2011년에는 교육에서의
활동과 업적에 대한 공로를 인정받아 영국 최고훈장Member of Order of the British Empire:
MBE을 수여받았다.

▨ 역자 소개

정종진 Jeong, Jong-Jin
건국대학교에서 교육학박사 학위를 취득하였고, 1988년 이후 대구교육대학교 교육
학과 교수로 재직하며 뇌기반 학습, 학습동기와 상담, 인성교육 등에 관한 연구를 하
고 있다. 뉴질랜드 캔터베리대학교와 호주 퀸즐랜드대학교 객원교수를 역임하였다.
저서로는『뇌기반 학습의 원리와 실제』외 다수가 있다.

주현준 Joo, Hyun-Jun
서울대학교에서 교육학박사 학위를 취득하였고, 2010년 이후 대구교육대학교 교육
학과 교수로 재직하며 교육리더십, 교원교육, 교원연수 등에 관한 연구를 하고 있다.
서울대학교 교육연구소 객원교수를 역임하였다. 저서로는『교육지도성』외 다수가
있다.

정성수 Jung, Sung-Soo
서울대학교에서 교육학박사 학위를 취득하였고, 2012년 이후 대구교육대학교 교육
학과 교수로 재직하며 교육정책, 교원교육 등에 관한 연구를 하고 있다. 인제대학교
교육대학원 교수를 역임하였다. 저서로는『학교경영과 신뢰』외 다수가 있다.

성공하는 교사들의 9가지 습관

교사의 역량 향상을 위한 실제적 지침서!

9 Habits of Highly Effective Teachers

A practical guide to personal development(2nd ed.)

2018년 3월 15일 1판 1쇄 인쇄
2018년 3월 20일 1판 1쇄 발행

지은이 • Jacquie Turnbull
옮긴이 • 정종진 · 주현준 · 정성수
펴낸이 • 김진환
펴낸곳 • ㈜ **학지사**

　　　　04031 서울특별시 마포구 양화로 15길 20 마인드월드빌딩
대표전화 • 02-330-5114　　팩스 • 02-324-2345
등록번호 • 제313-2006-000265호

홈페이지 • http://www.hakjisa.co.kr
페이스북 • https://www.facebook.com/hakjisa

ISBN 978-89-997-1418-4　03370

정가 16,000원

이 도서의 국립중앙도서관 출판시도서목록(CIP)은 서지정보유통지
원시스템 홈페이지(http://seoji.nl.go.kr)와 국가자료공동목록시스템
(http://www.nl.go.kr/kolisnet)에서 이용하실 수 있습니다.
(CIP 제어번호: CIP2018006481)

교육문화출판미디어그룹 **학지사**

심리검사연구소 **인싸이트** www.inpsyt.co.kr
원격교육연수원 **카운피아** www.counpia.com
학술논문서비스 **뉴논문** www.newnonmun.com
간호보건의학출판 **정담미디어** www.jdmpub.com